法政文库
法学研究系列丛书

本书系河北省省级新型智库研究成果
华北电力大学中央高校基本科研业务费专项资金资助（2022MS113）

RESEARCH ON THE DETERMINATION OF FUNDAMENTAL BREACH OF INTERNATIONAL COMMERCIAL CONTRACTS

国际商事合同根本违约认定问题研究

安文靖／著

法律出版社
LAW PRESS · CHINA
北京

图书在版编目（CIP）数据

国际商事合同根本违约认定问题研究 / 安文靖著. 北京：法律出版社，2024. -- ISBN 978 - 7 - 5197 - 9769 - 0

Ⅰ. D996.1

中国国家版本馆 CIP 数据核字第 2024ZN7837 号

国际商事合同根本违约认定问题研究
GUOJI SHANGSHI HETONG GENBEN WEIYUE RENDING WENTI YANJIU

安文靖 著

责任编辑 慕雪丹 章 雯
装帧设计 鲍龙卉

出版发行 法律出版社
编辑统筹 法商出版分社
责任校对 赵明霞
责任印制 胡晓雅
经　　销 新华书店

开本 710 毫米 × 1000 毫米 1/16
印张 16.5 **字数** 278 千
版本 2024 年 12 月第 1 版
印次 2024 年 12 月第 1 次印刷
印刷 北京新生代彩印制版有限公司

地址：北京市丰台区莲花池西里 7 号(100073)
网址：www.lawpress.com.cn
投稿邮箱：info@lawpress.com.cn
举报盗版邮箱：jbwq@lawpress.com.cn

销售电话：010 - 83938349
客服电话：010 - 83938350
咨询电话：010 - 63939796

书号：ISBN 978 - 7 - 5197 - 9769 - 0
定价：58.00 元

凡购买本社图书，如有印装错误，我社负责退换。电话：010 - 83938349

序　言

涉外法治是我国法治体系的重要组成部分，是习近平法治思想的重要内涵。党的二十届三中全会提出，应完善中国特色社会主义法治体系，加强涉外法治建设。伴随中国逐步走向世界舞台中央，中国已成为全球第一货物贸易大国，国际商事合同法的发展是我国国际经济法学界及实务从业者共同关注的重要问题。

国际商事合同根本违约制度是国际商事合同法的重要制度，根本违约的认定问题是该制度的核心。根本违约认定问题自该制度在《国际货物买卖统一法公约》（ULIS）第10条创设以来便争议不断，经《联合国国际货物销售合同公约》（CISG）第25条修改后形成了“违约严重性”与“可预见性”两个标准，并在《国际商事合同通则》（UPICC）第7.3.1条中得到了继承和发展。截至2024年6月，CISG已有97个缔约国，各数据库中可查的适用CISG的案例已达5000余件，其中中国法院判例已多达600余件。根本违约认定问题在各国司法实践中各有特色，总结各国法院、仲裁庭在根本违约认定问题上存在的问题，探寻国际商事合同法统一化的发展趋势，进而为我国相关涉外司法实践纠纷解决提供参考，是本书的写作目的。该选题具有重要的理论与实践指导意义，需要扎实的法学理论功底，同时需要结合大量英文案例、大数据的研究分析，这对作者来讲，既是挑战也是锤炼。

《国际商事合同根本违约认定问题研究》一书的出版，是作者学术生涯的一个重要里程碑，也是河北省省级新型智库、华北电力大学中央高校基本科研业务费专项资金资助项目《我国统一解释适用 CISG 之司法实证研究》（项目号：2022MS113）的系列成果之一。本书以国际商事合同根本违约认定问题为研究对象，对包括中国在内的各国法院、仲裁庭适用 CISG 和 UPICC 的大量案例进行分析总结，以小见大，探寻了判例法路径是否为国际商事合同法统一解释的有效路径，以及中国在解决国际商事合同纠纷中应如何发挥引领作用。本书结论对当事人参与国际商事交往、裁判者进行统一裁判、规则制定者制定区域统一化规则或国内合同法规则以及学者对国际商事合同法统一化问题的研究均有参考价值。

“长风破浪会有时，直挂云帆济沧海。”希望文靖以本书为起点，继续涉外法治的深入研究，勇攀学术高峰，百尺竿头，更进一步！

华北电力大学人文与社会科学学院院长、法政系主任　梁　平

2024 年秋

目　录

绪　论　001

一、本书的研究背景及意义　001

二、研究现状　006

三、研究方法与写作思路　021

四、本书的创新点及不足　023

第一章　国际商事合同根本违约认定的基本问题　025

第一节　国际商事合同根本违约制度概述　026

一、国际商事合同根本违约概念的界定　026

二、国际商事合同根本违约制度的法律渊源　037

第二节　国际商事合同根本违约认定问题概述　043

一、国际商事合同根本违约认定标准的历史演进　043

二、国际商事合同根本违约认定标准演进的理论基础　055

三、国际商事合同根本违约认定标准设立的意义及存在的问题　062

本章小结　064

第二章　CISG“违约严重性”标准分析　066

第一节　CISG“违约严重性”标准的理论分析　066

一、对“一方当事人违反合同”的理解　066

二、对“违约使另一方当事人蒙受损害”的理解　067

三、对“实质上剥夺了非违约方根据合同规定有权期待得到的东西”的理解　068

第二节 适用 CISG“违约严重性”标准的判例分析 071
一、完全不履行时“违约严重性”标准的判例分析 072
二、瑕疵履行时“违约严重性”标准的判例分析 081
三、迟延履行时“违约严重性”标准的判例分析 110
四、部分履行与分批交货时“违约严重性”标准的判例分析 117
五、预期根本违约时“违约严重性”标准的判例分析 125
六、违反附随义务时“违约严重性”标准的判例分析 127
本章小结 130

第三章 UPICC“违约严重性”标准分析 133
第一节 UPICC“违约严重性”标准的理论分析——兼论对 CISG 的发展 133
一、UPICC 第 7.3.1 条第（2）款对 CISG 第 25 条的继承与发展 134
二、第 7.1.4 条对补救权优先问题的确定 137
三、第 7.1.5 条对宽限期问题的澄清 138
四、第 7.3.3 条和第 7.3.4 条对预期不履行问题的改进 139
五、小结 140
第二节 适用 UPICC“违约严重性”标准的判例分析 141
一、对判例所涉合同性质的统计与分析 142
二、UPICC 判例对“违约严重性”标准具体适用的分析 143
本章小结 152

第四章 CISG 及 UPICC 之“可预见性”标准分析 155
第一节 CISG“可预见性”标准的理论分析 155
一、“可预见性”标准的结构分析 156
二、“可预见性”标准存在争议的问题 159
三、小结 162
第二节 CISG“可预见性”标准的判例分析 162
一、判例中“可预见性”标准在根本违约认定中的作用分析 163
二、判例中“可预见性”的适用范围总结 166
三、判例中“可预见性”时间的确定问题总结 173
四、小结 174

第三节　UPICC“可预见性”标准分析——兼论对 CISG 第 25 条的变化　175
一、UPICC“可预见性”标准的理论分析　175
二、适用 UPICC“可预见性”标准的判例分析　177
本章小结　179

第五章　CISG 第 25 条判例之解释方法分析　181
第一节　CISG 解释方法的理论分析　182
第二节　CISG 第 25 条判例之解释方法分析　184
一、各国参考外国判例的解释方法分析　185
二、各国引证法律学说的解释方法分析　192
三、各国根据国内法进行解释的方法分析　196
本章小结　202

第六章　其他国际商事规则对 CISG 第 25 条统一化适用的影响　204
第一节　UPICC 的功能分析及对 CISG 第 25 条认定标准统一化的影响　204
一、UPICC 判例中根本不履行规则准据法功能及影响分析　205
二、UPICC 判例中根本不履行规则解释补充功能及影响分析　208
三、UPICC 判例中根本不履行规则的其他功能及影响分析　210
四、小结　211
第二节　区域性统一合同法规则对 CISG 第 25 条认定标准统一化的影响　212
一、欧洲统一合同法规则对 CISG 根本违约认定标准统一化的影响　213
二、非洲统一合同法规则对 CISG 根本违约认定标准统一化的影响　218
本章小结　220

第七章　国际商事合同根本违约认定之结论及启示　222
第一节　国际商事合同根本违约认定问题的结论　222
一、关于国际商事合同根本违约认定标准的结论　222
二、关于 CISG 第 25 条判例之解释方法的差异性问题的结论　223
三、关于 UPICC 及区域性统一合同法规则适用对 CISG 第 25 条统一化适用影响问题的结论　224

第二节　国际商事合同根本违约认定问题的启示　225
一、国际层面的启示　225
二、国内层面的启示　227

结　语　238

主要参考文献　240

后　记　256

绪 论

一、本书的研究背景及意义

（一）研究背景

根本违约（fundamental breach）制度缘起于英国法，被视为现代合同法的重要概念，[①] 在国际商事合同领域设置根本违约制度的目的主要是限制当事人的合同解除权，即只有在违约的严重程度达到根本违约时才允许当事人解除合同。

在国际商法领域，1964 年通过的《国际货物买卖统一法公约》（Convention on Uniform Law for the International Sale of Goods，ULIS）第 10 条就吸纳了根本违约的概念。后因存在争议，1980 年《联合国国际货物销售合同公约》（the United Nations Convention on Contracts for the International Sale of Goods，CISG）第 25 条对根本违约制度的规定进行了修改。1980 年 3 月 10 日至 4 月 11 日，经联合国大会授权，联合国国际货物销售合同会议（以下简称维也纳外交会议）在维也纳召开，CISG 在此会议上获得通过。从维也纳外交会议上可见，各国代表对根本违约制度的理解仍存在较大差异，对该制度的设置进行了激烈的讨论。虽然最终该条以 42 票赞成、2 票反对、2 票弃权获得通过，但即使投了赞成票的国家代表也认为，“通过的案文可能会引起某些解释上的困难”，而反对的国家更是认为，“‘根本

① 参见焦津洪：《论根本违约》，载《中外法学》1993 年第 1 期。

违反合同’的概念不能为大部分大陆法系国家所接受”[①]。综观 CISG 在国际商事合同法领域的影响力，截至 2024 年 6 月 1 日，已有 97 个缔约方加入 CISG，[②]囊括了除英国之外的几乎所有贸易大国，CISG 因此也被誉为自 1958 年《承认及执行外国仲裁裁决公约》以来最成功的国际立法。[③] 根据美国佩斯大学 CISG 数据库对适用 CISG 的各国法院及仲裁庭判例的整理，截至 2024 年 6 月 1 日，在该数据库收录的 5800 余个适用 CISG 的判例中有 546 个与根本违约制度相关。[④] 这也从一个侧面说明根本违约制度在国际商事合同法中的重要地位和作用。

一般而言，根本违约制度会涉及根本违约的认定、法律效果等重要问题，而根本违约的认定是该制度需解决的核心问题，由于 CISG 第 25 条规定的模糊性，[⑤] 法条本身没有提供任何构成根本违约的例子，[⑥] 使根本违约的认定成为目前根本违约制度争议最大的问题。例如，在维也纳外交会议上，有代表认为，“第二十三条[⑦]会给试图适用该条的法官带来两种主要困难。第一是确定违反合同所造成的损害是否属于实质问题。第二是确定是否可以预见有关的损害后果”[⑧]，而这两个方面皆是根本违约认定所涉及的关键问题。正如有学者所说，CISG 的根本违约是一个全新的法律概念，它自妥协中产生，无论如何，是需要

---

① See United Nations, *United Nations Conference on Contracts for the International Sale of Goods Official Records*, Part Two, Summary Records – Plenary meetings, 7th plenary meeting, 8 April 1980. A/CONF. 97/SR. 7, https://uncitral. un. org/sites/uncitral. un. org/files/media – documents/uncitral/en/a – conf – 97 – 19 – ocred – eng. pdf.

② 参见联合国国际贸易法委员会官方网站，https://uncitral. un. org/zh/texts/salegoods/conventions/sale_ of_ goods/cisg/status，2024 年 6 月 1 日访问。

③ 参见李巍：《联合国国际货物销售合同公约评释》（第 3 版），法律出版社 2023 年版，再版前言第 1 页。

④ 参见美国佩斯大学 CISG 数据库，https://iicl. law. pace. edu/cisg/search/cases，2024 年 6 月 1 日访问。

⑤ See Bashar H. Malkawi, *CISG: The Relation among Cure, Fundamental Breach, and Avoidance*, Journal of Law, Policy and Globalization, Vol. 93, p. 24 – 44 (2020).

⑥ See Robert Koch, *The Concept of Fundamental Breach of Contract under the United Nations Convention on Contracts for the International Sale of Goods (CISG)*, in Review of the Convention on Contracts for the International Sale of Goods (CISG) 1998, Kluwer Law International, 1999, p. 187.

⑦ 1978 年公约草案关于根本违约的规定为第 23 条，在 GISG 最终文本的规定为第 25 条。

⑧ See United Nations, *United Nations Conference on Contracts for the International Sale of Goods Official Records*, Part Two, Summary Records – Plenary meetings, 7th plenary meeting, 8 April 1980. A/CONF. 97/SR. 7, https://uncitral. un. org/sites/uncitral. un. org/files/media – documents/uncitral/en/a – conf – 97 – 19 – ocred – eng. pdf.

解释的，尤其需要对“实质损害”和“不可预见性”标准进行解释。[①] 由此可见，针对根本违约的认定问题，不仅各国代表在CISG立法过程中存在激烈的讨论，各国学者也一直存在学理争论。此外，从各国法院及仲裁庭的裁决来看，有研究认为，判例法对根本违约认定的解释存在较大的差异，[②] 司法实践中关于CISG第25条的统一解释尚未形成。[③] 被喻为填补CISG空白、可以对CISG进行解释的《国际商事合同通则》（UNIDROIT Principles of International Commercial Contracts，UPICC）以及欧洲的区域性统一合同法规则《欧洲合同法原则》（The Principles of European Contract Law，PECL）等对根本违约的认定与CISG也存在不同之处。尽管UPICC与CISG的目标相同，都是尽可能地维护合同的履行，但UPICC在根本不履行的构成要素上与CISG根本违约确有不同，[④] 如UPICC第7.3.1条第（2）款（c）项关于故意或疏忽标准的规定，以及第7.3.1条第（2）款（e）项关于不相称损失的规定，在CISG第25条中并无体现。同样，PECL第8：103条基本上沿袭了CISG第25条的宗旨，但二者在表达及内容上仍存在不同。[⑤]

各国国内法对根本违约制度的设置迥异。美国法并未有根本违约的概念，类似制度被称为“重大违约”（material breach）或“实质不履行”（substantial non－performance）。大陆法系国家的合同法中也没有根本违约概念，类似制度并不成体系，而是分散规定在合同解除等制度中。例如，德国无根本违约概念，《德国民法典》第323条第1款主要采用了宽限期模式（Nachfrist），即首先为

---

① See Michael Will, *Comments on Article 25 CISG*, in Cesare Massimo Bianca and Michael Joachim Bonell, eds., Commentary on the International Sales Law: the 1980 Vienna Sales Convention, Giuffre, 1987, p. 210.

② See The International Sales Convention Advisory Council (CISG – AC), *The Buyer's Right to Avoid the Contract in case of Non – Conforming Goods or Documents*, CISG Advisory Council Opinion No. 5, p. 3.

③ See Alexander Lorenz, *Fundamental Breach under the CISG*, Pace Law School Institute of International Commercial Law (Sept. 21, 1998), https://iicl.law.pace.edu/cisg/scholarly – writings/fundamental – breach – under – cisg.

④ See Robert Koch, *Commentary on Whether the UNIDROIT Principles of International Commercial Contracts May Be Used to Interpret or Supplement Aticle 25 CISG*, Pace Law School Institute of International Commercial Law (Nov., 2004), https://iicl.law.pace.edu/sites/default/files/cisg_files/koch1.html.

⑤ See Hossam El – Saghir, *Guide to Article 25 Comparison with Principles of European Contract Law (PECL)*, Pace Law School Institute of International Commercial Law (July, 2000), https://iicl.law.pace.edu/cisg/page/guide – article – 25 – comparison – principles – european – contract – law – pecl#er.

不履行或不依约履行的债务人设置指定期间加以履行，其仍不履行时方可解除合同。当然，如果债务人违反义务的情形十分严重，可免予指定期间。有学者认为，如果利用根本违约的框架来看待这种延展期间模式，则无须指定期间的那些严重情形即相当于根本违约。① CISG 及 UPICC 等为代表的国际统一私法在立法中融合了两大法系的规定，② 采用了根本违约为主并辅以宽限期制度的混合模式。我国 1999 年制定的《合同法》在根本违约制度方面借鉴了 CISG 和 UPICC 两个国际规则。在合同解除制度中，我国 1999 年《合同法》第 94 条列举了法定解除的条件，但对因根本违约解除合同的规定相较于 CISG 第 25 条根本违约的规定以及 UPICC 第 7. 3. 1 条根本不履行的规定而言显得过于简单。③ 1999 年《合同法》第 94 条第 4 项虽然部分引入了根本违约的规定，但仅规定"不能实现合同目的"，学界认为其实质采用了根本违约模式，④ 然而，对于法官而言，其缺乏具体的界定标准。2018 年、2019 年的数版《民法典》合同编草案和 2020 年正式发布的《民法典》第 563 条第 1 款第 4 项均未对 1999 年《合同法》第 94 条第 4 项做出改动，根本违约界定标准仍未细化，"合同编（草案）关于合同解除的规定虽有所前进，但变化不大，存在较大的完善空间"⑤。

受各国国内立法差异的影响，学界及各国司法实践对根本违约认定问题理解的巨大差异与国际商事合同法所追求的统一化目标相去甚远。随着经济全球化的发展以及数字时代的到来，迅捷的国际商事交易需要有一套便捷适用的、明确的、统一的、被各国商人普遍认可的国际商事交易规则。然而，各国国内法的差异无疑在很大程度上阻碍了国际商事规则的统一。正如有学者所说，国际商事合同法因为国内法的割据而支离破碎……国际商事合同法的统一化，就是要恢复其应有的统一性。⑥ CISG、UPICC 等国际商事合同统一规则的出现使

---

① 参见卢谌、杜景林：《论合同解除的学理及现代规制——以国际统一法和民族国家为视角》，载《法学》2006 年第 4 期。然而，有学者认为，从《德国民法典》第 323 条第 2 款列举的情形来看，单纯地放弃期间指定并不必然意味着成立根本违约。

② 参见［韩］成升铉、崔吉子：《联合国国际货物销售合同公约解除制度模式的比较法史研究》，载《清华法学》2011 年第 5 期。

③ 参见王利明：《民法分则合同编立法研究》，载《中国法学》2017 年第 2 期。

④ 参见刘凯湘：《民法典合同解除制度评析与完善建议》，载《清华法学》2020 年第 3 期。

⑤ 该评价针对的是 2018 年 9 月 5 日公布的《民法典各分编（草案）》，2020 年正式发布的《民法典》关于该条款仍未有变动。参见崔建远：《完善合同解除制度的立法建议》，载《武汉大学学报（哲学社会科学版）》2018 年第 2 期。

⑥ 参见吴思颖：《国际商事合同法统一化：原理、目标和路径》，法律出版社 2011 年版，第 23 页。

我们看到了国际社会以及各国学者在国际商事合同法统一化方面的努力。尽管在很多具体制度如根本违约、损害赔偿等规则中还存在诸多争议，但国际商事合同法的统一化将会是未来发展的方向。本书正是以国际商事合同法统一化为研究背景，将探寻根本违约认定的统一标准及方法作为本书欲解决的核心问题。此外，随着习近平法治思想的提出，国家对涉外法治建设日益重视，无论是立法层面还是司法层面，在国际商事法治建设领域我国皆有长足发展。因此本书亦会以此为背景，结合中国立法及司法实践，研究我国涉外根本违约制度完善对策以及我国为国际商事合同法统一化发展而努力的方向。

（二）研究意义

本书将通过对根本违约认定问题的学理及司法实践分析，尤其是通过对各国法院及仲裁机构适用 CISG、UPICC 判例的分析，对根本违约认定标准加以总结，试图对根本违约在国际商事合同法统一解释适用方面有所启示。无论是理论层面还是实践层面，本书的研究皆有重要的意义。

1. 理论意义

首先，本书欲解决的首要问题为国际商事合同根本违约如何认定。之前国内外已有大量学者对根本违约制度进行过深入研究，主要从国内合同法角度以及 CISG 根本违约制度角度进行分析，但观点各异，对根本违约的具体认定一直存在争议，缺乏国际商法视角下的审视。本书试图在学者大量研究的基础上，对存在争议的诸多问题进行重新解读，从国际商法角度对国际商事合同根本违约制度进行分析，探寻根本违约认定标准发展所依据的理论基础，即新古典契约法理论，进而探讨 CISG、UPICC 根本违约认定标准及解释方法的统一化趋势，以及区域性统一合同法中的根本违约规则对国际商事根本违约规则在适用上的影响，力求为国际商事合同根本违约认定提供更多的学理支撑。

其次，本书重点运用判例法的方法对根本违约判例进行系统总结，力求在方法论上有所突破。因为就根本违约而言，该制度是国际商事合同法领域存在争议较大的一个典型制度，尽管 CISG、UPICC 以及区域性统一合同法规则均对该制度有所规定，但其规定有所区别，且具有法律约束力的 CISG 的规范还很模糊。但随着 CISG、UPICC 适用于判例的增加，对根本违约的认定在实践中有何种发展趋势目前并未有详尽的分析。有学者认为目前对根本违约达成一致认识很难，但并非无法达成，判例法分析是 CISG 达成统一解释的唯一路径。[①] 因国际商事合同根本违约的立法存在模糊、不统一之处，故通过各国判例对其进行统一解释似乎是国际商事合同法统一化可以选择的一条路径。本书拟使用的主要研究方法即通过对根本违约认定的大量判例的分析总结，探寻判例法路径是否是国际商事合同统一解释的有效路径，从根本违约这一典型制度出发，去寻找除立法之外对国际商事合同法统一化较为有效的方式。

2. 实践意义

本书的研究建立在大量判例分析的基础之上，因而期望能够通过总结判例对国际商事合同根本违约认定的趋势，对今后实践中出现的根本违约问题的解决尤其是我国涉外法治发展中遇到的相关问题的解决提供些许帮助。首先，对于从事国际贸易的当事人而言，根本违约是双方当事人都不愿意发生的，如何在国际商事交往中尽量避免发生根本违约在实践中有重大的意义。作为国际商事合同的主角，双方当事人如何正确运用意思自治原则，遵守诚实信用原则，促成交易的正常履行，也是本书通过判例分析所欲得到的对从事国际贸易的各国商人在具体实践方面的启示。其次，对于处理国际商事合同纠纷的裁判者而言，本书希望通过学理及判例的分析，为其提供可借鉴的在根本违约认定方面更明确、更清晰、更统一的标准以及解释适用规则，在根本违约认定方面，使裁判者的自由裁量权能够适当地行使，也受到适当的限制。

二、研究现状

本书以国际商事合同根本违约认定问题研究为题进行分析，前人对根本违约制度的研究尤其是从国内合同法角度的研究资料丰富，同时，学者们对 CISG 根本违约制度的研究也由来已久。现对国内外研究现状进行剖析。

（一）国内研究现状

国内学者对根本违约问题的研究始于 1988 年，[②] 源于我国加入 CISG，根本违约作为 CISG 中一项重要的制度引发了国内学者的关注。学者们重点从以下几方面进行了研究。

---

① See Leonardo Graffi, *Case Law on the Concept of "Fundamental Breach" in the Vienna Sales Convention*, International Business Law Journal, No. 3, p. 338 – 349 (2003).

② 参见史学瀛、袁其志：《论根本违约》，载《国际商务研究》1988 年第 3 期。

1. 对根本违约含义及法律效果的认识

我国在20世纪80年代末90年代初有诸多的民商法学者和国际法学者均对CISG根本违约制度进行过研究。民商法学者对CISG根本违约制度进行研究的出发点主要在于CISG刚刚对我国生效，而我国的《合同法》尚在立法筹划阶段，我国是否需要建立根本违约制度，需要对CISG的相关制度与我国当时的相关制度加以比较，最终学者的研究都会回归到对我国合同法根本违约制度构建的启示问题上。近年来，随着我国《民法典》的制定、颁布，以及相关司法解释的出台，也有学者在探讨我国《民法典》合同编合同解除制度时提及对CISG根本违约规则的借鉴问题。① 国际法学者则是针对CISG根本违约以及UPICC的根本不履行等制度进行专门的分析，早期主要以介绍性的研究为主。在对CISG根本违约制度进行分析时，无论是民商法学者还是国际法学者均认为根本违约是合同解除的一个主要依据，② 是允许和限定债权人在债务人违约的情况下解除合同的重要规则。③ 也有少数学者对源自英国法上的具有另一层含义的根本违约进行了探讨。如有学者认为根本违约还有第二层含义，即当合同一方根本违约时，由此造成的责任不能依免责条款而限制或排除。④ 通过对英国判例的分析，该学者认为英国法中第二层含义上的根本违约理论因对合同法基本理论冲击较大而被逐渐淡化、衰落。

对于根本违约的法律效果，大部分学者认为可以从两个方面进行分析。一是根本违约与合同解除的关系，大部分学者认为根本违约会导致合同的解除，但同时，根本违约会对合同解除有所限制。⑤ 二是作为第二层含义上的根本违约制度，即源自英国判例法的作为制约免责条款的理论，有学者在分析根本违约的效果时也会分析根本违约与免责条款的关系。对此问题学者的观点不一，有

---

① 例如，王利明：《合同编解除制度的完善》，载《法学杂志》2018年第3期；赵文杰：《〈合同法〉第94条（法定解除）评注》，载《法学家》2019年第4期；杜景林：《合同解除的体系建构》，载《法商研究》2020年第3期；王洪亮：《民法典中解除规则的变革及其解释》，载《法学论坛》2020年第4期；刘承韪：《论英美法引入与中国合同法的发展——从清末修律到2020年民法典》，载《学术月刊》2022年第4期。

② 参见焦津洪：《论根本违约》，载《中外法学》1993年第1期。

③ 参见王利明：《论根本违约与合同解除的关系》，载《中国法学》1995年第3期。

④ 参见阎晓辉、阎秋平：《根本违约制度研究》，载《法学》1998年第9期。

⑤ 例如，王利明：《论根本违约与合同解除的关系》，载《中国法学》1995年第3期；韩世远：《根本违约论》，载《吉林大学社会科学学报》1999年第4期等。

学者认为根本违约的发生会导致免责条款无效。[①] 但有学者认为无效论过于武断，可以采取灵活的解释方法，以根本违约为由阻却免责条款效力的发挥，即效力阻却论，原则上发生根本违约时，违约方不得援引该条款寻求免责，但若当事人同意，可以在例外情形中让免责条款发挥作用。[②] 总结学者对根本违约法律效果的认识，学者们在合同解除方面基本达成了一致，但在免责条款效力方面仍存在不同观点。

2. 对根本违约认定问题的理论研究

根本违约的认定，又称根本违约的构成、根本违约的界定、根本违约的构成要件、根本违约的判定标准等，论述的皆属同一问题。在根本违约的认定问题中，学者们达成一致观点的是在世界范围内，根本违约的判断标准已经由“条款主义”转变为“结果主义”，“结果主义”之判断标准已成为主流。[③] 就根本违约认定的方式而言，学者们普遍采取了两种途径，以下分别论述。

第一种途径是根据 CISG 对根本违约的界定分为客观标准、主观标准进行剖析。学者们对这两个标准各有不同的观点。就客观标准即违约后果的严重程度而言，有学者将其分成两个层面来研究：一是违约行为的后果必须影响到受害方“根据合同规定有权期待得到的东西”；二是违约的后果对受害人期待得到的东西的影响必须达到“实际上剥夺”的程度。[④] 但也有学者认为以“实质性剥夺合同预期利益”来判定根本违约相当困难，还需依赖更多案例来解决。[⑤] 通过总结英美国家的判例及学者的观点，对于违约后果是否重大的判断，很多学者认为可以考虑下列因素：（1）违约部分的价值或金额与整个合同金额之间的比例。但如何量化使之趋向最大合理性，并未有定论，尚有待于对学说及判例的进一步研究。[⑥] （2）违约部分对合同目标实现的影响程度。（3）迟延履行时，时间对合同目标实现的影响程度。（4）违约的后果及损害能否得到修补。有学

---

① 参见王利明、崔建远：《合同法新论·总则》（修订版），中国政法大学出版社 2000 年版，第 211 页。

② 参见韩世远：《根本违约论》，载《吉林大学社会科学学报》1999 年第 4 期。

③ 参见韩世远：《根本违约论》，载《吉林大学社会科学学报》1999 年第 4 期。

④ 例如，焦津洪：《论根本违约》，载《中外法学》1993 年第 1 期；刘金根：《国际货物贸易中的根本违约探讨》，载《对外经贸实务》2000 年第 6 期；杨洲：《国际货物买卖中的根本违约构成探讨》，载《晟典律师评论》2004 年等。

⑤ 参见沈禹钧：《国际货物买卖中对“根本违约”的认定》，载《对外经贸实务》2000 年第 8 期。

⑥ 参见雷玉魁：《论根本违约》，载《汕头大学学报》1997 年第 6 期。

者认为，如果违约行为十分严重，但是可以修补，它并不构成根本违约。但另一些学者持相反观点。这实际上涉及补救权与合同解除权何者优先的问题，[①] 也就是对 CISG 第 48 条的理解问题，对于这一问题学界并未有统一认识。（5）在分批交货合同中，对某一批交货义务的违反对整个合同的影响程度。大部分学者提出这五个可考虑的因素，也有学者对此进行了补充，如损害赔偿能否弥补因违约所造成的损失、当事人未来履行的可能性[②]等因素。总之，大部分学者在分析客观标准时主要从“有权期待得到的东西”即期待利益[③]以及“实质上剥夺”即违约后果的严重性两方面对 CISG 第 25 条进行解读，但对如何具体判定严重性在很多因素上并未有定论，学者们提出需要依赖判例进行总结。

此外，就主观标准即可预见性标准而言，学者的争议更大，主要可以分为两种截然相反的观点：一种观点认为，对违约后果的可预见性是判断根本违约的主观标准，它是对构成根本违约的进一步限制。有学者认为，以“可预见性”限制非违约方的权利是十分必要的。[④] 主观衡量标准为法官行使自由裁量权留下了余地和空间，我国合同法排斥主观标准是立法者对我国法官业务能力和职业操守缺乏信心的表现。[⑤] 持此观点的学者主要站在国际贸易的角度进行分析，主张在国际贸易领域对合同解除权的严格限制。另一种相反的观点认为，判断根本违约不必考虑主观标准。采取可预见性标准，不仅与根本违约制度的目的不符，而且在实践中也难以适用。[⑥] 违约方能否预见，是一个过错程度问题，不应影响到解除权的实际行使。[⑦] 在采取结果主义标准的前提下，辅以可预见性标准纯属画蛇添足，且颇多贻害。[⑧] 持此种观点的学者大多从我国合同法立法的角度进行分析，因我国合同法并未采取主观论。此外，还有学者认为，可预见性标准是根本违约的“约束性条件”，并非“基本标准”，其本身是一个主客观相结

---

① 参见宋杰、张志彦：《论〈国际商事合同通则〉在 CISG 解释中的运用——以根本违约的解释为例》，载《黑龙江对外经贸》2008 年第 6 期。

② 参见蔡建敏：《对 CISG 根本违约构成要件标准的再认识——兼议发达国家的司法实践》，载《国际贸易法论丛》（第 2 卷），北京大学出版社 2007 年版。

③ 参见王利明、崔建远：《合同法新论・总则》，中国政法大学出版社 1996 年版，第 451 页。

④ 参见杨洲：《国际货物买卖中的根本违约构成探讨》，载《晟典律师评论》2004 年。

⑤ 参见孙玉松：《论根本违约制度在中国合同法中的继受》，载《扬州教育学院学报》2001 年第 4 期。

⑥ 参见李先波、陈杨：《根本违约构成要件探析》，载《湖南社会科学》2005 年第 5 期。

⑦ 参见王利明：《论根本违约与合同解除的关系》，载《中国法学》1995 年第 3 期。

⑧ 参见孙鹏：《合同法热点问题研究》，群众出版社 2001 年版，第 434 页。

合的标准。[①] 总之，学者对此问题的争议目前并未有统一的观点。

同时，对 CISG 可预见性标准的具体判定也存在诸多争议。第一，对于 CISG 的归责原则与可预见性标准的关系，大部分学者的观点认为，CISG 在一般违约构成上借鉴英美法采取了无过错责任，但对根本违约则吸收了大陆法的过错原则，[②] 此种观点认为可预见性性即意味着违约方有过错。但也有学者认为，可预见性并不意味着违约方就一定有过错，可预见和过错描述的是不同的事实状态，两者在某种意义上具有阶段性。[③] 第二，部分学者认为，可预见性标准又可分为主观标准与客观标准。主观标准是指违约方并不能预知，客观标准是指一个合理人（同等资格、通情达理的人）处于相同情况下也没有理由预知。[④] 对于此划分，有学者认为，客观标准的意义更大，在判断违约方是否可预见方面更加简便易行。第三，可预见性的举证责任问题。大部分学者认为，可预见性应由违约方举证，但也有少数学者认为，依举证规则，此项证明责任应由债权人负担。[⑤] 第四，关于可预见的时间，有学者认为应是合同订立时，也有学者认为以合同订立后违约发生前为好。[⑥] 第五，关于 UPICC、PECL 对 CISG 可预见性标准的发展，有学者认为，UPICC 对于不履行是有意还是疏忽所致的“过错主义”的判断标准有探讨的余地。[⑦] 还有学者认为，UPICC 第 7.3.1 条第（2）款采过错主义标准只能适用于一些特别的合同类型而不具有普遍性；PECL 不仅像 CISG 一样未能克服可预见性标准不确定性之缺陷，而且将逻辑标准划分缺乏统一性的条款主义、结果主义、具体违约形态归于一条，不具有科学性。[⑧] 总之，关于可预见性标准的具体认定，学者观点各异，争议较大，目前诸多问题仍未有定论。

第二种途径是就根本违约的具体判定标准进行类型化分析。较早提出此种研究方式的学者指出，在判断是否构成根本违约时，可以结合大陆法系的特点，

---

① 参见邹国勇、陈曼莉：《论 CISG 的根本违约制度》，载《理论月刊》2012 年第 7 期。

② 参见焦津洪：《论根本违约》，载《中外法学》1993 年第 1 期。

③ 参见刘洁：《再谈根本违约》，载《法制与经济（上半月）》2008 年第 1 期。

④ 参见王利明：《论根本违约与合同解除的关系》，载《中国法学》1995 年第 3 期。

⑤ 参见刘金根：《国际货物贸易中的根本违约探讨》，载《对外经贸实务》2000 年第 6 期。

⑥ 参见沈禹钧：《对国际货物销售合同履行“根本违约”的探讨》，载《上海海运学院学报》2001 年第 1 期。

⑦ 参见韩世远：《根本违约论》，载《吉林大学社会科学学报》1999 年第 4 期。

⑧ 参见伍治良：《根本违约判定标准功能之回归研究——兼评我国合同法相关规定之不足》，载《法律科学（西北政法学院学报）》2002 年第 3 期。

从所违反的义务的类型角度加以判断，并将其分为了迟延履行、履行不能、不完全履行以及先期违约场合下的根本违约。① 对此，有学者就英美法系与大陆法系关于根本违约判定标准进行了比较法分析，认为《德国民法典》既未像法国法及英国判例法那样简单地界定根本违约的定义，也未像美国那样抽象地囊括根本违约判定标准的综合考虑因素，而是做到形散而神似，将根本违约判定标准之抽象概括化解在具体违约场合之下，其立法模式更具科学性。② 该学者认为UPICC、PECL及《美国第二次合同法重述》根本违约抽象判定标准的规定是不科学的，而CISG对抽象标准与具体标准都有规定，但相互之间有矛盾。根本违约的判定标准应脱掉抽象的外衣，结合具体违约形态来分析。此外，有学者认为，大陆法系更注重违约形态的抽象划分，而英美法系则更注重违约形态划分的实际用途和效果。③ 几位学者站在大陆法系与英美法系比较法的角度对具体判断标准与抽象判断标准进行了阐释。这一方面说明了英美法系对CISG根本违约立法的影响，另一方面也说明了大陆法系具体判断标准的价值。正如有学者的分析，英美法系的划分在字面意义上简单明了，但在具体操作上却不如大陆法系那样体系分明，对根本违约的判定采用抽象判断标准更能适应合同的迅速发展的现状。④ 由此可见，两种标准孰优孰劣不同学者观点不同，对此也并未有定论。

3. 运用判例对根本违约制度进行的专门研究

CISG生效已有30多年的时间，由于国际贸易中根本违约判例的大量出现，有国外学者提出可以运用判例的方法对根本违约认定问题进行总结，然而，目前我国学者在此方面的尝试尚处于起步阶段，有学者在2007年分别就美国、德国、中国等国家根本违约的判例进行过系统分析，⑤ 得出了诸多颇有启发的结论。有学者专门就中国国际经济贸易仲裁委员会（China International Economic and Trade Arbitration Commission，CIETAC）适用CISG的判例进行过系统化研

① 参见韩世远：《根本违约论》，载《吉林大学社会科学学报》1999年第4期。

② 参见伍治良：《根本违约判定标准功能之回归研究——兼评我国合同法相关规定之不足》，载《法律科学（西北政法学院学报）》2002年第3期。

③ 参见周新军：《关于根本违约及其与大陆法系相关违约形态的比较研究和思考》，载《河北法学》2004年第7期。

④ 参见刘洁：《再谈根本违约》，载《法制与经济（上半月）》2008年第1期。

⑤ 参见蔡建敏：《对CISG根本违约构成要件标准的再认识——兼议发达国家的司法实践》，载《国际贸易法论丛》（第2卷），北京大学出版社2007年版。

究，在对买卖双方的救济措施的研究中涉及对根本违约判例的分析，然而，该分析也存在研究时间较早的问题，该学者研究的案例截至 2002 年。[①] 在 CIETAC 等仲裁机构自行编著出版的成果中，有少量案例涉及根本违约。如《〈联合国国际货物销售合同公约〉典型仲裁案例选编》一书以“宣告合同无效”的专题分析了两则典型的根本违约仲裁案例。[②]《〈联合国国际货物销售合同公约〉在中国仲裁的适用》一书专门针对根本违约问题进行了案例分析，涉及了四则仲裁案件。[③] 因仲裁案件本身公开较少，对仲裁案例的分析存在数量较少，无法进行全面、系统性分析的问题。此外，有学者对根本违约问题以 CISG、UPICC、PECL 以及判例法进行过比较研究，囊括了 2005 年之前大量的经典判例。[④] 也有学者在对 CISG 的法条评述中解读第 25 条时引用过经典判例进行分析。[⑤] 学者们的研究为后续的研究打下了良好的基础，然而，近十年来，不仅适用 CISG 根本违约的判例成几何倍增长，而且也开始出现与 UPICC 根本不履行规则相关的诸多判例，中国判例也在日益增多，学者们对此尤其是对近年来中国判例的系统性研究相对较少，已有学者开始就中国适用 CISG 的案例展开研究，其中有关于根本违约的案例分析。[⑥] 在前人的研究基础之上，笔者认为，对根本违约判例进行进一步全面深入分析仍有必要，且 CISG 缔约国的增加，对根本违约认定问题可能会产生新的影响。尤其近年来我国最高人民法院也出现了针对国际商事合同领域根本违约认定问题的判例，这些案例甚至被选入最高人民法院的指导判例，因此结合我国情况对其进行分析也实属必要。近年来，有学者专门针对入

---

① See Wu Dong, *CIETAC's Practice on the CISG*, in UNCITRAL – SIAC Seminar on Celebrating Success: 25 Years United Nations Convention on Contracts for the International Sale of Goods, Singapore, 22 September 2005.

② 参见深圳国际仲裁院、中国国际仲裁研究院编著:《〈联合国国际货物销售合同公约〉典型仲裁案例选编》，北京大学出版社 2020 年版，第 173 – 199 页。

③ 参见中国国际经济贸易仲裁委员会编:《〈联合国国际货物销售合同公约〉在中国仲裁的适用》，法律出版社 2021 年版，第 66 – 73 页。

④ See Liu Chengwei, *The Concept of Fundamental Breach: Perspectives from the CISG, UNIDROIT Principles and PECL and case law*, Pace Law School Institute of International Commercial Law (May 23, 2005), https://iicl.law.pace.edu/cisg/bibliography/liu – chengwei – china – 15.

⑤ 例如，高旭军:《〈联合国国际货物销售合同公约〉适用评释》，中国人民大学出版社 2017 年版，第 141 – 151 页；李巍:《联合国国际货物销售合同公约评释》(第 3 版)，法律出版社 2023 年版，第 156 – 172 页。

⑥ See Peng Guo, Haicong Zuo & Shu Zhang Editors, *Selected Chinese Cases on the UN Sales Convention (CISG)* Vol. 1, Springer, 2022.

选最高人民法院指导判例的案例进行了个案分析。① 当然，我国也有法官就国内判例进行过根本违约判定方面的分析,② 但法官通常是就一个案例进行分析，且因是国内民商事纠纷，适用的是我国的国内法，尽管使用了根本违约概念，但与国际商事合同根本违约适用法律不同。然而，在我国以及西班牙国内的有些判例中，已经出现了用 CISG、UPICC、PECL 根本违约规则解释国内法的现象。总之，新近判例中出现的新问题仍有待于进一步的分析和总结。

4. 从国际商事合同法统一化角度对根本违约问题的研究

对国际商事合同法统一化问题的研究，国内学者较多从宏观角度进行分析。如早期学者较为关注国际商事合同法统一化的立法新动向，即 UPICC 对 CISG 的发展问题。③ 近期学者的研究侧重于理论层面的分析，如专门探讨国际商事合同法统一化的原理、目标和路径。④ 除立法统一化方面的研究之外，也存在关于统一立法适用效果方面的研究，重点是关于 CISG 统一解释、适用方面的研究。⑤ 然而，专门从统一解释与适用角度对国际商事合同根本违约问题进行系统分析的研究较为少见。

（二）国外研究现状

国外关于根本违约的研究除各国学者的论文、专著之外，一些重要的国际

---

① 例如，蔡高强、唐熳婷：《国际货物买卖合同根本违约的认定——蒂森克虏伯冶金产品有限责任公司与中化国际（新加坡）公司国际货物买卖合同纠纷案评述》，载《法律适用》2019 年第 14 期；赵珂、马蓓蓓：《〈中化国际（新加坡）有限公司诉蒂森克虏伯冶金产品有限责任公司国际货物买卖合同纠纷案〉的理解与参照——〈联合国国际货物销售合同公约〉与约定准据法的适用及根本违约的认定》，载《人民司法》2021 年第 32 期；周雪：《〈联合国国际货物销售合同公约〉根本违约制度研究——以最高法院第 107 号指导案例为例》，载《兰州文理学院学报（社会科学版）》2021 年第 5 期。

② 例如，赵慧琳：《正确理解和适用合同目的及根本违约规则》，载《政治与法律》2003 年第 5 期；周英立、张振宇：《从一起买卖合同纠纷案谈根本违约》，载《中国质量技术监督》2005 年第 10 期。

③ 例如，王承志：《国际商事合同法律统一的新发展》，载《国际经贸探索》2000 年第 5 期；吴兴光：《21 世纪国际贸易统一法展望》，载《国际经贸探索》2001 年第 3 期；郑远民、李俊平：《国际商事法律统一化的新发展——〈国际商事合同通则〉2004 修订版述评》，载《时代法学》2005 年第 6 期等。

④ 例如，吴思颖：《国际商事合同法统一化：原理、目标和路径》，法律出版社 2011 年版；刘吉明：《国际商事合同统一路径研究》，中国政法大学 2015 年博士学位论文。

⑤ 例如，李巍：《〈联合国国际货物销售合同公约〉对于国际商事法统一适用的贡献——纪念〈联合国国际货物销售合同公约〉实施 20 周年》，载《国际经济法学刊》2008 年第 4 期；文竹：《商事合同法的国际统一——基于 CISG1980 的规则与实践》，法律出版社 2022 年版，第 92 – 110 页。

组织如 CISG 的制定者联合国国际贸易法委员会（United Nations Commission on International Trade Law，UNCITRAL）对适用 CISG 的判例汇编以及判例摘要为根本违约制度的研究提供了重要的参考，其在线法律图书馆也收集了 1000 多种有关 CISG 的文献资料。美国佩斯大学关于 CISG 的数据库资源以及罗马比较法与外国法研究中心数据库（UNILEX）资源等是迄今为止对 CISG 和 UPICC 相关文献资料以及判例搜集较为全面的网络资源。此外，欧洲还有德语、法语、西班牙语的 CISG 判例数据库资源。以下就国外研究现状加以总结。

1. 对根本违约含义的界定

在国际商事合同领域，随着 1978 年公约草案的出台，国际商事合同根本违约为越来越多的学者所关注。最初有学者认为，不同的人对“实质违约”（substantial breach）的理解各有不同。① 当然，大部分学者在提及根本违约时，皆是从 CISG 第 25 条对其加以分析，即根本违约是与合同解除相关的制度。对于源于英国国内法的根本违约概念，即对免责条款的限制问题，有学者认为，它处理的是一个与 CISG 第 25 条完全不同的问题，在研究 CISG 根本违约概念时，依赖之前国内法关于根本违约的理解将会是一个错误。② 根本违约概念的历史并不久远，它是一个源自妥协的全新概念，与英国的根本违约规则无关。③ 此观点对界定国际商事合同领域的根本违约尤为重要。本书的研究拟以此为基础展开，以讨论国际商事合同领域与合同解除相关的根本违约为限，不再涉及英国国内法对与免责条款相关的根本违约的讨论。

2. 对根本违约认定问题的理论研究

从根本违约的具体认定标准来看，各国学者基本上对主客观标准的划分予以认可，认为根据 CISG 第 25 条的规定，根本违约在界定上可以分为两个方面：一是客观标准，即违约严重性；二是主观标准，即可预见性。然而，对于两个标准之下的因素具体如何认定，各学者的观点并未达成一致。UNCITRAL 的判例法摘要汇编作为各国学者及裁判者重要的参考，在最新的 2016 版摘要中就第

---

① See Francis A. Miniter, *Buyer's Right of Rejection*: *A Quarter Century under the Uniform Commercial Code and Recent International Developments*, Georgia Law Review, No. 13, p. 805 – 846 (1979).

② See John O. Honnold, *Uniform Law for International Sales under the* 1980 *United Nations Convention*, 3rd ed., Hague: Kluwer Law International, 1999, p. 205.

③ See Michael Will, *Comments on Article* 25 *CISG*, in Cesare Massimo Bianca and Michael Joachim Bonell, eds., Commentary on the International Sales Law: the 1980 Vienna Sales Convention, Giuffre, 1987, p. 209 – 210.

25 条列出了 13 项说明，分为“引言”“根本违约的一般定义”“根本违约的具体情况”“举证责任”四个部分。[①] 在“一般定义”中，摘要主要分析了主客观标准即违约严重性和可预见性的问题；在“具体情况”中，摘要分别说明了完全不履行、分批交货、逾期履行、瑕疵履行、违反其他合同义务、累计违反多项合同义务等情形下根本违约的认定问题。摘要的出版为我们研究根本违约的认定提供了权威的参考，然而，由于摘要仅限于对 CISG 根本违约判例的总结，并不囊括适用 UPICC 的判例，因此仍需就根本违约判例进行更加全面的搜集与总结。

各国学者对根本违约的具体认定并未有统一的观点。就“违约严重性”标准而言，Michael Will 教授认为，“违约严重性”标准中，对“实质剥夺”的程度一直存在争议。[②] 有学者认为判断实质损害，其对商业关系影响最大的是经济结果而非义务的实现，因此决定性因素是利益的重要性。[③] Robert Koch 教授对诸多学者的观点及法院的判例进行了总结：第一，“被违反的合同义务的性质”标准被肯定，可以作为确定根本违约的标准；第二，“合同整体价值与受害人金钱损失”标准不被第 25 条支持；第三，“货物相符性”标准被肯定，但不能超出第 51 条第（2）款和第 73 条第（3）款的范围；第四，“救济导向方法”被肯定；第五，“提供救济”标准被肯定，但也有被排除的情形；第六，“救济可能性”标准被肯定；第七，“履行的可能性”以及“履行意愿”标准被肯定；第八，“对未来履行不信赖”标准被肯定；第九，“不成比例的损失”标准不被支持。通过对上述观点的批判，Robert Koch 教授认为这些标准都有其局限性，不能对根本违约涉及的所有情况加以概括，最终该学者提出了新的判断根本违约的方法，即判断违约是否破坏了合同目的，以及受害方是否需要解除合同或寻求交付替代物的救济即可。[④] Bruno Zeller 教授也提出了类似观点，其总结了

---

① 参见联合国：《贸易法委员会关于〈联合国国际货物销售合同公约〉判例法摘要汇编（2016 年版）》，载联合国国际贸易法委员会官网，https：//uncitral. un. org/sites/uncitral. un. org/files/media – documents/uncitral/zh/cisg_digest_2016_c. pdf。

② See Michael Will，*Comments on Article* 25 *CISG*，in Cesare Massimo Bianca and Michael Joachim Bonell，eds.，Commentary on the International Sales Law：the 1980 Vienna Sales Convention，Giuffre，1987，p. 212.

③ See Maartje Bijl，*Fundamental Breach in Documentary Sales Contracts The Doctrine of Strict Compliance with the Underlying Sales Contract*，European Journal of Commercial Contract Law，No. 1，p. 19 – 28（2009）.

④ See Robert Koch，*The Concept of Fundamental Breach of Contract under the United Nations Convention on Contracts for the International Sale of Goods*（*CISG*），in Review of the Convention on Contracts for the International Sale of Goods（CISG）1998，Kluwer Law International，1999，p. 177 – 354.

一个判断根本违约的简便易行的标准，即如果违约损害了正当期待，就会构成根本违约。[①] 还有学者认为，根据对 CISG 第 25 条和第 49 条的分析，一个可能的解释是，买方不能自己确定违约是否属于根本违约，是否剥夺了合同期待，由买方自己来判断是主观和武断的，某种瑕疵对买方可能构成根本违约，但卖方可能可以补救，因此卖方可以将其变成非根本违约。[②] 由此可见，该学者对根本违约的判断较为谨慎。

关于可预见性标准，以下问题是学者讨论的焦点：第一，关于如何分配举证责任。学者们基本达成一致，认为"unless"一词清楚地将举证责任转移给了违约方。[③] 第二，关于如何判定同等资格的人。有学者认为，不仅要看同等资格的人，还要看同一贸易领域的商人能否预见。[④] 对于同等资格的人，不仅要考虑其商业交易的经历，还要考虑整个社会的经济背景，包括宗教、语言、平均的职业标准等。[⑤] 第三，关于如何判定相同情况。"相同情况"与世界、地区的市场，立法，政策，环境，之前的合同以及交易都有关系。第四，客观标准（同等资格的人）与主观标准（具体违约方）的关系，即对"or"改为"and"一词的理解。"and"表明客观标准不能取代主观标准，它是一种补充，即违约方的举证责任是双重的。第五，可预见性的时间问题。此问题是争议最大的一个问题。一些学者认为可预见的时间是在合同订立时。[⑥] 另一些学者认为如果考虑

---

① See Bruno Zeller, *Fundamental Breach and the CISG – a Unique Treatment or Failed Experiment?* Vindobona Journal of International Commercial Law & Arbitration, No. 8, p. 81 – 94 (2004).

② See Yasutoshi Ishida, *Identifying Fundamental Breach of Articles 25 and 49 of the CISG: The Good Faith Duty of Collaborative Efforts to Cure Defects – Make the Parties Draw a Line in the Sand of Substantiality*, Michigan Journal of International Law, Vol. 41: 1, p. 63 – 108 (2020).

③ See Michael Will, *Comments on Article 25 CISG*, in Cesare Massimo Bianca and Michael Joachim Bonell, eds., Commentary on the International Sales Law: the 1980 Vienna Sales Convention, Giuffre, 1987, p. 216.

④ See Leonardo Graffi, *Case Law on the Concept of "Fundamental Breach" in the Vienna Sales Convertion*, International Business Law Journal, No. 3, p. 338 – 349 (2003).

⑤ See Michael Will, *Comments on Article 25 CISG*, in Cesare Massimo Bianca and Michael Joachim Bonell, eds., Commentary on the International Sales Law: the 1980 Vienna Sales Convention, Giuffre, 1987, p. 219.

⑥ See Peter Schlechtriem, *Commentary on the UN Convention on the International Sale of Goods (CISG)*, Munich, 1998, p. 178; Robert Koch, *The Concept of Fundamental Breach of Contract under the United Nations Convention on Contracts for the International Sale of Goods (CISG)*, in Review of the Convention on Contracts for the International Sale of Goods (CISG) 1998, Kluwer Law International, 1999, p. 177 – 354.

诚信原则，则应考虑将可预见的时间设置为合同订立后收到违约当事人的任何信息之时。① 此外，还有学者结合 UPICC 的主观标准进行分析，认为尽管 UPICC 的“故意或疏忽”标准被肯定，但过错不是合同归责的要件，因此该方法不被允许在 CISG 的判例中用以判断根本违约。② 第六，关于可预见性标准的作用，有学者认为，可预见性与损害要素并列，构成根本违约的两个基本要素。③ 当然，也有观点认为，可预见性不是根本违约的构成要件，只是豁免条件。④ 同我国类似，国外学者也有对可预见性标准的否定观点。

3. 运用判例对根本违约制度进行的专门研究

与国内学者相比，国外学者对判例的研究更为普遍。如德国学者 Robert Koch 教授对 1998 年之前根本违约的经典案例进行过类型化研究。⑤ Peter Schlechtriem 教授与 Ingeborg Schwenzer 教授再版多次对 CISG 进行评述，书中对于第 25 条进行过专门化的判例研究。⑥ 同时，美国学者 John Honnold 教授⑦、英国学者 Alastair Mullis 教授⑧、意大利学者 Leonardo Graffi 教授⑨、德国学者 Ste-

---

① See John O. Honnold, *Uniform Law for International Sales under the* 1980 *United Nations Convention*, 3rd ed., Hague: Kluwer Law International, 1999, p. 116; Enderlein & Maskow, *United Nations Convention on Contracts for the International Sale of Goods – Convention on the Limitation Period in the International Sale of Goods*, in International Sales Law. New York/London/Rome, 1992, p. 113.

② Sss Robert Koch, *The Concept of Fundamental Breach of Contract under the United Nations Convention on Contracts for the International Sale of Goods* (*CISG*), in Review of the Convention on Contracts for the International Sale of Goods (CISG) 1998, Kluwer Law International, 1999, p. 177 – 354.

③ See Yunus Emre Ay, *The Fundamental Breach of Contract of Sale under the CISG*, Law and Politics, Vol. 20: 1, p. 25 – 32 (2022).

④ See Andrew Babiak. *Defining "Fundamental Breach" under the United Nations Convention on Contracts for the International Sale of Goods*, Temple International and Comparative Law Journal, Vol. 6: 1, p. 113 – 144 (1992).

⑤ See Robert Koch, *The Concept of Fundamental Breach of Contract under the United Nations Convention on Contracts for the International Sale of Goods* (*CISG*), in Review of the Convention on Contracts for the International Sale of Goods (CISG) 1998, Kluwer Law International, 1999, p. 177 – 354.

⑥ See Ingeborg Schwenzer. *Commentary on The UN Convention on The International Sale of Goods* (*CISG*), 5th edition, Oxford University Press, 2022, p. 531 – 626.

⑦ See John O. Honnold, *Uniform Law for International Sales under the* 1980 *United Nations Convention*, 3rd ed., Hague: Kluwer Law International, 1999, p. 204 – 212.

⑧ See Alastair Mullis, *Avoidance for Breach under the Vienna Convention: A Critical Analysis of Some of the Early Cases*, in Andreas & Jarborg, eds., Anglo – Swedish Studies in Law, Lustus Forlag, 1998, p. 326 – 355.

⑨ See Leonardo Graffi, *Case Law on the Concept of "Fundamental Breach" in the Vienna Sales Convention*, International Business Law Journal, No. 3, p. 338 – 349 (2003).

fan Kröll 教授、英国学者 Loukas Mistelis 教授、西班牙学者 Pilar Perales Viscasillas 教授①等各国学者均对 CISG 第 25 条的判例进行过系统化研究。此外，前文提及的 UNCITRAL 判例摘要汇编在 2016 年推出的最新版本，为 CISG 判例的研究也提供了较大的参考。

总结学者们对根本违约判例的研究，目前的研究对今后根本违约判例的研究提供了极大的参考。然而，对于根本违约判例的研究仍然有可挖掘的空间，如学者们普遍关注对 CISG 根本违约“违约严重性”标准判例的总结，但是对于“可预见性”标准的判例关注较少，缺乏系统性的总结与分析。此外，如之前提及的，大部分学者的研究距今已有较长的时间，因此对于 CISG 新近判例谈及较少。部分学者的研究是针对部分经典判例展开的，或者更侧重于对本国判例的分析。同时，对于 UPICC 的判例，因为其近些年才开始出现，所以之前缺乏对 UPICC“根本不履行”判例的系统分析。

4. 对根本违约认定规则的统一解释方面的研究

关于 CISG 第 25 条的规定，大部分学者都认为该条的规定是模糊的，条文中涉及的很多概念都没有明确。② 因此，学者们从多个角度提出了对第 25 条的理解，以探讨根本违约的构成问题。从对 CISG 进行法律解释的方法上来讲，有学者如德国的 Robert Koch 教授从对 CISG 的解释、对学者观点以及各国判例的分析为切入点展开深入研究，认为 CISG 需要在第 7 条“国际性”及“促进统一性”的要求之下进行解释，对根本违约概念的理解无须参考任何国内法体系

---

① See Stefan Kröll, Loukas Mistelis & Pilar Perales Viscasillas, *UN Convention on Contracts for the International Sale of Goods A Commentary*, second edition, C. H. Beck, Hart, Nomos, 2018, p. 337 - 355.

② See Peter Schlechtriem, *Uniform Sales Law - The Experience with Uniform Sales Laws in the Federal Republic of Germany*, CISG Database of Pace University (May 8, 2002), https://iicl.law.pace.edu/cisg/scholarly-writings/uniform-sales-law-experience-uniform-sales-laws-federal-republic-germany; Robert Koch, *The Concept of Fundamental Breach of Contract under the United Nations Convention on Contracts for the International Sale of Goods (CISG)*, in Review of the Convention on Contracts for the International Sale of Goods (CISG) 1998, Kluwer Law International, 1999, p. 185; Andrew Babiak. *Defining "Fundamental Breach" under the United Nations Convention on Contracts for the International Sale of Goods*, Temple International and Comparative Law Journal, Vol. 6: 1, p. 113 - 144 (1992); Leonardo Graffi, *Case Law on the Concept of "Fundamental Breach" in the Vienna Sales Converntion*, International Business Law Journal, No. 3, p. 338 - 349 (2003); Maartje Bijl, *Fundamental Breach in Documentary Sales Contracts The Doctrine of Strict Compliance with the Underlying Sales Contract*, European Journal of Commercial Contract Law, No. 1, p. 19 - 28 (2009).

中的含义。[①] 具体的解释方法可以包括字面解释、立法史、系统解释、目的解释等大陆法系传统的解释方法。Robert Koch 教授对 1999 年 4 月之前的 54 个涉及根本违约的判例进行了系统全面的分析，尽管已无法概括近 20 年最新的判例发展情况，但该分析方法值得借鉴。此外，也有学者如澳大利亚 Bruno Zeller 教授提出在解读 CISG 第 25 条根本违约时，除运用第 7 条之外，也不应忽视第 8 条的作用。[②] 他认为，“功能性”方法要比“解释性”方法更合适。总之，无论是英美法系还是大陆法系的学者，在研究根本违约构成问题时，会综合运用各种方法，包括字面解释、立法史分析、目的解释、结合 UPICC 的系统解释、结合 CISG 本身的目的解释等，尤其是对判例的分析，有学者甚至认为，对根本违约不可能下一个定义，只能通过实践中的判例进行总结。[③] 然而，也有学者认为，法院、仲裁庭的判决不构成对 CISG 有约束力的解释，因为判例是有分歧的。[④] 有学者提出，由于国际贸易关系的复杂性，根本违约没有明确的规则。[⑤] 同时，虽然大部分学者认为国际商事领域的根本违约问题不宜引入国内法规则进行解释，但是比较法研究的方法仍然会对根本违约的研究有所启发，CISG 的救济制度在一些国家的国内法中能找到相似的规定。[⑥] 还有学者专门就 CISG 根本违约制度与本国法进行了比较法分析。[⑦] 有学者通过将中国、德国、法国、意大利和美国的国内合同法与 CISG 违约制度进行对比，最终认为虽然 CISG 在各国合同法的影响之外独立适用，但各国法院在适用 CISG 根本违约规则时，仍高度偏向

---

① See Robert Koch, *The Concept of Fundamental Breach of Contract under the United Nations Convention on Contracts for the International Sale of Goods (CISG)*, in Review of the Convention on Contracts for the International Sale of Goods (CISG) 1998, Kluwer Law International, 1999, p. 177 – 354.

② See Bruno Zeller, *Fundamental Breach and the CISG – a Unique Treatment or Failed Experiment?* Vindobona Journal of International Commercial Law & Arbitration, No. 8, p. 81 – 94 (2004).

③ See Alexander Lorenz, *Fundamental Breach under the CISG*, Pace Law School Institute of International Commercial Law (Sept. 21, 1998), https://iicl. law. pace. edu/cisg/scholarly – writings/fundamental – breach – under – cisg.

④ See Leonardo Graffi, *Case Law on the Concept of "Fundamental Breach" in the Vienna Sales Converntion*, International Business Law Journal, No. 3, p. 338 – 349 (2003).

⑤ See Dmytro A. Usik, *Institute of Fundamental Breach of Contract under the United Nations Convention on Contracts for the International Sale of Goods of April 11, 1980*, Journal of Eastern European Law, Vol. 2019: 66, p. 63 – 69 (2019).

⑥ See Ole Lando & Hugh Beale, *Principles of European Contract Law: Parts I and II*, Kluwer Law International, 2000, p. 367.

⑦ See Mahmoud Fayyad, *Fundamental Breach of Contract in Terms of the UN Sales Convention and Emirates Law: A Comparative Legal Study*, Arab Law Quarterly, Vol. 33: 2, p. 109 – 151 (2019).

国内的违约概念，他们没有针对 CISG 根本违约构建一个独立的意义，而是用国内规则给 CISG 根本违约注入意义，因此在 CISG 各缔约国，根本违约的含义仍然是不同的。①

当然，也有相反的观点认为，CISG 第 25 条的规定并不模糊，它不缺乏统一性。该学者认为，模糊性通常被认为是缺乏统一的结果，然而，统一性应包括两方面的含义：一是结果的统一；二是也更重要的是解决纠纷过程的统一。每一个判决都是独特的，然而，判决的方法却应该是统一的，判决都是依据 CISG 第 7 条的解释方法所作出的。CISG 是过程导向的而不是结果导向的。② 由此可见，各国学者在探讨国际商法统一化的问题时，尤其是具体到根本违约问题时，所持的观点有所不同，大多数学者赞同运用各国判例进行统一解释，但缺乏对 CISG 近期根本违约判例以及 UPICC 判例的全面系统分析。

总结国内外学者对根本违约认定问题的研究可见，我国学者大多从对 CISG 第 25 条进行文义解释，英美法系与大陆法系的立法比较，UPICC、PECL 对 CISG 的发展等角度对根本违约的认定进行学理分析。国外学者的分析方法较为丰富，包括从 CISG 角度对第 25 条进行的目的解释、系统解释、立法史分析。在根本违约具体认定问题上，由于学者的认识不同，因而观点各异，对根本违约的认定问题在我国以及国外并未有统一的观点。由此可见，对根本违约认定问题的研究，我国学者尽管研究的文献数量较多，但方法较为单一，近年来的研究较少对前人有所突破，且我国学者从各国判例角度尤其是对根本违约认定问题的研究较少。国外学者对于统一解释与适用的研究方法更为丰富，但仍存在对 CISG 新近判例以及 UPICC 判例梳理不足的情况。同时，对新近欧洲以及非洲区域性统一合同法规则中的根本违约认定规则，学者的关注较少。因此，本书拟以前人的研究为基础，同时利用美国佩斯大学 CISG 数据库、UNCITRAL 的 CLOUT 数据库、罗马比较法与外国法研究中心的 UNILEX 数据库以及我国的“北大法宝”数据库、中国裁判文书网等网络数据库资源，对国际商事合同领域涉及根本违约认定的案例进行全面的系统化分析，在学者原有

---

① See Larry A. DiMatteo, Marta Infantino, Jingen Wang, Paola Monaco, *Once More Unto the Breach: A Comparative Analysis of the Meaning of Breach in Contract Law*, Transnational Law & Contemporary Problems, Vol. 31, p. 33 - 90 (2021).

② See Bruno Zeller, *The Remedy of Fundamental Breach and the United Nations Convention on the International Sale of Goods (CISG) —A Principle Lacking Certainty?* Vindobona Journal of International Commercial Law & Arbitration, Vol. 11: 2, p. 219 - 236 (2007).

对 CISG 根本违约“违约严重性”标准适用的判例展开系统研究的基础上，对于学者们较少涉及的“可预见性”标准适用的判例以及 UPICC 的适用判例展开全面的系统分析，试图在方法论上有所突破，重点以判例研究的方法总结根本违约认定标准以及解释方法的规律所在，同时对区域性规则中的根本违约认定规则加以分析，进而探寻国际商事合同根本违约认定规则的发展趋势。

三、研究方法与写作思路

（一）研究方法

在前人对根本违约制度进行过大量研究的基础上，本书拟通过重点运用判例分析的方法，以期在对国际商事合同根本违约认定问题的研究上有所突破。本书拟对适用 CISG 根本违约规则以及 UPICC 根本不履行规则的全部案例进行系统总结。通过对根本违约主客观因素的分类分析，对国际商事合同根本违约认定的判例进行类型化研究，同时，挖掘国际商事合同领域根本违约认定的统一解释及适用方面存在的问题并探寻其未来发展的趋势。

除上述方法之外，本书在必要时也会借鉴前人对此问题普遍采用的研究方法，尤其是就 CISG 第 25 条进行的法律解释方法，包括语义解释法、立法史分析法、结合 UPICC 的系统解释法、结合 CISG 本身的目的解释法等。此外，在案例分析的过程中，本书也会采取比较分析法将不同国家的判例进行比较研究，从比较法的角度总结各国判例的特点及其共性。同时，本书将针对我国《民法典》及相关司法解释与司法实践，对中国立法及司法实践存在的问题进行总结。

（二）写作思路

本书以国际商事合同根本违约认定问题为题，拟从七个方面展开论述，首先对国际商事合同根本违约认定的含义及法律渊源进行明确，进而对 CISG、UPICC 根本违约的“违约严重性”标准、“可预见性”标准进行具体分析，主要采用判例分析的方法进行类型化研究，同时对判例中统一解释与适用根本违约规则的问题加以阐述，最终得出本书的结论与启示。具体思路如下：

绪论部分介绍本书的研究背景和研究意义，分析目前国际商事合同根本违约认定问题的研究现状，对既有研究进行总结，进而得出本书拟研究的重点与方向。同时，介绍本书的研究方法与写作思路，提出本书的创新点及不足。

第一章分析国际商事合同根本违约认定的基本问题。本章第一节首先就国际商事合同的概念以及根本违约的概念加以界定，明确本书的研究对象。其次，就国际商事合同根本违约制度的法律渊源进行阐述，明确本书的研究范围。第二节分析国际商事合同根本违约认定的主要问题，通过分析国际商事合同根本违约认定标准的历史演进过程，探寻该标准演变发展所依据的理论基础。最后分析根本违约认定标准设立的意义以及存在的问题。

第二章具体分析 CISG“违约严重性”标准。第一节对“违约严重性”标准进行理论分析。第二节拟对 CISG“违约严重性”标准的判例进行类型化分析，主要分为完全不履行、瑕疵履行、迟延履行、部分履行与分批交货、预期根本违约以及附随义务的违反几种类型，对判例中各类型出现的统一化趋势加以总结，并指明“违约严重性”标准的核心问题。

第三章具体分析 UPICC“违约严重性”标准。第一节对 UPICC“违约严重性”标准进行理论分析，并探讨其对 CISG 第 25 条的发展。第二节拟对适用 UPICC 违约严重性标准的判例进行具体分析，就 UPICC 与 CISG“违约严重性”标准的核心问题加以总结。

第四章具体分析“可预见性”标准。因适用“可预见性”标准的判例较适用“违约严重性”标准的判例少很多，故将 CISG 和 UPICC 的“可预见性”标准合并放入第四章进行分析。第一节对 CISG“可预见性”标准进行理论分析，就争议问题利用立法史及学者学说进行阐述。第二节对 CISG“可预见性”标准的判例进行分析。第三节对 UPICC“可预见性”标准进行理论和判例分析，并就变化的问题与 CISG 第 25 条加以比较研究，最终得出“可预见性”标准在判例中的发展趋势。

第五章对 CISG 根本违约认定标准统一化趋势下解释方法的国别差异性进行分析。第一节对 CISG 解释方法进行理论分析。第二节重点对 CISG 判例中的根本违约认定规则的解释方法分国进行比较研究，最终分析各国在 CISG 解释方法方面的差异，总结促进统一化发展需要努力的方向。

第六章对 UPICC 以及区域性统一合同法规则对 CISG 根本违约认定标准统一化的影响进行分析。第一节对 UPICC 根本不履行规则对 CISG 根本违约认定标准统一化的影响进行分析。第二节就欧洲、非洲出现的区域性统一合同法规则对 CISG 根本违约认定标准统一化的影响进行分析。最终得出根本违约认定规则在法律适用方面的一致性趋势。

第七章为国际商事合同根本违约认定之结论及启示，结合我国立法及司法实践，提出本书在根本违约认定方面的结论及其对国际层面及国内层面立法完善、司法实践方面的启示。

四、本书的创新点及不足

本书是在有前人大量研究积累的基础上对根本违约认定问题进行的梳理与分析，试图对前人较少专门涉足的适用 CISG、UPICC 根本违约规则的所有判例进行分析，本书在以下方面有所创新。

首先，本书初次尝试将新古典契约法理论作为国际商事合同根本违约认定标准发展的理论基础。对于根本违约制度的理论基础，之前的学者已经从经济学、伦理学、法理学等角度进行过深入论述。笔者认为，前人的论述已较为详尽，因此笔者拟从根本违约认定标准的历史演进中探寻其演变的理论依据。通过研究，笔者发现，国际商事合同根本违约认定标准的演变与新古典契约法理论的发展是相一致的，新古典契约法理论是其演变的理论基础。然而，关于对新古典契约法理论的研究，之前的学者是从宏观角度对新古典契约法理论对各国合同法尤其是英美合同法的发展进行分析，对国际商事合同领域具体规则方面的分析较少，因此本书拟在此方面有所突破，试图探讨国际商事合同根本违约认定标准的演进与新古典契约法理论发展间的关系问题。

其次，本书试图在判例的运用上有所突破。前人并未对国际商事领域的根本违约判例，尤其是 CISG 近年来的判例以及 UPICC 的判例进行过全面总结与分析，但国内外有很多学者提出判例法是解决国际商事合同法统一化的唯一途径，因此，本书试图通过分析根本违约认定的判例去探究这一观点的科学性，一方面探寻国际商事合同根本违约认定标准在判例中的统一化趋势；另一方面探讨解释方法的一致性。通过研究，笔者发现，适用 CISG 与 UPICC 的判例在根本违约认定标准上趋于一致，违约严重性标准是每一个判例中认定根本违约的必要条件。在具体的违约类型中，如完全不履行、瑕疵履行、迟延履行、部分履行与分批交货、预期违约、违反附随义务等，判定违约严重性的统一化趋势在逐渐增强。尽管 CISG 违约严重性标准的规定具有抽象性与模糊性，但随着司法实践中对具体判例的类型化处理，抽象标准在逐渐变得更加具有可操作性。虽然不同类别违约的具体的判断因素存在差异，但每个案件在判断违约严重性时，实质剥夺合同期待都是判断该标准的核心问题，且对这一问题的判断，裁判者变得越来越谨慎。此外，就可预见性标准而言，通过判例和立法史分析，笔者认为，该标准仅是根本违约认定的例外，对可预见性的判断并不会出现在每一个根本违约认定的判例中，因而该标准不是根本违约认定的必要条件。之前，诸多学者对可预见性标准是根本违约必不可少的构成要件还是豁免条件的分歧较大。此外，从解释方法来看，通过对判例的全面总结可以发现，尽管仍有诸多国家的裁判者在解释国际商事合同根本违约规则时会受到国内法的影响，但越来越多国家的裁判者通过援引外国判例、学者学说，在解释方法上正在趋于一致。

最后，区域性统一合同法规则近年来的陆续推出丰富了统一合同法方面的立法。欧洲除2001年的PECL之外，近年来，又陆续公布了《欧洲私法的原则、定义及示范规则，共同参考框架草案》（Principles, Definitions and Model Rules of European Private Law. Draft Common Frame of Reference, DCFR）以及《欧洲共同买卖法条例（草案）》（Common European Sales Law, CESL）等不同性质的规定，均涉及了根本违约认定问题。尽管CESL后来被撤回，但其文本内容仍具有研究价值。非洲商法协调组织（Organization pour l'harmonisation du Droit des Affairs en Afrique, OHADA）也制定了多部商事统一法，适用于其成员国。其中《一般商法统一法》2010年修订版有关于根本违约的规定。对于这些区域性统一合同法规则中的根本违约规则，之前的学者只重点关注了PECL，而对其他规则分析较少，因此本书对新近出现的区域性统一合同法根本违约规则进行了剖析。本书认为，新近的区域性统一合同法规则中对根本违约的规定是以CISG和UPICC为基础制定的，因而就这些区域性规则对CISG、UPICC根本违约规则适用的影响而言，适用这些区域性规则并不会构成国际商事合同根本违约认定标准统一化的障碍。

本书的不足之处在于尽管搜集了美国佩斯大学CISG数据库关于CISG根本违约的全部判例，UNCITRAL CLOUT数据库关于CISG根本违约所有的判例摘要，以及UNILEX数据库关于CISG、UPICC的全部判例，判例数量已达数百个之多，但是由于商事仲裁的保密性，仍有大量的仲裁庭判例并未公开，同时各国法院判例的公开程度亦有所不同。限于笔者能力，对欧洲德语、法语、西班牙语等非英文的CISG判例数据库中的判例无法展开全面分析，仅能从学者论文以及CISG评注中间接援引，因此本书的判例研究不可避免地具有一定的局限性。且上述英文数据库中部分判例只存在英文摘要，并未提供英文全文翻译，因此笔者的研究难免存在疏漏，在今后的研究中笔者也会对后续公开的判例进行持续性的关注与分析。

第一章　国际商事合同根本违约认定的基本问题

随着经济全球化的迅猛发展以及数字时代的到来，国际贸易、投资规模迅速扩大，要素资源在全球的流动速度呈几何倍增长。经济的全球化、数字化发展对规范其交易秩序的商事规则提出了更高的要求。商事规则保障商业利润实现、财富增长的营利性特征更加明显，[①] 商法与生俱来的国际性特征[②]也更加强化，商法国际化是当前世界各地区商法发展的重要趋势。[③] 正如施米托夫教授在半个世纪前的概括："我们正在开始重新发现商法的国际性，国际法—国内法—国际法这个发展圈子已经自行完成：各地商法发展的总趋势是摆脱国内法的限制，朝着国际贸易法这个普遍性和国际性的概念发展。"[④] 国际商法之所以越发重要，正是因为从事国际商业的商人，"希望能像从事国内商业一样有一套统一的规则，摆脱适用不同国家的民商法所带来的困境"[⑤]。正是在此背景之下，国际商事合同法的统一化成为当今国际商法发展的重要方向。

---

① 参见吕来明：《商事权利论》，法律出版社2016年版，第3-4页。

② 参见侯怀霞：《商法学》（第2版），中国政法大学出版社2016年版，第9页。

③ 参见徐璟航：《商法国际化的非洲实践：非洲统一商法体系评析》，载《非洲研究》2023年第1期。

④ ［英］施米托夫：《国际贸易法文选》，赵秀文选译，中国大百科全书出版社1993年版，第230页。此段论述为施米托夫教授1957年在赫尔辛基大学发表的演讲。

⑤ 左海聪：《国际商法》（第3版），法律出版社2023年版，第7页。

根本违约制度的产生与发展，完全契合了国际商法的发展趋势，它自英国国内法“根本违约”制度而生，随着规范国际商事合同的需要，为英美法系国家及国际条约、国际或地区统一规则文件所承袭与发展，[①] 逐步纳入国际商法的调整领域。国际商事合同领域根本违约制度的设立具有“里程碑式的”[②] 意义，其构成了对合同解除的严格限制，使国际商事交易的当事人只有在根本性违反合同时才能够行使合同解除权，从而起到对国际商事交易秩序及安全的维护作用，凸显了商事规则的营利性特征。然而，根本违约制度作为合同解除的最后一道防线，虽然有 CISG、UPICC、PECL 等国际性或区域性规则的规范，但由于国际规则的模糊性以及各国国内民商法的影响，对于如何认定根本违约，学界普遍认为，在国际商事领域尚未形成一套被各国普遍认可的统一性规则，根本违约的认定问题成为学界及司法实践中极具争议性的问题之一。有鉴于此，本章拟对国际商事合同根本违约认定的基本问题加以澄清，为后续章节的论述奠定基础。

第一节　国际商事合同根本违约制度概述

国际商事合同领域的根本违约制度起源于国内法，但又超脱于国内法。尽管诸多国家的国内法有着与根本违约相类似的制度，但国际商事合同领域的根本违约是一个全新的法律概念，不同于任何其他法律体系中的概念。[③] 因此，在探究根本违约认定问题之前，有必要就本书的研究对象、研究范围进行明确界定。以下对国际商事合同根本违约的概念以及法律渊源分别加以分析和澄清。

一、国际商事合同根本违约概念的界定

因本书以“国际商事合同根本违约”为研究对象，而“国际商事合同”的

---

① 参见刘承韪：《论英美法引入与中国合同法的发展——从清末修律到 2020 年民法典》，载《学术月刊》2022 年第 4 期。

② Leonardo Graffi, *Case Law on the Concept of* “*Fundamental Breach*” *in the Vienna Sales Convention*, International Business Law Journal, No. 3, p. 338 – 349 (2003).

③ See Bruno Zeller, *Fundamental Breach and the CISG – a Unique Treatment or Failed Experiment?* Vindobona Journal of International Commercial Law & Arbitration, No. 8, p. 81 – 94 (2004).

范围却是一个尚有争议的问题，因此首先需正确理解“国际商事合同”，进而剖析“根本违约”概念在国际商事合同领域的具体所指，然后才能对本书的研究对象加以明确。

（一）“国际商事合同”的含义

国际商事合同从广泛意义上讲是经济全球化发展的动力之所在，[①] 国际商事合同规则是国际商法中最基础和核心的部分。然而，究竟何为国际商事合同，学界与权威国际组织对此并未有统一的界定。本书拟从语言学角度对这一词组加以拆分，分别对“国际”和“商事合同”加以分析。

1. 对“国际”的理解

一般认为，国际商法的“国际性”可以理解为商事关系的主体、客体或内容至少有一项具有国际因素。[②] 尽管目前在国际商事立法中并未有对“国际”的统一界定，但权威国际组织及诸多国家在国际商事立法时都遵循了上述规则，权威机构如 UNCITRAL 的做法就可见一斑，其在制定不同的条约、规则时对“国际”进行了不同的界定，如 1980 年 CISG 就采取了当事人的营业地标准，以主体国际性为主要判断标准。1985 年《国际商事仲裁示范法》除营业地标准之外，也采纳争议标的最密切联系地、主要义务履行地等客体国际性或内容国际性的判断标准。再如，2008 年《联合国全程或部分海上国际货物运输合同公约》（以下简称《鹿特丹规则》），对“国际”的界定主要是以运输合同的装货、卸货地等合同内容的国际性为判断标准。“国际”的具体界定之所以不同，与公约或规则调整的不同领域不无关系，但总体来看，UNCITRAL 的界定遵循了主体、客体或内容至少有一项涉外的界定方法。这一方法在我国得到普遍认可，虽未直接写入基本立法，但在最高人民法院《关于适用〈中华人民共和国涉外民事关系法律适用法〉若干问题的解释（一）》和最高人民法院《关于适用〈中华人民共和国民事诉讼法〉的解释》中均有类似规定，两个司法解释对“涉外民事关系”“涉外民事案件”均从主体、客体、内容涉外等方面进行了界定。

此外，国际统一私法协会（International Institute for the Unification of Private

---

① See Frank Vischer, *The Relevance of the UNIDROIT Principles for Judges and Arbitrators in Disputes Arising out of International Contracts*, European Journal of Law Reform, Vol. 1: 3, p. 203 (1999).

② 参见左海聪：《国际商法》（第 3 版），法律出版社 2023 年版，第 1 页。

Laws，UNIDROIT）在 UPICC 中虽然未明确“国际”的标准，但“它假定对‘国际’合同这一概念应作尽可能广义的解释，以便最终仅排除根本不涉及国际因素的情形，即合同所有相关因素仅与一国有关”①。UNIDROIT 的理解更加宽泛，甚至在解释 UPICC 与国内合同的关系时，其认为尽管 UPICC 是为国际商事合同制定的，但并不妨碍私人约定将 UPICC 适用于纯国内合同。② 当然，此种适用以不违反国内法的强制性规定为前提。由此引发一个问题需要澄清，即不含有涉外因素的纯国内合同当事人如果选择 UPICC 等国际规则作为其合同适用的规则，此种情形是否属于本书的研究范围。此外，司法实践中还出现了另一种情况，如西班牙最高法院 2006 年 10 月 31 日审理的房地产纠纷案，③ 该案是一起国内房地产合同纠纷，但法院在审理时认为西班牙国内法关于根本违约制度的演变符合 CISG 第 25 条所载的根本违反合同的要求，法院按照 CISG 第 49 条和 PECL 赋予了当事人废除合同的权利。该案涉及的情形即在解决纯国内合同纠纷时，法官援引 CISG、PECL 等国际规则来解释国内法。该案同时被 UNCITRAL 的 CLOUT 数据库和美国佩斯大学 CISG 数据库收录，足见其对国际商法研究的重要意义。该案所涉情形与上述第一种情形的共性是在解决纯国内合同纠纷时，无论是当事人选择还是法官选择，最终结果是适用了国际规则或通过国际规则解释国内法来解决国内纠纷。本书认为，纯国内合同适用国际规则，或通过国际规则解释国内法也应纳入本书的研究范围，因其涉及当事人或裁判者如何理解、运用国际商事合同规则的问题。因此，本书对“国际”做广义理解，其既包括商事主体、客体或内容的国际性，同时也包括解释、适用法律的国际性。

2. 对“商事合同”的理解

无论是各国国内商法学者还是研究国际商法的学者，对“商事”一词皆没有统一的界定。我国国内商法学界甚至曾经出现过商法学研究的集体迷失，④ 如

---

① UPICC 序言注释。张玉卿主编/审校：《国际统一私法协会国际商事合同通则 2016》，中国商务出版社 2019 年版，第 5 页。

② 参见 UPICC 序言注释。张玉卿主编/审校：《国际统一私法协会国际商事合同通则 2016》，中国商务出版社 2019 年版，第 5 页。

③ 参见西班牙最高法院 2006 年 10 月 31 日裁决，载美国佩斯大学 CISG 数据库官网，https：//iicl. law. pace. edu/cisg/case/spain – october – 31 – 2006 – tribunal – supremo – supreme – court – d – tomas – y – da – almudena – v – don – casimiro。

④ 参见徐金海：《商法源流论：以商法结构变迁为视角》，中国经济出版社 2011 年版，第 11 页。

有学者认为，商法的内容是模糊的，商法的边界是模糊的。[①] 这在一定程度上说明了学界对“商事”界定的困难。近年来，随着商法研究的发展，有学者认为，“商”是一个发展变化的概念，其内涵和外延都会随着历史的发展而不断丰富，商的标的、行为、主体的范围在不断扩展。[②] 虽然我国是民商合一的国家，但有学者认为，面对商事交易实践的变革，我国相当一部分商行为至今没有法律调整。[③] 对于商事的范围，有学者认为其“几乎包括各种以营利为目的的商品交换以及与此相关的其他活动”，各国对于商事范围的具体规定并不完全相同，要根据各自的商事法律予以确定。[④] 由此可见，在国内法上对商事的范围仍没有统一的认识，因此国际商法更倾向于将“商事”做广义解释，以便使其涵盖各国对商事不同范围的界定，诸多国际规则在制定时皆体现了这一倾向。如 UNCITRAL《国际商事仲裁示范法》以及《国际商事调解示范法》在脚注中对“商事”做了相同的广义解释，其中的示例非穷尽地列出了可划为商业性质的各种关系，[⑤] “包括但不限于下列交易：供应或交换货物或服务的任何贸易交易；销售协议；商事代表或代理；保理；租赁；建造工厂；咨询；工程；使用许可；投资；筹资；银行；保险；开发协议或特许；合营和其他形式的工业或商业合作；空中、海上、铁路或公路的客货载运”。[⑥] 该定义力求面面俱到，涵盖面广，克服本国法律在确定哪些交易是商业性交易时可能遇到的任何技术问题。[⑦] UNCITRAL 非穷尽性列举的解释在于强调“商事”的广度，不以一国国内法规定的“商事”为检验标准。

---

① 参见赵旭东：《商法的困惑与思考》，载《政法论坛》2002 年第 1 期。

② 参见范健、王建文：《商法学》（第 5 版），法律出版社 2021 年版，第 4－5 页。

③ 参见范健：《〈民法典〉之后中国商法理论与实践面临的问题与思考》，载《法学杂志》2023 年第 3 期。

④ 参见赵旭东：《商法学》（第 4 版），高等教育出版社 2019 年版，第 3－4 页。

⑤ 参见联合国：《贸易法委员会国际商事仲裁示范法 1985 年——附 2006 年通过的修正案》，载联合国国际贸易法委员会官网，https：//uncitral. un. org/zh/texts/arbitration/modellaw/commercial_ arbitration。

⑥ UNCITRAL 对“商事”的注释。联合国：《贸易法委员会国际商事仲裁示范法 1985 年——附 2006 年通过的修正案》，载联合国国际贸易法委员会官网，https：//uncitral. un. org/zh/texts/arbitration/modellaw/commercial_ arbitration。联合国：《贸易法委员会国际商事调解示范法及其颁布和使用指南 2002 年》，载联合国国际贸易法委员会官网，https：//uncitral. un. org/sites/uncitral. un. org/files/media－documents/uncitral/zh/04－90952_ ebook. pdf。

⑦ 参见联合国：《贸易法委员会国际商事调解示范法及其颁布和使用指南 2002 年》，载联合国国际贸易法委员会官网，https：//uncitral. un. org/sites/uncitral. un. org/files/media－documents/uncitral/zh/04－90952_ ebook. pdf。

此外，UNIDROIT 在 UPICC 中也对“商事”以及商事合同进行过广义解释。UPICC 在注释中强调，其对“商事”合同的限定不是以某些国家对民事、商事的划分为参考的，它不看当事人是不是“商人”以及交易是不是商业性质，其目的是将“消费者交易”排除在外，因消费者合同在诸多国家都存在强制性规则，对此类合同的规范更倾向于保护弱势的消费者，[①] 而非以合同当事人平等、自由为基础。除此之外，UPICC 倾向于对商事做宽泛的理解，其所列举的类型不仅包括货物、服务贸易所涉及的交易，而且包括投资、特许协议、专业服务合同等。[②] 由此可见，学界及权威国际组织尽管对于“商事”没有明确的界定，但都倾向于对商事合同做广义解释，强调以营利为目的，当事人间的地位平等，崇尚合同自由的理念。

由此，可以将国际商事合同理解为地位平等的当事人间订立的，以营利为目的的，主体、客体、内容或法律解释、适用具有国际性的合同。具体类型会涉及国际货物买卖、运输、保险、融资租赁、工程承包、代理、服务、技术以及电子商务、数字贸易等各个领域。

（二）“根本违约”概念的缘起与界定

通说认为，根本违约制度起源于英国法。有学者指出，英国法关于根本违约的理论有两层含义，[③] 较早出现的是与合同解除制度相关的根本违约，之后在英国海商法领域又出现了与免责条款相关的根本违约，其与国际商事合同中的根本违约在含义上是有所区别的，因此有必要通过探寻英国法根本违约制度的缘起，澄清国际商事合同根本违约的含义。

1. “与合同解除相关的根本违约”的兴起与发展

根据英国学者的观点，根本违约的确立源于 19 世纪 70 年代的两个判例，一是 1875 年波萨德诉斯皮尔斯（Poassord v. Spiers）案。[④] 该案中，一女演员与剧场签订合同担任某歌剧的女主角，但该演员未按照合同约定的时间提前到达

---

① 参见 UPICC 序言注释。张玉卿主编/审校：《国际统一私法协会国际商事合同通则 2016》，中国商务出版社 2019 年版，第 5 页。

② 参见 UPICC 序言注释。张玉卿主编/审校：《国际统一私法协会国际商事合同通则 2010》，中国商务出版社 2012 年版，第 53 页。

③ 参见阎晓辉、阎秋平：《根本违约制度研究》，载《法学》1998 年第 9 期。

④ 参见［英］P. S. 阿狄亚：《合同法概论》，程正康、周忠海、刘振民译，法律出版社 1982 年版，第 147 页。

剧场进行排练，法院审理认为该女演员违背了“条件”（conditions）条款，剧场方面据此可以与该演员解除合同。二是1876年的贝蒂诉盖伊（Bettini v. Gye）案，某演员签订合同约定为音乐会表演3个月，该演员需提前6天到达伦敦进行排练，但该演员仅提前了两天到达，由此导演要求解除合同并诉至法院。法院认为，该合同的实质条款是该演员表演义务的履行，排练义务仅属于次要的“保证”（warranty）条款，一方违反保证条款对方无权解除合同。这两个判例对于英国根本违约制度的确立起到了至关重要的作用，从判例中可见，只有对条件条款的违反，才会构成对合同的根本性违反，才有可能赋予当事人合同解除权。此后的1893年，英国通过其成文立法《货物买卖法案》确立了合同解除制度，虽未直接出现“根本违约”的表述，但根本违约的核心内容得以体现。该法案第11条第（1）款b项中规定，在英格兰和爱尔兰，违反条件可能给予对方以解除契约的权利，违反保证则对方只能要求损害赔偿，而无权拒收货物和解除契约；第11条第（2）款规定，在苏格兰，卖方对买卖契约中任何实质性部分未能履行，都被视为违反契约，买方有权拒收和解除契约。对于英国法的规定，学者总结为“条件”① 理论或条款主义②。哪些是合同的“条件”条款，是一个法律问题，应由法官根据合同的内容和当事人的意思做出决定。③ 由此，有学者认为，条款主义需要考察当事人的意图，即是否将一个条款作为合同的“实质性”部分，所以条款主义是主观性的。④ 这也因此导致了在实践中，法官较难把握条件条款与保证条款的界限。按照违反条件条款即可解除合同的规定，会出现即使违反条件条款，但受害方遭受的损失很小，却仍然可以解除合同的情况。不看损害结果而仅看是否违反条件条款就解除合同的处理方式过于武断，这种方式反而不是解决纠纷的最佳选择。为解决这一问题，英国法院确认了“中间”条款的形式，即当事人违反中间条款，若违约性质和后果严重，对方即可解除合同；反之则不得解除合同。中间条款的运用不再过分强调合同条款的性质，而是通过考察违约后果的严重程度来判断当事人是否构成根本违约。之后中间条款的范围逐渐扩大，除法定的条件和保证条款外，其他条款几乎都可以被纳入中间条款。

---

① 焦津洪：《论根本违约》，载《中外法学》1993年第1期。

② 参见韩世远：《根本违约论》，载《吉林大学社会科学学报》1999年第4期。

③ 参见冯大同主编：《国际商法》，对外经济贸易大学出版社1991年版，第119－120页。

④ 参见韩世远：《根本违约论》，载《吉林大学社会科学学报》1999年第4期。

从英国国内法根本违约制度的发展来看，对根本违约的判断经历了由主观的条款主义到客观的对违约后果严重性进行判断的过程。英国国内法这一制度的发展成果对美国重大违约制度的发展也产生了重要的影响。美国 1951 年《统一商法典》回避了根本违约的概念，① 但美国合同法受英国合同法影响，将违约分为轻微违约、重大违约和全面违约，② 违反条件条款的合同相当于重大违约（material breach），违反保证条款的合同相当于轻微违约（minor breach）。1981 年美国《第二次合同法重述》详细列举了构成重大违约应考虑的因素，具体规定在第 241 条，其认为判断重大违约可以考虑下列重要情形：（1）在多大程度上受损失一方当事人会被剥夺他合理期望所能获得的合同收益；（2）在多大程度上受损失一方当事人能够就自己被剥夺的那部分合同收益获得充分补偿；（3）终止履行合同将给违约一方当事人造成多大程度的损失；（4）考虑过全部因素包括任何合理保证之后，违约一方当事人弥补自己未尽事宜的可能性；（5）在多大程度上违约一方当事人的履约行为符合善意及公平交易的标准。③ 由此可见，美国合同法虽借鉴了英国合同法的分类，但对重大违约的衡量运用了结果主义，这对 CISG、UPICC 等国际合同法规则的制定及适用产生了重要影响。

大陆法系国家没有根本违约的表述，但存在类似制度，如德国法将违约分为给付不能、给付迟延、不完全给付等类型，如果一方当事人根本性不履行合同，另一方当事人可以宣告合同无效。总体来看，虽然各国国内法并未直接采用“根本违约”这一表述，但相关制度为国际商事合同领域根本违约的创立奠定了基础。这是第一层含义上的根本违约，即“与合同解除制度相关的根本违约”。

2. “与免责条款相关的根本违约”的兴起与衰落

除了与合同解除制度相关的根本违约，英国国内法还有另一层含义上的根本违约，即一方当事人根本性地违反合同时，当事人间约定的免责条款无效，诸多学者认为，该制度已经走向了衰落。④ 作为制约免责条款理论的根本违约最初出现在海商法的绕航制度中。1907 年“约瑟夫索利公司诉兰花轮船公司”（Joseph Thorley Ltd. v. Orchis Steamship）案虽然尚未提及根本违约的概念，但

① 参见王利明：《论根本违约与合同解除的关系》，载《中国法学》1995 年第 3 期。

② See E. Allen Farnsworth, *Contracts*, 4th edition, ASPEN Publishers, 2004, p. 566 – 571.

③ 参见李响：《美国合同法要义》，中国政法大学出版社 2008 年版，第 415 – 416 页。

④ 参见阎晓辉、阎秋平：《根本违约制度研究》，载《法学》1998 年第 9 期。

该案的法官认为，绕航是对条件条款的违反，涉及的是合同的根基，因此船方不得再援引提单中对其有利的免责条款。[①] 自此绕航这种严重违反合同的行为将导致合同免责条款无效的规则得以确立。

“根本违约”这一表述的首次出现是在 1936 年“海恩轮船公司诉泰特与莱尔”（Hain Steamship v. Tate & Lyle）案中。该案的法官阿特金（Atkin）在判例中首次使用了“根本违约”（fundamental breach）一词，他认为，不合理的绕航构成对租船合同的根本违约，合同的一个条款已经约定了航线，则对该航线的偏离构成根本违约。[②] 对于根本违约的法律后果，阿特金法官扩展了 1907 年“约瑟夫索利公司诉兰花轮船公司”案关于绕航的法律后果的规则，他认为“偏离合同约定的航线是船方的违约行为，即便是轻微的偏离，也是一种严重性质的违约，合同的另一方当事人可以将其界定为触犯了合同的根基，因此他可以宣告不再受合同任何一个条款的约束”。[③] 自此，不合理绕航被界定为根本违约，而绕航的法律后果由导致合同免责条款无效扩展到整个合同条款无效。

而后，海商法领域的根本违约逐渐扩展至普通的合同法领域，主要仍涉及根本违约与免责条款的关系问题，即合同当事人根本违约时，免责条款不再适用，这体现在英国后续的一些合同法判例中。然而，有学者认为，根本违约由海商法移植到普通合同法是不成功的。海商法的提单当事人为货方和承运人，比较双方在合同中的地位，承运人是较为强势的一方，通过适用根本违约来限制免责条款的适用有利于保护弱势一方即货方的利益。最初根本违约制度扩展至合同法时，英国正处于资本主义垄断阶段，格式合同大量出现，各类合同尤其是消费者合同的双方当事人地位明显不平等，法官为追求实质正义，在解决消费者合同纠纷时引入了海商法的根本违约，限制免责条款的适用，对弱势一方的消费者给予了更好的保护，其与海商法都因此而显现出保护弱者的倾向。而后随着经济的发展，竞争加剧，自由市场规则的功效再次受到重视。20 世纪后半叶的早期，英国的学者、法官和律师普遍开始担心议价能力不平等的存在破坏了合同的合理性，[④] 英国合同法尤其是在当事人地位平等的普通合同法领域

---

① See Joseph Thorley Ltd. v. Orchis Steamship ［1907］ 1 KB 660.

② See Hain Steamship v. Tate & Lyle ［1936］ 2 All ER 597.

③ See Hain Steamship v. Tate & Lyle ［1936］ 2 All ER 597.

④ 参见［英］ P. S. 阿狄亚：《合同法导论》（第 5 版），赵旭东、何帅领、邓晓霞译，法律出版社 2002 年版，第 26 页。

逐渐又回归到了以合同自由为最高理念的阶段。由于免责条款是双方当事人合同自由的体现，而根本违约导致免责条款失效的规则与此是相冲突的，因此，在英国后续的判例中，根本违约导致免责条款失效的规则被逐渐摒弃，海商法领域也出现了这样的趋势。例如，海商法领域1967年的“瑞士某海运公司诉荷兰鹿特丹科伦中心”（Suisse Atlantique Societe d' Armenment Maritime S. A. v. N. V. Rotterdamsche Kolen Centrale）案的法官怀康特（Viscount）就认为，并不是说违反合同或违反根本性条款就意味着法律能使免责条款或限制责任条款无效，这样的规则会限制合同自由。[①] 由此可见，该案法官对根本违约会导致免责条款无效产生了怀疑。普通合同法领域对这一规则的否定是1980年的“照片制作公司诉斯克里科运输公司”（Photo Production Ltd. v. Securicor Transport Ltd.）案。该案涉及的是雇佣合同免责条款是否适用的问题，该案的法官威尔伯福斯（Wilberforce）认为当根本违约或违反根本性条款，或任何违反合同的情形发生时，免责条款是否被适用或在什么程度被适用，这是一个合同解释问题。[②] 这意味着根本违约不一定导致免责条款无效，免责条款是否被适用要依据合同具体情况加以解释判断。根本违约导致免责条款无效并非一项法律原则或法律规则，而仅是一个合同解释问题。有学者认为，免责条款的效力最终应服从于双方当事人的意思表示，不是必然无效。[③] 自此，英国法中很少再出现“根本违约”这一表述。[④] 与免责条款相关的根本违约是英国法第二层含义上的根本违约，它与第一层含义的根本违约有所关联，指出根本违约会触及合同的根基，但在法律后果上强调免责条款的失效。在英国发展至20世纪80年代时，由于经济发展以及时代的变迁，学者们在普通合同法领域对合同自由回归的追求导致该制度逐渐走向衰落。

3. 国际商事合同根本违约的含义界定及法律意义

（1）国际商事合同根本违约的含义

本书以“国际商事合同根本违约”为研究对象，而国际商事合同领域的根本违约最初出现在1964年ULIS中，在1980年CISG中得以修改，国际商法层

---

① See Suisse Atlantique Societe d' Armenment Maritime S. A. v. N. V. Rotterdamsche Kolen Centrale [1967] 1 AC 361.

② See Photo Production Ltd. v. Securicor Transport Ltd. [1980] Lloyd's Rep. 1980 Vol. 1.

③ 参见解冲：《根本违约问题研究》，载《西北第二民族学院学报（哲学社会科学版）》2003年第2期。

④ 参见阎晓辉、阎秋平：《根本违约制度研究》，载《法学》1998年第9期。

面的根本违约源于英国法第一层含义的根本违约制度，同时也与英国法第二层含义的根本违约有过共存的时期，但研究国际商事领域根本违约制度的学者曾指出 CISG 根本违约与英国法根本违约规则无关，后者适用于完全不同的背景之下，是判定免责条款是否有效的规则，① 它仅是“根本违约”这一表述的出处，与 CISG 的根本违约完全不同，② 此处提及的英国法根本违约规则即为第二层含义的根本违约。

因此，本书的研究也以此为基础展开，不再探讨英国法第二层含义的与免责条款相关的根本违约，即本书所提及的国际商事合同领域的根本违约制度，是指合同一方当事人违反合同约定，以致严重剥夺了另一方当事人合理的合同期待时，受害方可以据此解除合同的制度。

（2）国际商事合同根本违约制度的意义及法律价值

因各国国内法律体系对根本违约问题认识和制度设计的不同，国际商事合同根本违约制度自产生之时各国就对其制度设计尤其是认定标准有诸多的争议，但根本违约制度本身在国际商事合同违约救济体系中的核心地位是不容置疑的。以影响最为深远的 CISG 为例，CISG 以根本违约概念为基础，建立的是一种新的核心的违约救济制度。③ 有学者评价认为根本违约概念对于 CISG 救济规则来说是一座里程碑。④ 尽管对于 CISG 应该如何表达根本违约制度各国存在分歧，但是将“合同解除应当与严重的违反义务相联系”这个基本原则纳入 CISG 大家是一致认可的。⑤ 根本违约制度在 CISG 乃至整个国际商事合同法中均具有重要的法律地位。从整体结构来看，CISG 分为四个部分，第一部分主要规定了 CISG 的适用范围，第二部分是合同的订立规则，第三部分是货物销售规则，即

---

① See Michael Will, *Comments on Article 25 CISG*, in Cesare Massimo Bianca and Michael Joachim Bonell, eds. , Commentary on the International Sales Law: the 1980 Vienna Sales Convention, Giuffre, 1987, p. 209.

② See John O. Honnold, *Uniform Law for International Sales under the 1980 United Nations Convention*, 3rd ed. , Hague: Kluwer Law International, 1999, p. 205.

③ 参见张玉卿：《国际货物买卖统一法：联合国国际货物销售合同公约释义》（第 3 版），中国商务出版社 2009 年版，第 169 页。

④ See Hossam El – Saghir, *Guide to Article 25 Comparison with Principles of European Contract Law (PECL)*, Pace Law School Institute of International Commercial Law (July, 2000), https://iicl.law.pace.edu/cisg/page/guide – article – 25 – comparison – principles – european – contract – law – pecl#er.

⑤ 参见［德］彼得·施莱希特里姆：《〈联合国国际货物销售合同公约〉评释》（第 3 版），李慧妮编译，北京大学出版社 2006 年版，第 87 页。

买卖法最核心的部分，第四部分是公法性质的最后条款。根本违约制度系统规定在 CISG 第三部分，该部分又分为总则、卖方义务、买方义务、风险转移、买卖双方义务的一般规定五章。根本违约制度的定义规定在第三部分第一章总则的第一条即第 25 条中，此外，在第二章“卖方的义务”第三节“卖方违反合同的补救办法”中，涉及交付替代物的第 46 条、涉及合同解除的第 49 条、涉及部分履行的第 51 条均规定了根本违约；相应地，在第三章“买方的义务”第三节“买方违反合同的补救办法”中涉及合同解除的第 64 条规定了根本违约；第四章“风险转移”第 70 条规定了根本违约与风险转移问题；第五章“卖方和买方义务的一般规定”第一节“预期违反合同和分批交货合同”分别在第 72 条和第 73 条规定了预期根本违约以及分批交货中的根本违约问题。从 CISG 对根本违约制度的规定来看，根本违约的定义被置于买卖法的总则之首，足见根本违约制度在整个国际货物买卖法中的核心地位；第二、三、五章的规定反映出因根本违约导致的合同解除作为最后救济措施的重要性；第四章的规定体现了根本违约对风险转移的重大影响。

就根本违约制度本身的意义而言，从 UNCITRAL 秘书处对 1978 年公约草案的评注可见，根本违约制度的意义在于为买方和卖方的若干补救办法以及风险转移提供依据。① 诸多学者认为，解除合同是最终的救济手段，只有根本违约时对方才可解除合同或者要求交付替代物，非根本违约时对方只能采用其他的救济手段。根本违约是对合同解除的限制。② 当然，也有学者认为根本违约的重要性还在于它创造了一种新的违约形态划分方法，即将违约形态分为根本违约与部分违约（非根本违约），但更多学者对此种观点进行了批判，认为该分类作为比较研究方法是可行的，但作为违约形态的分类过于简单，不利于违约形态的

---

① See UNCITRAL Secretariat, *Commentary on the Draft Convention on Contracts for the International Sale of Goods*, Document A/CONF. 97/5, 14 March 1979.

② See Alexander Lorenz, *Fundamental Breach under the CISG*, Pace Law School Institute of International Commercial Law (Sept. 21, 1998), https://iicl. law. pace. edu/cisg/scholarly - writings/fundamental - breach - under - cisg; Peter Schlechtriem, Uniform Sales Law - The Experience with Uniform Sales Laws in the Federal Republic of Germany, Juridisk Tidskrift, p. 1 - 28 (1991 / 92). Robert Koch, *The Concept of Fundamental Breach of Contract under the United Nations Convention on Contracts for the International Sale of Goods* (*CISG*), in Review of the Convention on Contracts for the International Sale of Goods (CISG) 1998, Kluwer Law International, 1999, p. 185.

分析研究，也不利于根本违约标准的分析研究。[①] 因为根本违约与非根本违约不存在对等关系，所以根本违约的重要性不在于违约形态划分，而在于它提供了一种淡化违约形态划分的合同责任体系。[②] 因此，总体来看，国际商事合同领域的根本违约制度最重要的意义就在于它是合同解除这一最终救济措施的前提，构成对合同解除的限制。

诸多学者也对根本违约制度所体现的法律价值进行过剖析。综合来看，首先，根本违约制度是对自由价值的维护。契约严守是传统合同法的核心原则，根本违约制度对合同解除的严格限制正是对已订立合同的尊重，也即对当事人意志的尊重。尽量促成交易，不到不得已时不得解除合同，这是国际商事合同法追求的目标。其次，从另一角度来看，解除合同也是合同自由的体现，然而，在国际贸易中，出于公平价值与安全价值的考虑，对解除合同的自由做严格的限制是很有必要的，否则，对守约方会造成更大的损失，因而，根本违约制度也是对公平与安全价值的体现。最后，随着根本违约制度对信赖利益的关注，预期根本违约制度也体现了对效率原则的维护。未履约前发现当事人有根本违约的可能，尽快解除合同，有利于最大限度地挽回损失，对守约方来讲，这更加合理，更符合效率原则。总之，根本违约制度体现了对违约方与守约方两者利益的平衡，违约不严重时维护合同履行，违约严重时终止合同履行，通过对根本违约认定标准的判断，决定合同的存亡。

二、国际商事合同根本违约制度的法律渊源

明确了本书的研究对象之后，因并非所有的国际商事合同规则中都对根本违约制度进行了规范，故有必要就涉及国际商事合同根本违约制度的法律渊源加以明确，以确定本书的研究范围。

关于法律渊源，学界对其范围的论说纷纭繁复。[③] 美国法学家博登海默认为，法律渊源可以分为正式渊源与非正式渊源。其中正式法律渊源是那些可以从体现为权威性法律文件的明确文本形式中得到的渊源，[④] 具体包括立法、委托

---

① 参见王树平：《论根本违约之判定标准》，载《南京理工大学学报（社会科学版）》2005 年第 5 期。

② 参见卜元石：《根本违约与合同责任及其解除》，载《社会科学》1999 年第 9 期。

③ 参见张文显主编：《法理学》（第 2 版），高等教育出版社 2003 年版，第 67 页。

④ 参见［美］E. 博登海默：《法理学：法律哲学与法律方法》，邓正来译，中国政法大学出版社 2004 年版，第 429 页。

立法、自主立法、条约与其他经双方同意的协议以及先例。非正式渊源包括正义之标准、理性与事物之性质、个别衡平、公共政策、道德信念与社会倾向、习惯法。博登海默认为，区分两者的意义在于当正式渊源出现两种解释，具有模棱两可性和不确定性时，可以诉诸非正式渊源。[①] 周旺生教授对博登海默的观点进行了批判，认为其观点有些难以为我们完全认同，如淡忘了法的渊源与法的渊源表现的界分，混淆了习惯与习惯法的界限。但是对正式渊源和非正式渊源的划分，是把握了要领因而可以认同的。[②] 区分法律的正式渊源与非正式渊源对于本书研究范围及研究方法的确定也有着重要的指导意义。

周旺生教授认为，法的渊源和法的渊源的表现不同，前者是指法的来源，后者是指法的渊源的结果，如立法是一种法律渊源，而具体所立之法为法律渊源的表现。[③] 据此，本书首先从国际商事合同法的渊源出发，对该领域的法律渊源加以分析，进而再对具体调整根本违约制度的法律渊源的表现进行阐述。

（一）国际商事合同法的渊源

从法的渊源来讲，国际商事合同法的渊源与国内法律渊源不同。因国际商事合同法是国际商法最核心的内容，故下文以学者对国际商法法律渊源的探讨为依据对其进行分析。20 世纪 60 年代，施米托夫教授总结认为，国际贸易自治法的渊源为国际立法，即各国所采用的国际公约和示范法，以及国际商业界在诸如国际商会和联合国欧洲经济委员会等各国际组织的帮助下制定的国际商业惯例。[④] 从施米托夫教授的概括中可以看出，他强调国际商法独立于国内法的国际性。20 世纪 90 年代，我国国际商法学者认为，国际商法的渊源有两个：一是国际条约；二是国际贸易惯例，同时，由于国际商法的体系和内容尚不完善，因此各国有关商事和国际贸易的国内法仍然是国际商法的重要补充。[⑤] 此外，在

---

① 参见［美］E. 博登海默：《法理学：法律哲学与法律方法》，邓正来译，中国政法大学出版社 2004 年版，第 430 页。

② 参见张文显主编：《法理学》（第 2 版），高等教育出版社 2003 年版，第 68－69 页，该书第六章法的渊源、形式和效力的撰写者为周旺生教授。

③ 参见张文显主编：《法理学》（第 2 版），高等教育出版社 2003 年版，第 68 页，该书第六章法的渊源、形式和效力的撰写者为周旺生教授。

④ 参见［英］施米托夫：《国际贸易法文选》，赵秀文选译，中国大百科全书出版社 1993 年版，第 133 页。

⑤ 参见冯大同主编：《国际商法》，对外经济贸易大学出版社 1991 年版，第 4－5 页。

同一时期，有学者在研究现代商人法时，提出了现代商人法的渊源。[①] 尽管学界对现代商人法的界定存在争议，但在当时，学界一般认为现代商人法主要调整的是国际贸易关系，尤其是国际经济合同关系，因而该学者对现代商人法渊源的分析对本书的研究也有着重要的启发。其认为，现代商人法有如下渊源：一是国际公法，主要涉及国际条约法的原则、规则；二是国际统一立法，即以公约和示范法形式体现的对私法的统一法律规范；三是一般法律原则，如约定必须信守原则、诚信原则、不可抗力免责原则等；四是国际标准合同，如他认为跟单信用证统一准则与惯例就是这类国际标准合同；五是合同标准条款，如《国际贸易术语解释通则》（International Rules for the Interpretation of Trade Terms，缩写为 Incoterms）中的离岸价格、到岸价格等；六是贸易惯例；七是国际组织制定的行为法典，如经济合作与发展组织（Organization for Economic Co－operation and Development，OECD）制定的《跨国公司行为规则》；八是公开发表的国际商事仲裁裁决。[②] 该学者的分析为我们研究国际商法的渊源提供了更开阔的视野。到了 21 世纪初，有学者认为，国际商法的渊源包括国际商务条约、国际商事惯例和各国商事立法。因当事人可能会在从事国际商事活动时选择某国的国内法，因此国内法在国际商法中仍占有重要地位。[③] 该观点是对前人的承袭与发展。随着国际商法进一步的发展，其法律渊源在不断丰富，近年来有学者认为，国际商法的渊源不仅包括国际商事条约与国际商事惯例，还包括法律重述、一般法律原则、司法判例和国际商事仲裁裁决，以及作为辅助渊源的示范法和学说，其中示范法既包括一国国内的示范法，如美国《统一商法典》，也包括国际组织如 UNCITRAL 制定的示范法。[④] 上述学者分别阐释了不同时期其对国际商法法律渊源的理解，笔者认为，上述各位学者的观点对本书的论述均有着重大的启发，本书将以上述学者的观点为基础展开分析。

此外，笔者认为，随着区域私法统一化步伐的不断加快，目前全球范围内出现了一大批区域性的商事统一法规范，典型的如欧盟内部制定的一系列区域性商事规则。近年来，非洲、亚洲的商事规则统一化进程也在加快，如非洲的

---

① 参见徐国建：《现代商人法论》，载《中国社会科学》1993 年第 3 期。

② 参见徐国建：《现代商人法论》，载《中国社会科学》1993 年第 3 期。

③ 参见沈四宝、王军、焦津洪编著：《国际商法》，对外经济贸易大学出版社 2002 年版，第 2－4 页关于国际商法渊源的讨论在沈四宝教授撰写的第一章绪论中。

④ 参见左海聪：《国际商法》（第 3 版），法律出版社 2023 年版，第 15－23 页。

非洲商法协调组织（以下简称 OHADA）也制定了大量的商事统一法规则。同时亚洲也在致力于商事规则尤其是合同法规则的统一化，[①] 如中日韩三国学者共同倡议建立的《亚洲合同法原则》（Principles of Asian Contract Law，PACL），并且已就合同订立、合同效力、合同解释、违约及救济进行了研讨并形成了相应部分的草案。[②] 正如施米托夫教授所言，国际贸易法地区性统一这个引人注目的成功记录，如果没有被全球性的统一所超越，也会与之并驾齐驱。[③] 尽管区域性商事规则与国际商事规则在适用上会存在竞争，但从另一个层面来讲，区域商事规则规范的诸多问题与国际商事规则具有共通性，事实上，很多区域性商事规则是从国际商事规则中发展而来的，如欧洲、OHADA 中的诸多商事规则是从 CISG、UPICC 规则中演变而来的。同时，区域商事规则的统一化最终可能会促进国际商事规则的统一化，对区域商事规则的研究会对国际商事规则的研究有所启发，因此，本书将区域性商事规则纳入国际商法法律渊源中的辅助性渊源加以探讨。

（二）国际商事合同根本违约制度法律渊源的表现

具体到国际商事合同领域的根本违约，因并非所有形式的法律渊源均涉及根本违约制度，故本书着重分析涉及根本违约制度的法律渊源的表现。

1. 国际商事条约

在国际商事条约中，规范根本违约制度的条约包括 1964 年的 ULIS、1980 年的 CISG。1964 年 ULIS 第 10 条明确规定了根本违约制度；1980 年 CISG 在此基础上对根本违约规则的规定进行了修改，最终形成了 CISG 第 25 条的规定。由于 CISG 的缔约国数量远胜于 ULIS，影响也远远超越了 ULIS，作为规范根本违约制度的一个具有强制约束力的国际条约，各缔约国对 CISG 的适用与日俱增，因此，本书的论述将重点围绕 CISG 展开。然而，由于 CISG 仅调整买卖合同，因而本书所涉及的合同类型以买卖合同为主，但是根本违约的基本原理通过其他规则的适用或者解释，可以扩展至整个国际商事合同领域。

---

① 参见韩世远：《亚洲合同法原则：合同法的“亚洲声音”》，载《清华法学》2013 年第 3 期。

② 参见徐国栋：《论中国〈合同法〉的罗马法基础——兼论以罗马法作为未来亚洲模范合同法基础的可能性》，载《北方法学》2015 年第 6 期。

③ 参见［英］施米托夫：《国际贸易法文选》，赵秀文选译，中国大百科全书出版社 1993 年版，第 185 页。

2. 国际商事惯例

在国际商事惯例中，并未有直接规范根本违约的规则，然而，在涉及信用证开立以及当事人订立合同约定选择了国际贸易术语时，仍会涉及对《跟单信用证统一惯例》（Uniform Customs and Practice for Documentary Credits，UCP600）以及 Incoterms 等国际商事惯例相关条款的讨论。此外，除了被编纂成册的国际商事惯例，本书在必要时也会对当事人之间的习惯性做法加以讨论。

3. 法律重述

在法律重述中，国际范围内规范根本违约制度的规则为 UPICC，主要为 UPICC 第 7. 3. 1 条的规定。UPICC 并未使用根本违约的表述，而是使用了根本不履行（fundamental non – performance）的概念。就所涉及的合同类型而言，UPICC 可以适用于各种类型的国际商事合同，其调整范围较 CISG 明显扩大。然而，由于 UPICC 法律重述的性质，其适用并不像 CISG 具有强制效力，根据 UPICC 序言的规定，UPICC 的功能可以总结为三类，即作为准据法的功能、作为解释和补充工具的功能以及示范法的功能。[①] 因此，UPICC 对于研究根本违约制度有着重要的意义，而且在司法实践中，已经出现了适用 UPICC 对根本违约规则进行判定的案例，因而 UPICC 也是本书拟分析的重要规则。

4. 司法判例和国际商事仲裁裁决

在司法判例和国际商事仲裁裁决方面，虽然判例仅对个案当事人有约束力，但典型的国际商事判例，往往对模糊的法律规定或者法律空白作出发展，或者对疑难的法律问题提出创造性的解决方案，其作用有时并不亚于正式的法律渊源。[②] 在国际商事合同根本违约问题上，国际商事判例甚至被有些学者视为提供根本违约统一解释的唯一有效路径。[③] 本书对判例的研究主要依据 UNCITRAL 提供的法规判例法即 CLOUT 数据库资源，UNIDROIT 提供的 UNILEX 数据库以及美国佩斯大学提供的 CISG 数据库资源，此外，针对我国法院的判例，主要通过中国裁判文书网、“北大法宝”数据库提供的资源进行检索。本书力图通过对判例所涉问题的总结，从实证角度挖掘根本违约在认定问题上的特点与趋势。

---

① 参见左海聪：《试析〈国际统一私法协会国际商事合同通则〉的性质和功能》，载《现代法学》2005 年第 5 期。

② 参见左海聪：《国际商法》（第 3 版），法律出版社 2023 年版，第 22 页。

③ See Leonardo Graffi，*Case Law on the Concept of* “*Fundamental Breach*” *in the Vienna Sales Convention*，International Business Law Journal，No. 3，p. 338 – 349（2003）.

5. 其他法律渊源

其他法律渊源，包括各国国内立法、区域性规范以及学者学说等。

首先，笔者认为，尽管各国国内法不属于国际商法的重点研究对象，但在根本违约问题上，由于各国立法各异，势必对国际商事合同领域的根本违约制度的理解产生分歧，因此，本书在必要时会对典型国家的国内立法加以分析。

其次，除各国国内立法之外，目前在私法领域还存在大量区域性的法律规范也涉及根本违约问题。最典型的即为欧盟在合同法领域制定的统一化规则，早期的规则包括 1998 年由欧洲合同法委员会制定的 PECL，2001 年 PECL 的最终文本颁布，在 PECL 第 8：103 条中规定了根本不履行制度。随后，欧盟委员会自 2004 年 12 月起，经过 2005 年至 2007 年三年的时间，在 2008 年完成了 DCFR 的临时版本，并在 2009 年完成最终版，[①] DCFR 第 3 – 3：502 条规定了根本不履行制度。此后，2011 年 10 月 11 日，欧洲议会和欧盟理事会公布了 CESL，CESL 被视为欧洲合同法发展的又一个里程碑，[②] 尽管目前已被欧盟委员会撤回，[③] 但该文本仍值得研究。CESL 在第 87 条第 2 款中规定了根本不履行制度。尽管 PECL、DCFR、CESL 等区域性规范主要适用于欧盟内部，但作为区域性统一立法的尝试，其对根本违约问题的规定反映了欧洲学者对此问题的最新研究与思考，对国际商事合同领域根本违约规则的统一化发展研究大有裨益，本书在下文会对其规定加以分析。

除欧洲之外，OHADA 在区域商法一体化过程中也作出了巨大的贡献。OHADA 已经制定了 10 部商事统一法，调整企业的设立、运营、解散，以及商事交易的成立、履行和执行等，[④] 而在 10 部商事统一法中的《一般商法统一法》2010 年的修订文本中，增加了有关合同不履行条款的规定，其中有对根本违约规则的规定，具体规定在该法 2010 年修订版的第五章“合同不履行与责任”第一节“一般规定”中的第 281 条。总体来看，OHADA 关于根本违约的规定与

---

① 参见［意］阿尔多 · 贝杜奇、罗智敏：《制定一个欧洲民法典？——〈共同参考框架草案〉（DCFR）及其历史根源》，载《比较法研究》2010 年第 6 期。

② 参见［德］霍斯特 · 艾登穆勒、尼尔斯 · 扬森等：《评〈欧洲共同买卖法条例草案〉——欧洲合同法最新文本的不足》，载《北航法律评论》2014 年第 1 期。

③ 参见［荷］扬 · M. 斯密茨、邓辉：《欧洲合同法的未来》，载《法治现代化研究》2018 年第 3 期。

④ 参见洪永红：《非洲商法协调组织（OHADA）：六十年的追求与三十年的成就》，载《中国投资（中英文）》2023 年第 Z5 期。

CISG 基本一致，这是非洲学者对 CISG 等国际规则加以继承和发展的新成果，因而也会被纳入本书的研究范围加以分析。

最后，学者学说无论对研究国际商事合同根本违约规则还是对司法实践都起到了至关重要的指导作用。CISG 第 25 条的模糊性赋予了裁判者较大的自由裁量权。综观各国法院及仲裁庭在适用 CISG 第 25 条的判例所做的裁决，很多裁判者依据著名学者的学说，尤其是 CISG 制定的参与者对 CISG 的解读对根本违约加以判定。此外，UNCITRAL 对 CISG 的判例法摘要汇编虽不是官方的正式评论，但其对司法实践的指导意义毋庸置疑。由此可见，在国际商事合同根本违约规则的研究中，学者学说对判决的指导作用甚大，因而有必要对学者学说加以分析总结。

综上所述，本书关于国际商事合同根本违约制度的研究以 CISG 根本违约的规定为基础展开，结合 UPICC 根本不履行制度的规定，重点对适用二者的判例进行系统分析。此外，本书通过对各国国内法以及区域性统一合同规则的比较研究以及对各国学者学说的分析，寻找对国际商事合同根本违约规则未来发展的启示。

第二节　国际商事合同根本违约认定问题概述

根本违约的认定问题，即如何判断根本违约是否构成的问题，如学者研究根本违约的构成要件、认定标准等，皆属同一问题。国际商事合同根本违约认定标准的确立并非一蹴而就的，自 ULIS 创设到 CISG 的形成再到 UPICC 的扩充与发展，其认定标准经历了一系列的历史演进，其中充斥着不同国家法律制度与理念的碰撞和妥协。本部分通过对根本违约认定标准历史演进的剖析，揭示目前根本违约认定标准的由来；同时，通过分析根本违约认定标准演进的理论基础，揭示目前根本违约认定标准形成的原因；最后，对目前根本违约认定标准设立的意义以及存在的问题加以总结分析。

一、国际商事合同根本违约认定标准的历史演进

国际商事合同根本违约制度最早正式出现于 1964 年的 ULIS 第 10 条中，后在 1980 年 CISG 第 25 条中被做出了修改，成为国际商事合同法中的重要制度。

由于在国际条约中，该制度是各国相互妥协的产物，故其制度设计并不完美，因而在之后的 UPICC 以及区域性统一化立法中，根本违约的认定标准在不断演进。

（一）ULIS 根本违约认定标准的创设

笔者认为，ULIS 根本违约制度的产生和发展源自对国内法违约判断标准的选择以及合同终止制度的发展。首先，关于国内法违约判断标准的选择，前文已述及，英国违约判断标准经历了由条款主义到结果主义的变迁，美国直接继受英国的结果主义，规定了“重大违约”，其中的“重大”是对违约后果的描述。英美法系注重对违约结果程度的判断，即采用结果导向或称救济导向的判断标准。大陆法系如德国则将违约即合同不履行进行类型化分类，如给付不能、给付迟延、不完全给付等类型，从违约的原因出发进行判断，即采用原因导向的判断标准。然而，原因导向的判断标准有一个困难不易克服，即从对不履行的救济来看，列举的方式很难使所有违约行为均找到相应的救济措施。① 因此，相较而言，英美法系从结果出发的判断标准更具有概括性。ULIS 的起草也正体现了对不同法系违约判断标准的取舍。1939 年最初的罗马草案并未包含违约概念，而是以碎片化的方式规定了违反合同义务的具体情形。② 从这一点上来看，草案借鉴了大陆法系的立法模式。根本违约制度的雏形规定在该草案第 55 条第 3 款，卖方的如下义务为合同的实质性条件，即如果没有此规定，则此种情形下买方就不会订立该合同③。这与英国法条款主义的理念又是相吻合的，强调合同义务是实质性的条件条款。之后，在 1951 年 ULIS 准备工作阶段，一位丹麦学者提出可以将合同视为一个整体，将“违反一项根本性义务”的说法修改为“根本违反一项义务”。此两者的变化反映了条款主义到结果主义的转变，因为有时违反一项根本性义务不会导致严重后果，而此时赋予非违约方合同解除权

---

① 参见［日］潮见佳男：《最近欧洲合同责任、履行障碍法的发展》，载梁慧星主编：《民商法论丛》第 8 卷，法律出版社 1997 年版，第 386 页。

② See Michael Will, *Comments on Article* 25 *CISG*, in Cesare Massimo Bianca and Michael Joachim Bonell, eds., Commentary on the International Sales Law: the 1980 Vienna Sales Convention, Giuffre, 1987, p. 206.

③ See The Rome Draft, Article 55 (3): An obligation of the seller is an essential condition of the contract where it appears from the circumstances that the buyer would not have concluded the contract without such an undertaking.

是没有必要的。丹麦学者的这一建议得到支持，因而根本违约得以作为一个整体概念被纳入 1956 年和 1963 年 ULIS 草案文本中，[①] 结果主义得以体现。

其次，关于合同终止（termination）制度的变迁，早期罗马法中，卖方如果履行合同不符约定，买方可以轻易终止合同，终止合同与减价是履行合同不符约定的两种标准的救济措施（standard remedies），[②] 终止合同并未被作其他限制。随着契约严守原则的发展，根据近代之前的契约理论，在债务人不履行债务时，优先采取的救济措施为强制履行，以此来尽量维持合同关系。近代的契约理论考虑到强制履行的效果较差，为防止一方当事人因不履行而破坏合同的衡平，设立了合同解除制度。[③] 现代合同法以此为基础，力求在合同解除权与契约严守原则之间找到平衡点，一方面限制合同解除权的扩大，遵守契约严守原则；另一方面伴随商事交易的日益繁荣，适当保障当事人的合同期待，赋予受害方合同解除权，以减少不必要的损失。上述丹麦学者 1951 年提出的建议也是为了在国际贸易中能够更好地维护合同履行，而尽量避免解除合同，因此违反根本性义务不一定导致合同解除，只有在违约是根本性的，结果具有严重性且真正对当事人造成重大影响时，才可以考虑解除合同。

违约判定标准由条款主义转变为结果主义，以及对合同终止与契约严守原则的平衡的制度理念的变迁最终促成了 1964 年 ULIS 第 10 条的产生，即“为本法之目的，如果违约方在订约时知道或者应当知道，一个通情达理的人处于和另一方相同的情况下，若已预见到此种违约及其后果，就不会与之订立合同，则此种违约应视为根本违约”。[④] 第 10 条改变了 1939 年草案第 55 条中条款主义的做法，注重对结果的考察，从整体上确立了根本违约的概念。然而，对于这一条款甚至整个 ULIS，学者都争议极大。很多学者认为，整部 ULIS 不适当地

---

① See Robert Koch, *The Concept of Fundamental Breach of Contract under the United Nations Convention on Contracts for the International Sale of Goods* (*CISG*), in Review of the Convention on Contracts for the International Sale of Goods (CISG) 1998, Kluwer Law International, 1999, p. 270.

② See Peter Huber, *CISG – The Structure of Remedies*, CISG Database of Pace University (June 19, 2007), https://iicl.law.pace.edu/sites/default/files/bibliography/peter_huber.pdf.

③ 参见［韩］成升铉、崔吉子：《联合国国际货物销售合同公约解除制度模式的比较法史研究》，载《清华法学》2011 年第 5 期。

④ ULIS Article 10: For the purposes of the present Law, a breach of contract shall be deemed to be fundamental wherever a party in breach knew, or ought to have known, at the time of the conclusion of the contract, that a reasonable person in the same situation as the other party would not have entered into the contract if he had foreseen the breach and its effects.

保护了卖方利益，也即工业化国家的利益，因而该法案只获得西欧国家的支持。[①] 针对第 10 条，学者认为该条款措辞复杂，带有极大的主观性，如对于“通情达理的人”如何预见违约及其后果的判断主要依据主观因素。实践中，ULIS 缔约国的法院也很少适用第 10 条，如德国仅有两个判例适用了该条。[②]

由此可见，ULIS 创立了根本违约制度，顺应了限制合同解除的发展趋势。ULIS 根本违约的认定标准有如下特征，首先，其符合结果主义的发展趋势，以违约及其后果作为判定对象，采用结果导向的判断标准；其次，可预见性的判断标准初步形成，但具有很强的主观性，因而该制度设计并未得到学界及司法实践的普遍认可。

（二）CISG 根本违约认定标准的转变

1. 1978 年公约草案第 23 条的产生及改进意义

ULIS 并未获得大多数国家的普遍认可，因此，UNCITRAL 开启了制定一个新的国际货物销售合同统一法的工作，即制定 CISG 的准备工作。关于根本违约制度，由于 ULIS 第 10 条的主观性标准倍受批评，UNCITRAL 放弃了主观标准的运用，尝试采用客观标准。以墨西哥代表提出的一个建议为基础，UNCITRAL 工作组引入了“重大损害”（substantial detriment）这一表述，提出了修正案第 9 条：“一方当事人违反合同是根本性的，如果该违约造成了对另一方当事人的实质性损害并且违约方能预见到或有理由预见到这种结果。”菲律宾代表对第 9 条提出异议，认为该条规定会将可预见性的举证责任赋予非违约方，即根据第 9 条非违约方需要证明“违约方预见到或有理由预见会发生这种结果”，这显然对非违约方是不公平的，由非违约方证明违约方的可预见性是很难做到的。[③] 美国代表也持类似观点，最终，两国代表建议将该条修改为“除非违约方没有预见也没有理由预见此种结果”（“unless the party in breach did not foresee

---

① See Francis A. Miniter, *Buyer's Right of Rejection: A Quarter Century under the Uniform Commercial Code and Recent International Developments*, Georgia Law Review, No. 13, p. 805 – 846 (1979).

② See Michael Will, *Comments on Article* 25 *CISG*, in Cesare Massimo Bianca and Michael Joachim Bonell, eds., Commentary on the International Sales Law: the 1980 Vienna Sales Convention, Giuffre, 1987, p. 206.

③ See Robert Koch, *The Concept of Fundamental Breach of Contract under the United Nations Convention on Contracts for the International Sale of Goods* (*CISG*), in Review of the Convention on Contracts for the International Sale of Goods (CISG) 1998, Kluwer Law International, 1999, p. 273.

and had no reason to foresee such a result”)。由此，可预见性的举证责任被转移至违约方，该建议得到 UNCITRAL 大多数成员的认可，因此在 1978 年公约草案中被第 23 条采纳。第 23 条规定：“当事人一方违反合同的结果，如使他方蒙受重大损害，即为根本违反合同，除非违反合同一方并不预知而且没有理由预知会发生这种结果。”① UNCITRAL 秘书处编写的公约草案评注认为规定根本违约的定义是很重要的，因为对买方和卖方的若干补救办法，以及风险转移的一些方面都要以它做依据。② 这正是公约草案采纳根本违约制度的意义所在。

与 ULIS 第 10 条相比，1978 年公约草案第 23 条关于根本违约的认定标准有如下的改进：首先，实现了主观标准向客观标准的转化。与 ULIS 主观性极强的第 10 条相比，1978 年公约草案第 23 条引入了认定违约严重性“重大损害”的客观标准。UNCITRAL 秘书处的评注认为该标准是认定根本违约的基本标准，至于损害是否重大，UNCITRAL 秘书处认为应根据每一事件的情况来确定。③ 主观标准向客观标准的转变能够更加客观地对根本违约做出判断，这也是对结果主义的进一步深化。

其次，可预见性的举证责任由非违约方转变为违约方承担，加强了对违约方的约束，对于非违约方来讲更加公平。UNCITRAL 秘书处认为，违约方不会因仅仅证明他事实上没有预见该结果，即可逃避赔偿责任，他还须证明他没有理由会预见该结果。④ 举证责任的转变会使违约方更加慎重地考虑其违约行为的后果，从而有利于合同的正常履行。

最后，对于违约方何时预见违约的后果，第 23 条没有像 ULIS 第 10 条那样做出“订约时”的明确规定，UNCITRAL 秘书处认为，对违约后果的预见是在订立合同之时，还是在违反合同之时，如有争议发生，应由法庭裁定。⑤ 对此问

---

① 1978 年公约草案第 23 条英文表述：A breach committed by one of the parties is fundamental if it results in substantial detriment to the other party unless the party in breach did not foresee and had no reason to foresee such a result.

② See UNCITRAL Secretariat, *Commentary on the Draft Convention on Contracts for the International Sale of Goods*, Document A/CONF. 97/5, 14 March 1979.

③ See UNCITRAL Secretariat, *Commentary on the Draft Convention on Contracts for the International Sale of Goods*, Document A/CONF. 97/5, 14 March 1979.

④ See UNCITRAL Secretariat, *Commentary on the Draft Convention on Contracts for the International Sale of Goods*, Document A/CONF. 97/5, 14 March 1979.

⑤ See UNCITRAL Secretariat, *Commentary on the Draft Convention on Contracts for the International Sale of Goods*, Document A/CONF. 97/5, 14 March 1979.

题，各国争议较大，因此第23条采用了不予明确规定的方式，没有直接规定具体的时间点。

2. 1978年公约草案第23条的修正案及审议建议

关于第23条，各国政府和国际组织也进行了评论并提出了建议。总体来看，国际商会（International Chamber of Commerce，ICC）认为该定义比起ULIS的定义已经大有改进。然而，德国、葡萄牙和ICC仍然认为，应修正该条，以便使其“更能依靠合同的内容来判断是否根本违反合同”。就可预见性的时间而言，葡萄牙和英国提出应“以合同关系开始生效时为准”。也有国家如爱尔兰反对可预见性这一原则，认为其是“难以令人接受”的。① 也正因为此，诸多国家在此基础上提出了对第23条的修正案，主要涉及两方面的问题：一是对重大损害判断标准的修正，如德国和巴基斯坦的修正案；二是对可预见性判断标准的修正，如埃及、捷克斯洛伐克（现已解体）、英国、印度等国家提出的修正案。联合国国际货物销售合同会议第一次全体会议委托第一委员会对公约草案第1条至第82条进行了审议，对第23条的审议分别于1980年3月19日和21日在维也纳外交会议第十二、十三和十八次会议上进行。

第一委员会从与公约草案案文差别最大而与ULIS案文最接近的修正案开始审议。首先，关于对可预见性判断标准的规定，埃及、捷克斯洛伐克、印度分别提出了修正案。其中埃及提出修正的第23条如下：“当事人一方违反合同的结果，如使他方蒙受重大损害，即为根本违反合同，除非违反合同一方证明他并不预知会发生这种结果而且一个处于他同样情况的明理的人也不会预知会发生这种结果。”埃及修正案的主要变化在于对可预见性问题的判断，违约方不仅需证明他自己不可预见，还要证明一个与他处于同样情况的明理的人也不会预见，判断标准更具有客观性。与此类似的修正案还包括印度，印度的修正案为：在“没有理由”四字之前加上“作为一个明理的人”等字。其判断标准也引入了明理的人的可预见性，用以增加可预见性判断标准的客观性。捷克斯洛伐克的修正案为：“违反合同的当事一方，如果根据订立合同的理由，或根据订立合

---

① See UNCITRAL Secretary - General, *Analysis of Comments and Proposals by Government and International Organizations on the Draft Convention on Contracts for the International Sale of Goods, and on Draft Provisions Concerning Implementation, Reservations and Other Final Clauses*, 21 February 1980, Document A/CONF. 97/9, CISG Database of Pace University, https: //iicl. law. pace. edu/cisg/scholarly - writings/f - analysis - comments - and - proposals - governments - and - international.

同之前或订立合同时提供的任何情报，事先知道或理应事先知道在此种违反合同的情况下，他方将不会愿意履行合同，即为根本违反合同。”捷克斯洛伐克的修正案强调明确可预见性的时间，此外，其将根本违约与当事人是否愿意履行合同联系了起来。英国的提案中也在“除非”和“违反”合同一方之间加插“在缔结合同时”等字，与捷克斯洛伐克提案的意图类似，均欲明确可预见性的时间。

综合第一委员会对上述修正案的审议，可总结出以下几点：第一，大多数代表赞同埃及的提案中增加的客观性判断标准，即引入与违约方处于同样情况的明理的人的可预见性的判断，希腊、丹麦、法国等国家的代表均认为埃及提案规定的判断因素较之前的第 23 条更加客观、明确。① 第二，对于埃及提案中涉及的举证责任问题，大部分国家的代表认为这是一个程序问题，不应在该条中讨论，公约的目的主要在于确认当事人的主要责任，而不是解决司法程序问题。第三，对于捷克斯洛伐克、英国提案中的可预见性的时间问题，各国观点不一，如匈牙利代表团就认为不应制定过严的规则，而应让法院决定违反合同的当事方应在什么时候事先知道违反合同的结果。意大利代表则认为应明确这一时间。在对英国提案提出反对意见时，挪威、芬兰和匈牙利代表均认为，缔结合同后所得到的资料可以改变重大损害和预知这两方面的情况，因此第 23 条的措词应该灵活一点。② 最终，捷克斯洛伐克的提案被否决，英国的提案被撤回，经口头修改后的埃及提案获得通过。关于可预见性问题，大家接受了埃及更加客观的判断标准，删除了关于举证责任的规定，对于可预见性的时间，该修正案同 1978 年草案一致，仍未对具体时间点做出规定。

其次，关于对重大损害判断标准的规定，德国和巴基斯坦分别提出了修正案。德国的修正案建议第 23 条修改为：“当事一方违反合同的结果，如果就合同全部的明示和默示的条件而言，使他方蒙受重大损害，即为根本违反合同，除非违反合同一方并不预知而且没有理由预知会发生这种结果。”德国的提案重

---

① See United Nations, *United Nations Conference on Contracts for the International Sale of Goods Official Records*, Part Two, Summary Records - Plenary meetings, 12th meeting, 19 March 1980. A/CONF. 97/C. 1/SR. 12. https://uncitral. un. org/sites/uncitral. un. org/files/media - documents/uncitral/en/a - conf - 97 - 19 - ocred - eng. pdf.

② See United Nations, *United Nations Conference on Contracts for the International Sale of Goods Official Records*, Part Two, Summary Records - First Committee, 13th meeting, 19 March 1980. A/CONF. 97/C. 1/SR. 13. https://uncitral. un. org/sites/uncitral. un. org/files/media - documents/uncitral/en/a - conf - 97 - 19 - ocred - eng. pdf.

视对合同条件的考察。巴基斯坦的修正案为：“如使他方蒙受重大损害”等字可代以“如使他方蒙受基本上改变交易条件的重大损害”。巴基斯坦的修正案意在对重大损害加以界定。由于对合同“条件”以及“交易条件”等问题的争议较大，最终两个提案被提交至一个特设的工作组解决。对于违约的严重性，关注的焦点由对损害程度的考察转变为对当事人合同利益的考察。① 在第十八次会议上，特设工作组提出了下列案文：“当事人一方违反合同的结果，如使他方蒙受损害对合同大失所望，即为根本违反合同，除非违反合同一方并不预知而且没有理由预知会发生这种结果。”各国代表对此提案仍有争议，主要是关于如何确定一个尽量客观的标准，而诸多国家的代表认为，“当事人对合同的期望”提供了一个基本上客观的标准。② 然而，对此如何表述，大陆法系与英美法系国家的代表意见不一。特设工作组赞同的提法是“大大损害根据合同规定期待得到的东西”，大陆法系国家的代表对此不予认同，认为可以提及一方当事人的利益，但英美法系国家的代表对大陆法系代表的建议不予接受。因此，起草委员会最后通过的第 23 条是大家都可以接受的折中案文，即“实质上剥夺了一方当事人根据合同规定有权期待得到的东西”。因此，总体来看，违约严重性的标准经历了由对损害的严重程度到对当事人利益或期待的剥夺进行判断的转变，各国代表关注的焦点是如何确定一个客观标准，以使法官在裁判时有所依据，然而，由于英美法系与大陆法系的争议较大，起草委员会最终做出了相互妥协的案文。

最后，英国的提案还涉及损害赔偿与重大损害的关系问题。英国在修正案最后增加了一句话：“如果对他方的赔偿足够弥补损害，违反合同的结果不算使他方蒙受重大损失。”诸多国家的代表对此提出反对意见，认为第 23 条是对根本违约制度的规定，其以宣告合同无效为补救措施，英国提案以损害赔偿替代宣告合同无效，会更改根本违反合同的意义。③ 最终，英国撤回了该提案。

---

① See Ingeborg Schwenzer. *Commentary on The UN Convention on The International Sale of Goods* (*CISG*), 5th edition, Oxford University Press, 2022, p. 546.

② See United Nations, *United Nations Conference on Contracts for the International Sale of Goods Official Records*, Part Two, Summary Records – First Committee, 18th meeting, 21 March 1980. A/CONF. 97/C. 1/SR. 18. https://uncitral. un. org/sites/uncitral. un. org/files/media – documents/uncitral/en/a – conf – 97 – 19 – ocred – eng. pdf.

③ See United Nations, *United Nations Conference on Contracts for the International Sale of Goods Official Records*, Part Two, Summary Records – First Committee, 13th meeting, 19 March 1980. A/CONF. 97/C. 1/SR. 13.

总结1980年维也纳外交会议关于1978年公约草案第23条的修正建议，对于可预见性，这是一个自ULIS便开始予以规定的问题。最初，ULIS对于可预见性采用的是一个主观性极强的标准；到1978年公约草案第23条时，可预见性的举证责任由非违约方转至由违约方承担，且可预见性的时间不再被明确规定为“订约时”；到1980年维也纳外交会议时，可预见性的判断标准中增加了客观性，不再明确提及举证责任，可预见性的时间仍被做模糊处理。可预见性问题总体的变化趋势为更具客观性，从举证责任角度来讲这对非违约方更加公平，将时间性交予法官加以判断，更加灵活。对于违约严重性的问题，其自1978年公约草案产生，确立了“重大损害”标准，在1980年外交会议上又形成了更加客观的“合同期待”标准。总体来看，整个根本违约制度在判定上在朝着更具客观性的趋势发展。

3. 1980年CISG第25条的最终形成

根据1980年维也纳外交会议对1978年公约草案的修正及审议，1980年4月4日，在第三十六次会议上，起草委员会向第一委员会提交了公约条文草案，第一委员会对此进行了审议，瑞典代表认为起草委员会已经对第23条作出了实质上的更动，这种更动似乎是更可接受的，芬兰代表也认为起草委员会提议的案文确立了一个比较客观的标准。① 最终，第一委员会向全体会议提出了公约条文草案，其中第23条规定如下：“一方当事人违反合同的结果，如使另一方当事人蒙受损害，以致实质上剥夺了他根据合同规定有权期待得到的东西，即为根本违反合同，除非违反合同一方并不预知而且一个同等资格、通情达理的人处于相同情况中也没有理由预知会发生这种结果。”② 此时的第23条吸纳了各国代表的建议，在违约严重性问题上引入了合同期待的规定，使对重大损害的判断有了更加客观的标准；在可预见性问题上，吸纳并完善了埃及修正案的建议，

---

① See United Nations, *United Nations Conference on Contracts for the International Sale of Goods Official Records*, Part Two, Summary Records - First Committee, 36th meeting, 4 April 1980. A/CONF. 97/C. 1/SR. 36. https://uncitral. un. org/sites/uncitral. un. org/files/media - documents/uncitral/en/a - conf - 97 - 19 - ocred - eng. pdf.

② Draft Articles of the Convention Submitted to the Plenary Conference by the First Committee, Article 23: A breach of contract committed by one of the parties is fundamental if it results in such detriment to the other party as substantially to deprive him of what he is entitled to expect under the contract, unless the party in breach did not foresee and a reasonable person of the same kind in the same circumstances would not have foreseen such a result. 该条的中文译本将“substantially”一词译为“实际上”，但我国大多数学者如李巍认为，该词译为“实质上”更为妥当，因此本书直接将该条表述为“实质上”。

判断标准也更趋于客观。1980 年 4 月 8 日，第七次全体会议对第 23 条进行了审议，第 23 条最终以 42 票赞成、2 票反对、2 票弃权获得通过。然而，无论是赞成的国家还是反对或弃权的国家都表示，作为一个妥协的产物，第 23 条在适用时会存在解释上的困难。① 尽管并不完美，但 CISG 根本违约制度得以确立，由于法条数的顺延，根本违约的定义最终规定在 CISG 第 25 条中，表述上与 1980 年 4 月 8 日通过的第 23 条别无二致。

总体来看，CISG 对根本违约的认定确立了“违约严重性”和“可预见性”两大标准，且两个标准均体现了客观化的发展趋势。尽管由于条约的妥协性，CISG 根本违约的认定标准具有模糊性，需要裁判者在具体案件中加以把握，但 CISG 根本违约认定标准的确立，为后续国际商事规范根本违约制度的发展奠定了基础。

（三）UPICC 根本不履行认定标准的发展

1994 年 UPICC 被誉为继 CISG 之后国际合同法统一化道路上的第二个里程碑。② UPICC 由国际一流的合同法和国际商法专家进行起草，③ 是对国际合同法总体的非官方的编纂或重述，④ 截至 2024 年已有 1994 版、2004 版、2010 版和 2016 版四个版本。⑤ 根本违约规则早在 1994 年版的 UPICC 中就有了规定，在 2004 版、2010 版和 2016 版⑥中未作变动。UPICC 未采用“根本违约”一词，而

---

① See United Nations, *United Nations Conference on Contracts for the International Sale of Goods Official Records*, Part Two, Summary Records – Plenary meetings, 7th plenary meeting, 8 April 1980. A/CONF. 97/SR. 7, https: //uncitral. un. org/sites/uncitral. un. org/files/media – documents/uncitral/en/a – conf – 97 – 19 – ocred – eng. pdf.

② 参见吴兴光:《合同法统一化进程的第二个里程碑——〈国际商事合同通则〉探讨（一）》，载《国际经贸探索》1997 年第 1 期。

③ 参见左海聪:《试析〈国际统一私法协会国际商事合同通则〉的性质和功能》，载《现代法学》2005 年第 5 期。

④ 参见 Michael Joachim Bonell:《UNIDROIT 通则 2010——〈国际统一私法协会国际商事合同通则〉新版评介》，张玉卿译，载张玉卿主编/审校:《国际统一私法协会国际商事合同通则 2010》，中国商务出版社 2012 年版，第 3 页。

⑤ 参见宋阳:《〈国际商事合同通则〉法律续造适用论》，载《青岛科技大学学报（社会科学版）》2023 年第 4 期。

⑥ UPICC2016 版主要是增加了对长期合同（long term contract）问题的规定，UPICC2016 版规定根本不履行的第 7. 3. 1 条以及与根本不履行相关的第 7. 1. 4 条、第 7. 1. 5 条、第 7. 3. 3 条和第 7. 3. 4 条未做变动。

力图创立“国际通用语”[①]，采用了“根本不履行”的表述，具体规定在第7.3.1条，主要内容如下。

（1）合同一方当事人可终止合同，如果另一方当事人未履行其合同项下的某项义务构成对合同的根本不履行。

（2）在确定不履行某项义务是否构成根本不履行时，应特别考虑到是否存在以下情况：

（a）不履行实质上剥夺了受损害方根据合同有权期待的利益，除非另一方当事人并未预见而且也不可能合理地预见到此结果；

（b）对该项未履行义务的严格遵守是合同的实质性约定；

（c）不履行是有意所致还是疏忽所致；

（d）不履行使受损害方有理由相信，不能信赖另一方当事人的未来履行；

（e）若合同被终止，不履行方将因已做的准备或履行而蒙受不相称的损失。

（3）在迟延履行的情况下，如果另一方当事人未在第7.1.5条允许的额外期间届满前履行合同，受损害方亦可终止合同。[②]

UPICC对于根本不履行的构成问题主要规定在第7.3.1条第（2）款各项中，与CISG相比，其试图对CISG第25条的抽象界定加以细化和扩充。（a）项承袭了CISG第25条的“违约严重性”及“可预见性”标准，但在可预见性问题上与CISG略有不同，并未引入“同等资格、通情达理的人”的客观标准；（b）项似乎沿袭了英国法条款主义的判断标准，是对合同条款的考量；（c）项引入了对当事人主观意图的判断；（d）项是对不能依赖未来履行的判定；（e）项是对当事人违约损失的考量。综观UPICC的五项标准，其很大程度上是对美国《第二次合同法重述》第241条的借鉴。当然，这与其背后的制定者不无关系，作为美国《第二次合同法重述》的起草人，美国的著名学者法恩斯沃斯教授（E. Allan Farnsworth）是制定CISG的美国代表，同时他在1979年至1998年也是UPICC起草工作组成员与编委会主席，[③] 他的积极参与大力推动

① Michael Joachim Bonell：《UNIDROIT通则2010——〈国际统一私法协会国际商事合同通则〉新版评介》，张玉卿译，载张玉卿主编/审校：《国际统一私法协会国际商事合同通则2010》，中国商务出版社2012年版，第4页。

② 参见张玉卿主编/审校：《国际统一私法协会国际商事合同通则2016》，中国商务出版社2019年版，第507页。

③ 参见刘承韪：《英美契约法的变迁与发展》，北京大学出版社2014年版，第143页。

了美国合同法精髓进入 CISG 和 UPICC。[①] 因此，在 UPICC 关于根本不履行的构成的规定上，能够看到美国《第二次合同法重述》判定重大违约的五项标准对其的重大影响。

关于（b）、（c）、（d）、（e）项标准，学者的认识不一。如有学者认为该四项皆是新增内容，它使供考虑的范围更加广阔；[②] 也有学者认为（c）、（e）两项与 CISG 的规定有很大不同，不能作为认定 CISG 根本违约的参照；[③] 更有学者对 UPICC 的五项标准提出了批判，认为其不具有科学性，不但没有解决可预见性标准的不确定性问题，同时几项标准的划分也不具有逻辑性。[④] 无论褒贬，UPICC 对CISG 根本违约的认定标准进行了扩充是不争的事实，总体来看，UPICC 对于根本不履行的规定对“违约严重性”标准进行了细化和扩充，对“可预见性”标准的判定减弱了其客观性，此外，还增加了对当事人故意或过失的主观意图的判断。较之 CISG 倾向于采用“违约严重性”与“可预见性”客观化的判断标准，UPICC 的判定标准有偏向主观化方向发展的趋势，但总体而言，UPICC 的认定标准仍是以 CISG 为基础发展而来的。

（四）小结

纵观根本违约认定标准的演进与发展，总体而言，在国际商事合同规范中，根本违约认定问题以 CISG 第 25 条为基础，形成了两个基本标准，一是“违约严重性”标准，二是“可预见性”标准。从 ULIS 到 CISG 的形成过程来看，两大标准的认定均在趋于客观化，如“违约严重性”标准从无到有，从对重大损害的判定再到对合同期待的判定；“可预见性”标准加入对“同等资格、通情达理的人”的判断。从 UPICC 对 CISG 的发展来看，两大标准的主观性趋势开始增强，“可预见性”标准不但取消了对“同等资格、通情达理的人”的判断，还直接加入了对当事人主观故意及过失的判断。

---

① 参见刘承韪：《论英美法引入与中国合同法的发展——从清末修律到 2020 年民法典》，载《学术月刊》2022 年第 4 期。

② 参见吴兴光：《合同法统一化进程的第二个里程碑——〈国际商事合同通则〉探讨（连载之三）》，载《国际经贸探索》1997 年第 3 期。

③ 参见宋杰、张志彦：《论〈国际商事合同通则〉在 CISG 解释中的运用——以根本违约的解释为例》，载《黑龙江对外经贸》2008 年第 6 期。

④ 参见伍治良：《根本违约判定标准功能之回归研究——兼评我国合同法相关规定之不足》，载《法律科学（西北政法学院学报）》2002 年第 3 期。

二、国际商事合同根本违约认定标准演进的理论基础

20世纪20年代至80年代，正值ULIS以及CISG等国际商事规则的形成阶段，同时，这一时期也是各法学流派以及理论学说兴起、变革的重要时期。内容上，根本违约制度的创设及认定标准的演进，离不开契约法理论发展的影响。有学者认为，近代以来的契约法经历了由古典契约法理论（classical contract law）到新古典契约法理论（neoclassical contract law）再到关系契约法理论（relational contract theory）的变迁。① 具体到根本违约制度，其萌芽于古典契约法理论阶段，形成于新古典契约法理论阶段，到关系契约法理论阶段又有所发展，其中对国际商事合同根本违约认定问题影响最大的当属新古典契约法理论。以下分别分析各理论对国际商事合同根本违约认定标准发展的影响。

（一）古典契约法理论下根本违约制度的萌芽

关于古典契约法理论，英国学者阿狄亚认为，现代法律的基本原则大部分在18世纪和19世纪得到发展和阐释，这些基本原则，或许更多的是法院对合同问题的普遍处理方法，可以确切地被认为是合同法的传统或古典理论。② 在大陆法系国家，古典契约法以法典为结构，如法国和德国；在英美法系国家，古典契约法以判例阐释为主要渊源。③

首先，在19世纪初的法国，有学者认为，1804年《法国民法典》奠定了自由主义的近代契约法的基础。④《法国民法典》编纂之前，法国以罗马法和习惯法为法律基础，同时中世纪的教会法几乎对所有问题都有巨大影响。⑤《法国民法典》的编纂受自由主义的经济思想以及人文主义的伦理观的影响，⑥ 同时法哲学领域受自然法思想的影响，很多新的原则被纳入法律，如个人自由原则，包

---

① See Jay M. Feinman, *Relational Contract Theory in Context*, Northwestern University Law Review, Vol. 94: 3, p. 737 - 748 (2000).

② 参见［英］P. S. 阿狄亚：《合同法导论》（第5版），赵旭东、何帅领、邓晓霞译，法律出版社2002年版，第7页。

③ 参见傅静坤：《二十世纪契约法》，法律出版社1997年版，第243页。

④ 参见傅静坤：《二十世纪契约法》，法律出版社1997年版，第2页。

⑤ 参见上海社会科学院法学研究所编译室：《各国宪政制度和民商法要览：欧洲分册（下）》，法律出版社1986年版，第177-178页。

⑥ 参见李仁玉、刘凯湘：《契约观念与秩序创新——市场运行的法律、文化思考》，北京大学出版社1993年版，第99页。

括家庭范围的自由、合同自由以及贸易自由等；人与人之间的平等原则；所有权至上原则等。[①] 注释法学派将法典第1134条解释为"契约就是法律"，即契约自由原则，该原则一夜之间成为19世纪契约法的基本原则，[②] 并由此引出了统治西方一百多年的契约法的"唯意志论"[③]。当然，有学者认为尽管《法国民法典》确立了契约自由原则，但起草者对于意思自治的态度还是比较谨慎和实际的，并没有完全依靠意思自治来构建合同制度。[④] 立法者一方面确立了当事人意思自治的原则，另一方面为了避免过分的自由给社会利益造成伤害，也对当事人个体意志的发挥规定了限制范围并提供了监督手段。[⑤]

具体到合同解除制度，法国继受了罗马法的传统，并没有专门的解除制度，但是《法国民法典》对合同解除权的产生作出了一般性规定，是对罗马法的重大发展。[⑥]《法国民法典》第1184条规定：

1. 双务合同中，当事人一方不履行债务时，视为随时存在解除条件。

2. 在该情况下，合同并非当然解除。不履行债务人的相对方，在约定的事项可以现实履行时，享有请求强制履行，或者请求损害赔偿的同时要求解除合同的选择权。

3. 合同解除须向法院请求，法院可依据情形许被告以宽限期。

学者对该条的评价褒贬不一。该条第1款的规定反映了双务合同中存在以一方不履行义务为解除原因的暗示性条款的理论，与罗马法的观念非常相近。[⑦] 第2款与第3款对解除权设定了司法审查，这些规定明显具有司法干预的特点，

---

① 参见上海社会科学院法学研究所编译室：《各国宪政制度和民商法要览：欧洲分册（下）》，法律出版社1986年版，第179页。

② 参见傅静坤：《二十世纪契约法》，法律出版社1997年版，第3页。

③ See James Gordley, *The Philosophical Origins of Modern Contract Doctrine*, Clarendon Law Series, Oxford University Press, 1991, p. 161.

④ 参见 F. Terré, Ph. Simler, et Y. Lequette, *Droit Civil*: *Les Obligations*, Dalloz, éd. 10, 2009, p. 29。转引自何勤华、马贺等：《法律文明史：大陆法系（上卷）》（第9卷），商务印书馆2015年版，第351页。

⑤ 参见何勤华、马贺等：《法律文明史：大陆法系（上卷）》（第9卷），商务印书馆2015年版，第351页。

⑥ 参见李政辉：《合同法定解除原因研究》，中国检察出版社2006年版，第140－141页。

⑦ 参见尹田：《法国现代合同法：契约自由与社会公正的冲突与平衡》（第2版），法律出版社2009年版，第408页。

与教规学者的观念十分相近，[①] 司法解除制度的设立与中世纪教会法的影响不无关系。[②] 由此合同的解除权由法院决定，在决定解除所需考虑的因素中，违约的严重性很重要。如果结果不足够严重，则法院会驳回解除请求。[③] 尽管学者认为第 1184 条的规定有矛盾之处，但赋予当事人解除权，同时又对解除权做出严格限制，只有违约严重时法院才允许当事人解除合同，这与国际商事合同根本违约制度的理念完全吻合。对于司法解除制度设立的原因，学者分析认为是罗马法和法国法对合同履行的重视，如果债务人不主动履行他所承诺的义务，则法律就要提供方法以强制他去履行。[④] 这体现了古典契约法"唯意志论"下对契约自由、契约严守原则的遵从，尽管合同解除制度在《法国民法典》中尚未体系化，但对合同解除的严格限制也是对契约自由、契约严守原则的体现。

其次，在 19 世纪末的德国，1896 年《德国民法典》在注释法学和实证法学的基础上诞生。在《德国民法典》中，契约当事人形式上的平等与自由资产阶级思想显然支配着契约法。[⑤] 在形式上，《德国民法典》深受德国学说汇纂学派影响，注重法律语言的逻辑性与准确性；结构上，为提高法律的逻辑完整性和内涵经济性，法典以"提取公因式"似的方法将一般规则进行抽象，[⑥] 并将这些规则规定于总则部分，其对法律体系性与安定性的重视可见一斑。前文已述及，在涉及根本违约的问题时，德国法并未直接规定，而是在债的履行中，按照不履行的原因对违约的情形加以分类，当因一方原因致部分给付不能、迟延给付、不完全给付时，如果合同的履行对于对方无利益，则对方可以解除合同。[⑦] 然而，从发展的角度来看，这种列举并未穷尽所有可以解除合同的情形，就根本违约问题而言，德国法对"合同履行对于对方无利益"的判断与国际商

---

① 参见 Ph. Malaurie, L. Aynès. et Ph. Stoffel - Munck. *Les obligations*, éd. Defrénois, 2007, p. 397。转引自尹田：《法国现代合同法：契约自由与社会公正的冲突与平衡》（第 2 版），法律出版社 2009 年版，第 408 - 409 页。

② 参见［韩］成升铉、崔吉子：《联合国国际货物销售合同公约解除制度模式的比较法史研究》，载《清华法学》2011 年第 5 期。

③ 参见李政辉：《合同法定解除原因研究》，中国检察出版社 2006 年版，第 143 页。

④ See Barry Nicholas, *The French Law of Contract*, 2nd edition, Clarendon Press, 1992, p. 205.

⑤ 参见［德］K. 茨威格特、［德］H. 克茨：《比较法总论》，潘汉典、米健等译，法律出版社 2003 年版，第 225 页。

⑥ 参见［德］K. 茨威格特、［德］H. 克茨：《比较法总论》，潘汉典、米健等译，法律出版社 2003 年版，第 221 页。

⑦ 参见韩世远：《根本违约论》，载《吉林大学社会科学学报》1999 年第 4 期。

事合同根本违约制度对“合同期待”的判断关系紧密，但前者显然在适用范围上较窄。因此，总体来看，在古典契约法理论封闭性和先验性的影响下，《德国民法典》是保守的，用拉德布鲁赫的话来说，它“与其说是20世纪的序曲，毋宁说是19世纪的尾声”①。其对法律体系性与安定性的追求，是教条主义的体现，其对自由主义更多是形式上的追求。

最后，在19世纪的英国，尽管根本违约制度渊源于此，但从本书对根本违约概念产生过程的分析来看，英国合同法在古典契约法理论的影响之下，同样存在保守性和注重形式的特点。波斯纳认为，英国法在很多方面还具有很强的大陆法特征。② 英国法对形式尤为重视，如其在对违约程度进行判断时采用的是条款主义，机械地将合同条款分为条件条款与保证条款。究其原因，在于其主导的法律传统，英国受分析实证主义影响较深，这是一种趋于高度形式化的法律理论。③ 由此可见，英国根本违约制度自萌芽时起便受到形式化的法律理论的影响，因此在判断违约程度时产生对合同条款而非结果进行机械判断的制度十分正常。

总体而言，19世纪是根本违约制度在各国的萌芽时期，无论是在大陆法系的法国与德国，还是在普通法系的英国，受19世纪古典契约法理论的影响，首先，各国的合同法规则崇尚契约自由、契约严守，对合同解除限制严格，甚至如法国设立了司法解除制度。其次，各国体现出对法律形式主义的遵循，在判断根本违约的构成上，总体呈现出形式化的特点，要么如德国从原因角度，要么如英国以条款内容对根本违约加以分类，法院在适用法律时比较机械，仅从形式的个人自由角度出发，较少考虑合同的商业背景及社会利益，④ 因此从结果来看，有时未必能做到对实质公平正义的维护。

（二）新古典契约法理论下根本违约制度的形成及演变

19世纪下半叶，大约自1870年以来，政治思想、社会经济条件和法律开始

---

① ［德］K. 茨威格特、［德］H. 克茨：《比较法总论》，潘汉典、米健等译，法律出版社2003年版，第218页。

② 参见［英］P. S. 阿狄亚、R. S. 萨默斯：《英美法中的形式与实质：法律推理、法律理论和法律制度的比较研究》，金敏、陈林林、王笑红译，中国政法大学出版社2003年版，第1、28页。

③ 参见［英］P. S. 阿狄亚、R. S. 萨默斯：《英美法中的形式与实质：法律推理、法律理论和法律制度的比较研究》，金敏、陈林林、王笑红译，中国政法大学出版社2003年版，第344页。

④ See Jay M. Feinman, *The Significance of Contract Theory*, University of Cincinnati Law Review, Vol. 58：4，p. 1283－1318（1990）.

发生持续性的发展变化。[①] 古典契约法理论开始由鼎盛逐渐走向衰落。阿狄亚认为，1870 年至 1980 年这一时期是合同自由的衰落时期。[②] 大陆法系与英美法系契约法理论从此有了不同的发展趋势。有学者认为，作为大陆法系精髓的法典编纂模式意味着法学理论发展的终结，[③] 此后，大陆法系契约法呈现出自我封闭和反理论倾向，[④] 鲜有新的理论出现，学者更多是对法典进行进一步解读和研究。相反，英美法对现代合同法重大理论的创造发展和对国际契约规则的贡献更显著。[⑤] 受新自然法学和现实主义法学思想的影响，诸多著名的英美法学者如阿狄亚、科宾、埃森博格、吉尔默、法恩斯沃斯、富勒、凯斯勒、克卢曼等都是新古典契约法理论的力主者，[⑥] 学者们通过对僵化、追求体系化和稳定性的古典契约法理论进行改良，在此基础上发展出了新古典契约法理论，开始注重法的妥当性与实用性，追求实质意义上的平等与自由。

新古典契约法理论是对古典契约法理论的调整，而非全盘否定，相较于古典契约法，新古典契约法的原则更加软化，具有灵活性。作为现代合同法的主流学说，新古典契约法对新理论和新发展极具包容性。[⑦] 新古典契约法理论注重对不断变化的社会现实的反映，而之前的古典契约法理论更重视法律规则本身的演绎推理，因此新古典契约法理论更符合 20 世纪社会发展的需要。有学者总结认为，新古典契约法包含以下理念：第一，注重对契约信赖利益的保护，而之前的古典契约法以对契约期待利益的关注为核心；第二，对法律形式主义的批判；第三，显失公平和诚实信用等弹性原则和标准的出现；第四，承认商业贸易习惯和交易惯例对契约的重要作用；第五，合同内容的开放性对确定性的

---

① 参见［英］P. S. 阿狄亚：《合同法导论》（第 5 版），赵旭东、何帅领、邓晓霞译，法律出版社 2002 年版，第 14 页。

② 参见［英］P. S. 阿狄亚：《合同法导论》（第 5 版），赵旭东、何帅领、邓晓霞译，法律出版社 2002 年版，第 14 – 15 页。

③ See Andreas A. Gazes, *Relfections on the Heyday of Law and Legal Science*, 2. 1 Kritike Epitheorese 13, 1995, p. 20. 转引自刘承韪：《契约法理论的历史嬗迭与现代发展——以英美契约法为核心的考察》，载《中外法学》2011 年第 4 期。

④ 参见刘承韪：《契约法理论的历史嬗迭与现代发展——以英美契约法为核心的考察》，载《中外法学》2011 年第 4 期。

⑤ 参见高鸿钧等主编：《英美法原论（上）》，北京大学出版社 2013 年版，第 685 页。

⑥ 参见刘承韪：《契约法理论的历史嬗迭与现代发展——以英美契约法为核心的考察》，载《中外法学》2011 年第 4 期。

⑦ See Jay M. Feinman, *Relational Contract Theory in Context*, Northwestern University Law Review, Vol. 94: 3, p. 737 – 748 (2000).

超越。[①] 总体来看，新古典契约法理论更注重对实质公平与自由的追求，更具有灵活性与开放性。新古典契约法理论对 20 世纪美国合同法的发展起到了重要的推动作用，新古典契约法的典型代表即为美国 1951 年由新古典契约法代表人物——著名法学家卢埃林教授起草的《统一商法典》以及 1981 年另一位新古典契约法代表人物——著名法学家法恩斯沃斯教授主持编纂的美国《第二次合同法重述》。[②] 美国《统一商法典》融合了法典法和判例法、法律现实主义与法律形式主义，其第二编买卖法的结构体系对 CISG 有着重大影响，可以说 CISG 是以《统一商法典》为蓝本制定的。[③] 同时美国《第二次合同法重述》也对 UPICC 产生了深远影响。

具体到国际商事合同根本违约认定问题，第一，从 1939 年罗马草案的条款主义到 1964 年 ULIS 的结果主义的转变，无疑是受到了新古典契约法理论中对法律形式主义逐渐淡化思想的影响，因法律形式主义容易导致不公平的结果，故从结果出发来判断违约程度的做法取代了对合同条款进行判断的做法。第二，1978 年草案中"重大损害"标准以及"明理的人"在可预见性标准中的出现，是对结果主义的强化，同样是受法律现实主义的影响。第三，CISG"违约严重性"标准以及"可预见性"标准的模糊性虽然一定程度上是因各国意见不一致所做的妥协，但这种模糊性本身就体现了法律现实主义对法律确定性的淡化。UNCITRAL 秘书处的评注将"重大损害"以及"可预见性"时间的判断均交予了法官，体现了新古典契约法追求的合同开放性和灵活性对确定性的超越。第四，由于根本违约判定标准的模糊性，CISG 以及 UPICC 等国际规范中设立的诚信原则也会影响具体案件中裁判者对根本违约的解释。诚信原则的引入实际上是随着法律现实主义思潮的兴起，契约法理论将关注的焦点集中于社会经济生活需要，进而将当事人未约定的"社会标准"引入契约关系的结果。[④] 第五，从 UPICC 的规定来看，对当事人未来履行的不信赖标准被纳入根本不履行的判断标准之中，CISG 在分批交货等规则中对此作了规定，但自 UPICC 之后其被与其他根本违约标准并列规定于根本违约条款中，这也体现了新古典契约法对

---

① 参见刘承韪：《英美契约法的变迁与发展》，北京大学出版社 2014 年版，第 157－161 页。

② See Jay M. Feinman, *Relational Contract Theory in Context*, Northwestern University Law Review, Vol. 94: 3, p. 737－748 (2000).

③ 参见刘承韪：《英美契约法的变迁与发展》，北京大学出版社 2014 年版，第 5 页。

④ 参见刘承韪：《英美契约法的变迁与发展》，北京大学出版社 2014 年版，第 158 页。

信赖利益的日渐关注。古典契约法主要关注期待利益，富勒在《合同损害赔偿中的信赖利益》一文中提出契约领域的三大利益学说：期待利益、信赖利益和返还利益之后，引发了全球对合同法信赖利益的保护。实质上对信赖利益的保护体现了新古典契约法理论对实质公平、正义的追求，以及对交易安全的维护，更符合社会经济发展的需要。总体来看，20 世纪国际商事合同根本违约认定标准的形成及演变深受新古典契约法理论的影响，从其演变过程来看，尽管其一直存在模糊性的问题，但总体上体现了对实质公平正义的追求。

（三）关系契约法理论发展的影响

关系契约法理论起源于 20 世纪 60 年代，美国学者麦考利教授在用实证方法分析商人使用合同的问题时曾指出，要重视商人对交易中未来意外事件的规划，以及为应对违约而采用实际的或潜在的法律制裁。① 有学者认为，麦考利教授的研究开辟了关系契约理论研究的泉源。② 20 世纪 70 年代，麦克尼尔以此为基础，在其所著的《新社会契约论》一书中首次提出了关系契约法理论，其主张契约应在整个社会背景中进行分析，古典契约法理论纯粹以个人为核心的研究已经与现实不符，契约应该是有关规划将来交换过程的当事人之间的各种关系。③ 新古典契约法理论对社会因素的关注在关系契约法理论中得到了进一步的强调，合作互惠成为关系契约法理论的基本价值导向，④ 其体现了对新古典契约法的自利核心的价值超越。⑤ 该理论认为，契约必须有一个社会母体来提供契约实现的条件，那些超越了契约规范的规范即为关系性规范，如在商品交货时间的认定中，尊重当事人的交易习惯即属于此。⑥ 该理论是对古典契约法理论强调的形式上的当事人意思自治的进一步弱化，强调在衡量当事人实力的基础上所追求的实质意义上的平等。我国有学者认为，关系契约理论是一种发展中的、

---

① See Stewart Macaulay, *Non - Contractual Relations in Business: A Preliminary Study*, American Sociological Review, Vol. 28, p. 55 (1963).

② 参见张艳：《关系契约理论对意思自治的价值超越》，载《现代法学》2014 年第 2 期。

③ 参见［美］麦克尼尔：《新社会契约论》，雷喜宁、潘勤译，中国政法大学出版社 2004 年版，第 4 页。

④ 参见张艳：《关系契约理论对意思自治的价值超越》，载《现代法学》2014 年第 2 期。

⑤ See Jay M. Feinman, *Relational Contract Theory in Context*, Northwestern University Law Review, Vol. 94: 3, p. 737 - 748 (2000).

⑥ 参见王艳慧：《关系契约之非契约效力说明理论本质》，载《学术交流》2016 年第 8 期。

有潜力的研究领域，[①] 该理论对契约法的发展具有积极意义，具有一定的合理性，[②] 但由于该理论是从社会学的视角解析契约，该视角下的契约与法律上的契约仍有一定的区别，[③] 因此该理论有待于深入研究并进一步被深化为实体规范。[④] UPICC2016 版中增加的长期合同（long term contracts）就深受这一理论的影响，尽管 UPICC 2016 版对根本不履行问题的规定未做变动，但长期合同中的根本违约问题必然会受关系契约法理论的影响。因此，可以预见，关系契约法理论的发展会对未来合同法包括国际商事合同法的发展产生深远影响，包括根本违约规则在内，规则制定者或裁判者会在认定根本违约时考虑更多的社会因素的影响。

总体而言，国际商事合同根本违约认定标准，在古典契约法理论阶段萌芽，而由于其形成于 20 世纪 80 年代，因此主要受到新古典契约法理论的影响。根本违约认定标准的发展经历了由条款主义向结果主义、形式自由向实质公平的过渡，体现了新古典契约法理论所追求的法律现实主义与新自然法思想对国际商事合同立法的影响。未来，受关系契约法理论的影响，相信立法者和裁判者会更加秉承对实质正义的追求，综合考量社会因素对根本违约认定标准的影响。

三、国际商事合同根本违约认定标准设立的意义及存在的问题

（一）国际商事合同根本违约认定标准设立的意义

正如有学者指出，“根本违约对合同解除权的限制主要体现在满足它的构成要件的难度上”[⑤]。由此可见，根本违约制度中最关键的问题即为根本违约的认定问题。然而，根本违约的认定标准极难得以统一，这源于各国立法的巨大差异，尤其是英美法系与大陆法系的差异。ULIS 等国际立法是一个很好的开端，它试图在国际层面将根本违约的认定标准加以统一，从上述对根本违约认定标准演进过程的分析来看，这一努力从未停止，但也一直未达到令人满意的效果。诸多国际及区域性规则中，CISG 的影响最为深远，实践中法院适用 CISG 对根

① 参见季卫东：《关系契约论的启示（代译序）》，载［美］麦克尼尔：《新社会契约论》，雷喜宁、潘勤译，中国政法大学出版社 2004 年版，第 8 页。

② 参见陈西西：《论关系契约理论的合理性与潜力》，载《清华法治论衡》2018 年第 1 期。

③ 参见王艳慧：《关系契约的理论功能与实定法表现》，载《江西社会科学》2016 年第 7 期。

④ 参见张艳：《关系契约理论对意思自治的价值超越》，载《现代法学》2014 年第 2 期。

⑤ 卜元石：《根本违约与合同责任及其解除》，载《社会科学》1999 年第 9 期。

本违约进行认定的判例所占比例也较大，因此，本书以 CISG 根本违约的认定标准为基础分析其设立的意义。

CISG 根本违约认定标准的设立具有诸多积极意义。第一，CISG 根本违约的认定标准是对 ULIS 根本违约认定标准的重大改进，它引入了对损害结果以及当事人合同期待等客观标准的判断，同时在可预见性标准中引入了对同等资格、通情达理的人的判断，相较于 ULIS 其在认定根本违约时更具客观性与确定性。第二，经过改良的可预见性标准加大了对根本违约判定的难度，从而保证了合同不会被轻易解除，这与 CISG 维护合同履行、促进国际交往的精神一脉相承。第三，CISG 根本违约认定标准体现了新古典契约法理论的精髓，抛弃了古典契约法理论对形式的关注和对稳定性的固守，注重法律的现实需求与对实质公平、正义的追求，最大限度融合了两大法系立法的特点，同时体现了对国际商事合同法统一化的遵循。相较于国内法如德国法而言，其对根本违约的判断更加迅捷。第四，CISG 根本违约认定标准是之后国际及区域性立法的范本，UPICC 以及欧洲区域性合同规则对根本违约认定标准的规定都是以 CISG 为基础进行的扩充与发展，并未脱离 CISG 根本违约认定标准体现的核心精神。同时，CISG 对各国国内法的制定及修改也产生了深远影响，很多国家和地区以 CISG 第 25 条为基础对本国或本地区的立法做出了调整，如《斯堪的纳维亚买卖法》、《爱沙尼亚债法》①、我国的《合同法》及最新的《民法典》等。

（二）国际商事合同根本违约认定存在的问题

从根本违约认定标准的演进过程来看，针对根本违约制度进行规范的国际及区域性规则在不断发展，然而，由于各类规则的性质不同，其在实践中产生的影响大不相同，由此也引发了国际商事合同领域在认定根本违约时的如下问题。

首先，规定的模糊性。以国际公约性质存在的 CISG 无疑是根本违约认定最具影响力的规则，其对根本违约认定标准的发展虽具有若干的积极意义，然而，瑜不掩瑕，CISG 根本违约认定标准也存在诸多争议。作为两大法系妥协的产物，其不可避免地存在模糊性的问题，虽然这也是现实主义法学灵活性的体现，

---

① See Ingeborg Schwenzer, *Commentary on The UN Convention on The International Sale of Goods* (*CISG*), 4th edition, Oxford University Press, 2016, p. 418.

然而，在 CISG 致力于统一国际商事合同立法的努力中，根本违约制度早期被有些学者因其模糊性而排除在了统一买卖法的研究之外。[①] 就具体的“违约严重性”标准及“可预见性”标准而言，UNCITRAL 秘书处的评论中就指出二者皆需经法官在具体案件中一一判断，因此，也有学者指出，欲在根本违约认定问题上达到统一，判例法是唯一的途径。尽管根本违约制度在一般概念（general notion）层面上尚未统一，但在根本违约的一些具体问题上，判例法已经开始呈现出某种统一的趋势。[②]“根本违反合同”到目前为止已经有一定数量的判例积累，因此一边参考其中说明的内容，一边明确该概念的具体含义是很有意义的。[③] 学者的观点为本书后续的研究提供了方法论支持，在下文对根本违约认定标准的具体分析中，本书将以对判例的分析作为基础的研究方法，从对判例的总结中得出根本违约认定标准发展的趋势。

其次，解释方法的差异性。除根本违约认定标准本身的发展趋势问题之外，裁判者在判例中运用何种解释方法对 CISG 第 25 条加以解释也会影响根本违约认定标准统一化的形成。CISG 第 7 条规定了 CISG 统一解释的原则和规则，在司法实践中，裁判者是否遵循了 CISG 的规定，是否会受到各国国内法的影响，种种因素都会对根本违约认定标准结果的统一产生重要影响。

最后，法律适用规则的竞争性。UPICC 以及区域性统一合同法规则的出现与 CISG 根本违约规则的适用会形成竞争，如何在区域性规则繁荣发展的当下保持国际商事合同根本违约认定标准的统一性，也是值得探究的问题。

本章小结

总之，国际商事合同根本违约制度是现代合同法的重要制度，CISG、UPICC 以及区域性统一合同法规则均对其有所规定。从历史角度来看，国际商事

---

① See Peter Schlechtriem, *Uniform Sales Law – The Experience with Uniform Sales Laws in the Federal Republic of Germany*, Juridisk Tidskrift, p. 1 – 28 (1991/92).

② See Leonardo Graffi, *Case Law on the Concept of "Fundamental Breach" in the Vienna Sales Convention*, International Business Law Journal, No. 3, p. 338 – 349 (2003).

③ 参见［日］潮见佳男、中田邦博、松冈久和主编：《〈联合国国际货物销售合同公约〉精解》，［日］小林正弘、韩世远译，人民法院出版社 2021 年版，第 192 页。

合同根本违约认定标准经历了一系列的演变，目前适用最多的当属 CISG 的根本违约认定标准，根据 CISG 第 25 条的表述，根本违约认定标准可以分为“违约严重性”标准以及“可预见性”标准。国际商事合同根本违约认定标准的演变深受新古典契约法理论发展的影响。作为限制合同解除的重要制度，根本违约在整个统一合同法中具有重要的意义，然而，由于国际商事统一法立法过程的妥协性，根本违约的认定标准除有其积极意义之外，也存在规定的模糊性、解释方法的差异性、适用规则的竞争性等问题，有待于进一步的研究与分析。

第二章　CISG“违约严重性”标准分析

通过上文对国际商事合同根本违约认定标准历史演进的分析可见，根本违约的认定标准由最初 ULIS 的完全主观性的判断标准转变为 CISG 的主客观相结合的判断标准，而其中 CISG 的“违约严重性”标准已经成为理论界与实践中探讨最多同时也是适用最多的标准，甚至有些学者认为其是构成根本违约唯一的判定标准。由于 CISG 第 25 条的模糊性，学者在理论上对该标准的适用提出了若干不同的观点，适用 CISG 的判例是否具有统一化的趋势，这是本章试图分析与阐述的问题。

第一节　CISG“违约严重性”标准的理论分析

通过对 CISG 根本违约规则立法史的梳理，“违约严重性”标准的发展从无到有，从最初对“重大损害”的关注转变为对“合同利益”“合同期待”的关注。CISG 第 25 条最终对“违约严重性”进行了一般性规定，即“一方当事人违反合同的结果，如使另一方当事人蒙受损害，以致实质上剥夺了他根据合同规定有权期待得到的东西，即为根本违反合同”。以该条的结构为基础，学者对这一标准的理解通常分为如下几个层面。

一、对“一方当事人违反合同”的理解

认定根本违约首先就需要判断一方当事人是否违反了合同。

学界及司法实践普遍认为应对违反合同做广义理解。如 UNCITRAL 在关于 CISG 的判例法摘要汇编中指出，对合同义务的违反不仅包括违反当事人双方约定的合同义务，也包括违反 CISG 条款规定的义务，甚至包括违反附随义务。① 此外，有学者认为，也应包括违反 CISG 第 9 条规定的当事人之间的习惯做法或者当事人同意的任何惯例，② 无论法律和惯例规定的是明示还是默示的义务。③ 从类型上来讲，违约可以是各种形式的瑕疵履行，也可以是完全不履行。④ 然而，很显然，对非合同义务的违反不应包含在内，如有学者认为，即使程度再严重，违反非合同义务比如严重侵权也不会构成根本违约，甚至不会构成违约。⑤ 总之，应首先对“违约”加以正确理解，对当事人的约定应做广义解释，其不仅包括当事人的特殊约定本身，也包括应该适用或当事人同意适用的公约、惯例等规则规定的义务。义务的类型，不仅包括合同的主要义务也包括附随义务，但无论如何不应扩展至非合同义务。

二、对“违约使另一方当事人蒙受损害”的理解

“违约严重性”标准需考察的第二个层面的问题即违约的结果对另一方当事人造成了损害（detriment）。损害是违约造成的结果，因此此处的损害与上述的违约之间是因果关系。至于“损害”一词，CISG 并未作进一步的解释，“detriment”一词也仅出现在第 25 条当中，它是 CISG 精心选用的一个概念，⑥ 不同于任何国内法中关于损害的规定。如学者分析认为，其不同于“damage”，因为根据 CISG 第 74 条，无论是否构成根本违约，当事人都可以就“damage”要求

---

① 参见联合国：《贸易法委员会关于〈联合国国际货物销售合同公约〉判例法摘要汇编（2016 年版）》，载联合国国际贸易法委员会官网，https：//uncitral. un. org/sites/uncitral. un. org/files/media - documents/uncitral/zh/cisg_digest_2016_c. pdf。

② See Ingeborg Schwenzer, *Commentary on The UN Convention on The International Sale of Goods (CISG)*, 5th edition, Oxford University Press, 2022, p. 555.

③ 参见李巍：《联合国国际货物销售合同公约评释》（第 3 版），法律出版社 2023 年版，第 162 页。

④ See Robert Koch, *The Concept of Fundamental Breach of Contract under the United Nations Convention on Contracts for the International Sale of Goods (CISG)*, in Review of the Convention on Contracts for the International Sale of Goods (CISG) 1998, Kluwer Law International, 1999, p. 261.

⑤ See Ingeborg Schwenzer, *Commentary on The UN Convention on The International Sale of Goods (CISG)*, 5th edition, Oxford University Press, 2022, p. 556.

⑥ 参见张玉卿：《国际货物买卖统一法：联合国国际货物销售合同公约释义》（第 3 版），中国商务出版社 2009 年版，第 169 页。

赔偿,[①]“damage”强调对财产或人身等合法权益的损害。[②] 同时,“detriment”也不同于“loss”一词,“loss”更倾向于商业利益和财产损失。[③] 此外,“detriment”与“injury”也不同,后者更强调对健康、名誉等的损害,[④] 也即对人身的伤害。对“detriment”所指的损害,可做广义的理解,它涵盖了商业利益的损失、标的物的损坏以及商业机会的损失等多种情况。[⑤] 关于如何界定损害,学界并未有统一的认识。

然而,损害程度本身并非根本违约的决定性因素。从 CISG 立法史来看,在 1978 年公约草案第 23 条中,“违约严重性”标准即为“重大损害”标准,当事人因对方违约遭受重大损害违约方即构成根本违约。CISG 受结果主义的影响,对此标准进行了修改,蒙受损害本身并不能直接构成根本违约,只有蒙受损害造成了对合同期待的实质剥夺违约方才能构成 CISG 规定的根本违约。违约根本性的判断标准不是客观的损害程度,而是损害对非违约方产生的后果和意义。[⑥] 有学者认为,损害因素可以作为判断根本违约的“过滤器”(fliter),比如,如果卖方对货物的包装有瑕疵,但货物安全到达,则一般认为没有造成损害;但如果买方因此丧失了转售货物的机会,则会构成损害,[⑦] 进而卖方构成根本违约。

三、对“实质上剥夺了非违约方根据合同规定有权期待得到的东西”的理解

实质剥夺合同期待,这是“违约严重性”标准最核心的因素。笔者认为,

---

① See Leonardo Graffi, *Case Law on the Concept of "Fundamental Breach" in the Vienna Sales Convention*, International Business Law Journal, No. 3, p. 338 – 349 (2003).

② 参见薛波主编,潘汉典总审订:《元照英美法词典(缩印版)》,北京大学出版社 2013 年版,第 363 页。

③ 参见李巍:《联合国国际货物销售合同公约评释》(第 3 版),法律出版社 2023 年版,第 163 页。

④ 参见薛波主编,潘汉典总审订:《元照英美法词典(缩印版)》,北京大学出版社 2013 年版,第 696 – 697 页。

⑤ 参见李巍:《联合国国际货物销售合同公约评释》(第 3 版),法律出版社 2023 年版,第 163 页。

⑥ 参见[德]彼得·施莱希特里姆:《〈联合国国际货物销售合同公约〉评释》(第 3 版),李慧妮编译,北京大学出版社 2006 年版,第 112 页。

⑦ See Robert Koch, *The Concept of Fundamental Breach of Contract under the United Nations Convention on Contracts for the International Sale of Goods (CISG)*, in Review of the Convention on Contracts for the International Sale of Goods (CISG) 1998, Kluwer Law International, 1999, p. 263.

该因素与之前的“违约”“损害”因素是层层递进的关系。违约的结果造成损害，进而实质上剥夺了非违约方的合同期待，此种违约才达到了根本性违约的程度。然而，对此因素的认识学界并未达成一致。

首先，对“根据合同规定有权期待得到的东西”的理解。学界普遍认为，合同期待根据合同条款本身明示或默示的规定来确定是没有问题的。然而，能否扩展至考虑与订立合同相关的因素，如对当事人之间的协商、习惯做法、商业惯例以及当事人事后的行为加以判断，有学者曾认为这一问题是悬而未决的。[①] 然而，UNCITRAL 在关于 CISG 的判例法摘要汇编中的评述认为，什么样的期待是正当的，取决于具体的合同以及合同条款所考虑的风险分配、习惯做法以及 CISG 的条款。[②] 可见 UNCITRAL 对“根据合同规定”做了扩大解释。有学者分析认为，“有权期待得到的东西”，实际上指的是期待利益，如果履行合同没有问题，则当事人会得到该项利益，如在国际贸易中转售货物或使用货物所得到的利润。[③]

其次，对“实质上剥夺”的理解。我国学者认为，英文文本中的“substantially”应译为“实质上”，而非 CISG 中文文本中的“实际上”，[④] 以体现合同期待被剥夺的严重程度。“实质上”这一概念十分灵活，[⑤] 因此在判断何为“实质上剥夺”时并无统一的标准。UNCITRAL 秘书处对 1978 年公约草案的评注中就指出，“损害是否重大，应根据每一事件的情况来确定，例如合同的金额、违反合同造成的金额损失、违反合同对受害方其他活动的影响程度”[⑥]。不同时期

---

① See Robert Koch, *The Concept of Fundamental Breach of Contract under the United Nations Convention on Contracts for the International Sale of Goods (CISG)*, in Review of the Convention on Contracts for the International Sale of Goods (CISG) 1998, Kluwer Law International, 1999, p. 264; Leonardo Graffi, *Case Law on the Concept of "Fundamental Breach" in the Vienna Sales Convention*, International Business Law Journal, No. 3, p. 338 – 349 (2003).

② 参见联合国:《贸易法委员会关于〈联合国国际货物销售合同公约〉判例法摘要汇编（2016年版）》，载联合国国际贸易法委员会官网，https://uncitral.un.org/sites/uncitral.un.org/files/media-documents/uncitral/zh/cisg_digest_2016_c.pdf。

③ 参见王利明:《论根本违约与合同解除的关系》，载《中国法学》1995 年第 3 期。

④ 参见李巍:《联合国国际货物销售合同公约评释》（第 3 版），法律出版社 2023 年版，第 163 页。

⑤ 参见焦津洪:《论根本违约》，载《中外法学》1993 年第 1 期。

⑥ UNCITRAL Secretariat, *Commentary on the Draft convention on Contracts for the International Sale of Goods*, 14 March 1979, Document A/CONF. 97/5, CISG Database of Pace University, https://iicl.law.pace.edu/cisg/page/article-25-secretariat-commentary-closest-counterpart-official-commentary.

的学者通过对判例和学者学说的总结提出了判断违约严重性的诸多可考虑因素，如1993年我国的焦津洪教授认为可以考虑如下因素：第一，违约部分的价值或金额与整个合同金额的比例；第二，违约部分对合同目标实现的影响程度；第三，迟延履行中时间对合同目标实现的影响程度；第四，违约的后果及损害能否得到修补；第五，分批交货中，对某一批货物的交货义务的违反对整个合同的影响程度。[①] 德国学者 Robert Koch 教授在1999年通过总结当时的学说与判例，归纳出了更多判断根本违约的标准，例如：第一，判断合同义务的性质是否是根本性的；第二，对违约后果严重性的判断，包括合同全部价值与受害方经济损失的比例、合同目的的破坏以及救济导向的方法；第三，履行（不）可能；第四，（不）愿意履行；第五，对对方未来履行的不信赖；第六，提供救济的可能性。[②] 日本学者潮见佳男等在2021年通过对第25条的分析认为，在具体场景中判断是否存在根本违反合同的行为是很难的，其可以包括：第一，不符合同货物的交付；第二，没有交付；第三，其他类型，可以包括数量不足以及权利的瑕疵、对于单据的移交以及遵守义务的违反等，均需要分析其是否构成根本违约。[③] 之所以学者学说以及司法实践中会出现如此众多的判断标准，正是因为 CISG 第25条规定的“违约严重性”标准太过一般化，[④] 而根本违约的类型各异，由此导致判断因素众多。

总体而言，CISG“违约严重性”标准包含三个基本要素：“违约”、“损害”以及“实质剥夺合同期待”。三个要素层层递进，其核心在于对“实质剥夺合同期待”的理解。立法的模糊性使学者学说众多，立法的灵活性将判断标准赋予了裁判者，正如美国法学家霍姆斯所言，法律的生命不在于逻辑，而在于经验。因此，对 CISG“违约严重性”标准的理解，离不开对判例的分析与总结。

---

① 参见焦津洪：《论根本违约》，载《中外法学》1993年第1期。

② See Robert Koch, *The Concept of Fundamental Breach of Contract under the United Nations Convention on Contracts for the International Sale of Goods (CISG)*, in Review of the Convention on Contracts for the International Sale of Goods (CISG) 1998, Kluwer Law International, 1999, p. 211 – 259.

③ 参见［日］潮见佳男、中田邦博、松冈久和主编：《〈联合国国际货物销售合同公约〉精解》，［日］小林正弘、韩世远译，人民法院出版社2021年版，第195 – 197页。

④ See Leonardo Graffi, *Case Law on the Concept of "Fundamental Breach" in the Vienna Sales Convention*, International Business Law Journal, No. 3, p. 338 – 349 (2003).

第二节　适用 CISG“违约严重性”标准的判例分析

CISG 自 1980 年获得通过，1988 年 1 月 1 日正式生效以来，历经几十年的发展，目前已有 97 个缔约方加入。各国适用 CISG 的判例日益增加，其中涉及根本违约认定的判例众多。通过对不同数据库的检索，截至 2024 年 6 月 1 日，UNCITRAL 的法规判例法 CLOUT 数据库共收录了涉及 CISG 适用的判例 1026 个，其中涉及第 25 条根本违约适用的判例有 121 个；[①] 美国佩斯大学 CISG 数据库共收录了涉及 CISG 适用的判例 5800 余个，其中涉及第 25 条根本违约适用的判例有 546 个；[②] 罗马比较法与外国法研究中心的 UNILEX 数据库共收录涉及 CISG 适用的判例 1108 个，其中涉及第 25 条根本违约适用的判例有 96 个。[③] 同时，针对我国适用 CISG 的判例，笔者通过对“北大法宝”数据库、中国裁判文书网等数据库和网站的检索，搜集到自 1998 年至 2024 年涉及 CISG 第 25 条根本违约适用的中国法院及仲裁庭判例 102 个。此外，还有诸多非英文数据库对 CISG 判例进行了系统收录，笔者限于能力，未对非中英文数据库的判例进行检索分析，但对学者论述中提及的该类数据库中的案例仍会加以分析。本书对判例的分析以上述数据库提供的资源为基础，由于各数据库收录的判例存在重复与交叉，通过筛选，最终共有 553 个判例涉及 CISG 第 25 条根本违约的适用问题，其中部分上诉案例的初审、上诉审或终审被分开进行了统计。然而，由于各国法院及仲裁庭数据公开以及更新速度的差异，本书搜集的判例数量必定与实际有所出入，但鉴于上述数据库的权威性，本书搜集的判例应具有一定的代表性及典型性。以下具体分析在不同违约类型的判例中裁判者对“违约严重性”标准的认定情况。

---

① 参见 UNCITRAL 网站，https：//www. uncitral. org/clout/search. jspx？ f = zh% 23cloutDocument. textTypes. textType_ s1 % 3a% e9% 94% 80% e5% 94% ae% e5% 85% ac% e7% ba% a6% 5c + % 5c （1980% 5c），2024 年 6 月 1 日访问。

② 参见美国佩斯大学 CISG 数据库，https：//iicl. law. pace. edu/cisg/search/cases，2024 年 6 月 1 日访问。

③ 参见罗马比较法与外国法研究中心 UNILEX 数据库，http：//www. unilex. info/cisg/cases/article/all，2024 年 6 月 1 日访问。

一、完全不履行时“违约严重性”标准的判例分析

本部分讨论的完全不履行取其最狭义的解释，即指从未履行合同义务，不包括部分未履行、瑕疵履行、迟延履行、分批交货中的某些批次未履行以及预期违约的情形，后几种情形会在下文具体分析。从数量上来看，完全不履行的判例在整个根本违约判例中占比15%左右，就完全不履行的主体来看，其又可以分为卖方完全不履行与买方完全不履行两个类别。

（一）卖方完全不履行时“违约严重性”标准的判例分析

根据CISG第30条对卖方义务的规定，卖方最主要的义务即为交付货物、单据，转移货物所有权。司法实践中，卖方完全不履行的案例主要涉及卖方未履行交货义务。关于此类判例，笔者搜集到了ICC、奥地利、比利时、德国、俄罗斯、法国、塞尔维亚以及中国等国家或国际组织的法院或仲裁庭的判例。在这些判例中，除少部分判例只认定卖方构成违约，未提及根本违约之外，[①] 其余大部分判例中法院或仲裁庭皆明确认为卖方不交货构成根本违约。

从原因上来看，卖方不交货又可以分为主观不履行与客观不履行。通常情况下，卖方主观上不履行交货义务，法院或仲裁庭会倾向于认定为构成根本违约。实践中出现过卖方拒绝履行的判例，如法国格勒诺布尔上诉法院1999年10月21日审理的西班牙卖方与法国买方皮鞋纠纷案[②]，法院认为在无任何正当理由的情况下卖方拒绝履行收到的订单并谎称没有收到订单，构成根本违约。德国杜塞尔多夫高等地方法院在1993年11月18日审理德国卖方与瑞士买方设备

---

① 参见CIETAC 1996年10月10日裁决，载美国佩斯大学CISG数据库官网，https：//iicl. law. pace. edu/cisg/case/china – october – 10 – 1996 – translation – available；CIETAC 2000年2月1日裁决，载美国佩斯大学CISG数据库官网，https：//iicl. law. pace. edu/cisg/case/china – february – 1 – 2000 – translation – available；塞尔维亚商会对外贸易仲裁庭2010年5月31日裁决，载美国佩斯大学CISG数据库官网，https：//iicl. law. pace. edu/cisg/case/serbia – may – 31 – 2010，等等。

② 参见法国格勒诺布尔上诉法院1999年10月21日裁决，载美国佩斯大学CISG数据库官网，https：//iicl. law. pace. edu/cisg/case/france – ca – aix – en – provence – ca – cour – dappel – appeal – court – st% C3% A9 – calzados – magnanni – v – sarl – shoes。

纠纷案时[①]曾提出，当交付客观上是可行的，而卖方由于主观原因不能交货时，买方可因卖方根本违约而解除合同。我国法院近年来的诸多案例皆将卖方不履行认定为根本违约。例如，山东省高级人民法院 2017 年 10 月 27 日审理的中国卖方与澳大利亚买方胶合板纠纷案[②]，法院认为，双方订立合同后，多次修改合同，买方交付了预付款，但卖方未实际履行，卖方行为构成根本违约，买方有权解除合同。再如，上海市浦东新区人民法院 2021 年 5 月 31 日审理的乌拉圭卖方与中国买方冷冻牛肉纠纷案[③]，法院认为，卖方在买方不同意其涨价要求后擅自将货物转卖给第三方，不向买方履行交货义务，构成了根本违约。近年来，中国法院审理的类似的卖方主观上完全不履行而构成根本违约的案例数量较多。[④] 通过案例总结可以认为，如果交付客观上可行且卖方愿意履行交货义务，则不交货或迟延交货不能认定为根本违约。

就客观不履行而言，卖方不交货如果存在正当理由，卖方可以免责。如西班牙最高法院在 2008 年 1 月 17 日审理西班牙卖方与德国买方汽车纠纷案[⑤]时曾指出，CISG 第 25 条可以根据除外情况（类似于国内法关于偶发事件和不可抗力的假设）以及合理性因素来减轻未履行合同一方的责任。有一些判例中的卖方曾援引不可抗力作为抗辩理由，如塞尔维亚商会对外贸易仲裁庭 2007 年 10 月 1 日审理的罗马尼亚卖方与塞尔维亚买方木材纠纷案。[⑥] 该案中的卖方认为其不履行装船交货义务是因为不可抗力，在水位标志线范围的振荡（the oscillation

---

① See Robert Koch, *The Concept of Fundamental Breach of Contract under the United Nations Convention on Contracts for the International Sale of Goods* (*CISG*), in Review of the Convention on Contracts for the International Sale of Goods (CISG) 1998, Kluwer Law International, 1999, p. 245 – 246. 参见德国杜塞尔多夫高等地方法院 1993 年 11 月 18 日裁决，载美国佩斯大学 CISG 数据库官网，https://iicl. law. pace. edu/cisg/case/germany – oberlandesgericht – hamburg – oberlandesgericht – olg – provincial – court – appeal – german – 181。

② 参见山东省高级人民法院民事判决书，(2017) 鲁民终 1141 号。

③ 参见上海市浦东新区人民法院民事判决书，(2020) 沪 0115 民初 42206 号。

④ 例如，江苏省高级人民法院民事判决书，(2017) 苏民终 1462 号；江苏省无锡市中级人民法院民事判决书，(2018) 苏 02 民初 280 号；山东省青岛市中级人民法院民事判决书，(2021) 鲁 02 民初 2037 号；山东省青岛市黄岛区人民法院民事判决书，(2021) 鲁 0211 民初 12923 号。

⑤ 参见西班牙最高法院 2008 年 1 月 17 日裁决，载美国佩斯大学 CISG 数据库官网，https://iicl. law. pace. edu/cisg/case/spain – january – 17 – 2008 – tribunal – supremo – supreme – court – improgess – gmbh – v – canary – islands – car。

⑥ 参见塞尔维亚商会对外贸易仲裁庭 2007 年 10 月 1 日裁决，载美国佩斯大学 CISG 数据库官网，https://iicl. law. pace. edu/cisg/case/1 – october – 2007 – foreign – trade – court – arbitration – attached – serbian – chamber – commerce。

in the level of the water mark）导致无法装船。然而，仲裁庭认为卖方的举证不足以证明其符合 CISG 第 79 条以及当事人合同约定的关于不可抗力的规定，因此认为卖方不履行装船交货的义务构成根本违约。此外，有一个判例即 CIETAC 1996 年 7 月 30 日审理的中国卖方与美国买方钼铁合金纠纷案①的确遭遇了不可抗力，即卖方的供货商遭遇了洪水无法向卖方供货，然而，卖方仍然向买方承诺可以履行交货义务并约定了宽限期，但之后却未交货，此时卖方丧失了援引 CISG 第 79 条不可抗力的免责条款的权利，因此卖方未交货仍构成根本违约。另外，在其他两个 CIETAC 的判例中，卖方将其供货商不供货作为不交货的抗辩理由。其中在 CIETAC 1996 年 1 月 30 日审理的澳大利亚卖方与中国买方复合肥纠纷案②中，仲裁庭认为，交付货物是卖方的基本义务，事实上卖方完全没有履行交货义务，根据 CISG 第 25 条，卖方不交货实质上剥夺了买方的合同期待，构成根本违约。尽管供货商是否供货卖方无法控制，但这与该案无关，卖方需向买方承担不交货的责任。在 CIETAC 1997 年 2 月 6 日审理的中国卖方与美国买方碳化硅纠纷案③中，仲裁庭阐述了相同的观点。由此可见，尽管理论上客观不履行存在可以免责的情形，但实践中，法院或仲裁庭对于免责事由的认定较为严格，判例中较少出现卖方不交货可以免责的情形。

由此可见，在卖方不交货的情形下，法院或仲裁庭会严格把握卖方援引免责事由的尺度，不交货违反的是卖方最根本的义务，因此通常情况下无论是主观不履行还是客观不履行皆会被认为是对买方合同期待的实质剥夺，因而会构成根本违约。

（二）买方完全不履行时“违约严重性”标准的判例分析

根据 CISG 第 53 条对买方义务的规定，买方最主要的两项义务即为支付货款和收取货物。买方对该两项义务的不履行即构成完全不履行，以下就买方未付款和未收货的情形分别加以分析。

---

① 参见 CIETAC 1996 年 7 月 30 日裁决，载美国佩斯大学 CISG 数据库官网，https：//iicl. law. pace. edu/cisg/case/china – july – 30 – 1996 – translation – available – 0。

② 参见 CIETAC 1996 年 1 月 30 日裁决，载美国佩斯大学 CISG 数据库官网，https：//iicl. law. pace. edu/cisg/case/china – january – 30 – 1996 – translation – available。

③ 参见 CIETAC 1997 年 2 月 6 日裁决，载美国佩斯大学 CISG 数据库官网，https：//iicl. law. pace. edu/cisg/case/china – february – 6 – 1997 – translation – available。

1. 买方未付款

关于买方未付款的判例，笔者搜集到了ICC、澳大利亚、波兰、德国、俄罗斯、美国、墨西哥、中国等国家或国际组织的法院或仲裁庭的判例。除德国、波兰最高法院的判例之外，大部分判例皆倾向于直接将买方未付款认定为根本违约。

总体而言，诸多国家的法院或仲裁庭认为买方未付款构成根本违约。俄罗斯联邦工商会国际商事仲裁庭在1998年10月5日审理的俄罗斯卖方与墨西哥买方设备纠纷案中认为，付款义务是一项绝对义务，买方违反此义务则构成CISG第25条所规定的根本违约。① 在美国密歇根西部管区联邦地方法院2001年12月17日审理的希腊卖方与美国买方设备纠纷案②中，法院表达了相同的观点，认为从CISG第64条的规定中可以看出，买方不付款是最重要的一种买方根本违约的形式，这种情形下卖方无须另行通知即可解除合同。此外，如果买方已经濒于破产，无力支付货款，也有法院判定买方构成根本违约，如在澳大利亚阿德莱德联邦地方法院1995年4月28日审理的德国卖方与澳大利亚买方帐篷纠纷案③中，买方因无力偿债被指定了破产管理人，其财产将会受到清理，因而无力支付合同的全部货款，法院判定买方构成根本违约，因其剥夺了未收到货款的卖方的合同期待。买方未付款构成根本违约的观点受到越来越多国家的认可，甚至在一些案例中，法官不再阐明具体理由而直接进行认定。如在2012年9月5日波兰卡托维兹上诉法院审理的波兰卖方与德国买方种子纠纷案④中，法院认为买方未履行付款义务构成CISG第25条规定的根本违约，然而，法院并未进一步说明为何不付款会构成根本违约，似乎这是不证自明的。

就具体的付款方式而言，判例中主要涉及的是信用证支付。从涉及信用证

---

① See Djakhongir Saidov, *Cases on CISG Decided in the Russian Federation*, Vindobona Journal of International Commercial Law and Arbitration, Vol. 7, p. 1 -62 (2003). 该判例还可参见俄罗斯联邦工商会国际商事仲裁庭1998年10月5日裁决，载美国佩斯大学CISG数据库官网，https://iicl. law. pace. edu/cisg/case/russian - federation - november - 24 - 1998 - translation - available。

② 参见美国密歇根西部管区联邦地方法院2001年12月17日裁决，载美国佩斯大学CISG数据库官网，https://iicl. law. pace. edu/cisg/case/united - states - december - 17 - 2001 - district - court - shuttle - packaging - systems - llc - v - jacob。

③ 参见澳大利亚阿德莱德联邦地方法院1995年4月28日裁决，载美国佩斯大学CISG数据库官网，https://iicl. law. pace. edu/cisg/case/australia - april - 28 - 1995 - roder - zelt - und - hallenkonstruktionen - gmbh - v - rosedown - park - pty - ltd。

④ 参见波兰卡托维兹上诉法院2012年9月5日判例摘要，载UNCITRAL官网，https://www. uncitral. org/clout/clout/data/pol/clout_case_1599_050912. html。

支付的判例中可见，涉案法院或仲裁庭普遍认为，没有正当理由的情况下买方未开立信用证构成根本违约。在 CIETAC 1999 年审理的两起案件[①]中仲裁庭认为，如果买方能够证明卖方可能无法交货，则买方未开立信用证不构成根本违约，然而，实际上买方并未成功举证证明这一点。澳大利亚昆士兰州最高法院在 2000 年 11 月 17 日审理的澳大利亚卖方与马来西亚买方废钢纠纷案[②]中更是通过援引美国学者 Honnold 的学说以及一个美国法院的判例说明拒绝及时开立信用证很显然会构成 CISG 第 25 条和第 64 条第（1）款（a）项意义上的根本违约。法院认为，没有开立信用证即为买方没有履行 CISG 第 54 条意义上的“支付价款的义务”。实际上，该条规定，买方支付价款的义务包括根据合同或任何法律法规采取相应的步骤和办理必要的手续，以便支付价款。买方内部管理结构的改变要求执行管理委员会核准信用证，而委员会拒绝了该请求，从法律角度来看，这不能成为其理由。法院的说理很明确地阐述了拒绝开立信用证这一违约行为的严重性。在更多的案件中，如俄罗斯联邦工商会国际商事仲裁庭以及 CIETAC 审理的众多仲裁案[③]中，仲裁庭并未阐明具体理由，直接认定买方不开立信用证构成 CISG 第 25 条的根本违约。

此外，若买方开立的信用证与基础合同条款不一致最终导致卖方无法收到货款，买方也会构成根本违约。墨西哥对外贸易保护委员会仲裁庭 1998 年 11 月

---

① 例如，CIETAC 1999 年 1 月 6 日审理的澳大利益羊毛原料纠纷案，参见 CIETAC 1999 年 1 月 6 日裁决，载美国佩斯大学 CISG 数据库官网，https：//iicl. law. pace. edu/cisg/case/china – january – 6 – 1999 – translation – available；以及 CIETAC 1999 年 3 月 1 日审理的糖水橘子罐头纠纷案，参见 CIETAC 1999 年 3 月 1 日裁决，载美国佩斯大学 CISG 数据库官网，https：//iicl. law. pace. edu/cisg/case/china – march – 1 – 1999 – translation – available。

② 参见澳大利亚昆士兰州最高法院 2000 年 11 月 17 日裁决，载美国佩斯大学 CISG 数据库官网，https：//iicl. law. pace. edu/cisg/case/australia – november – 17 – 2000 – supreme – court – downs – investments – pty – ltd – acn – 010 – 729 – 567。

③ 例如，俄罗斯联邦工商会国际商事仲裁院 1995 年 12 月 1 日审理的俄罗斯卖方与塞浦路斯买方货物纠纷案，参见俄罗斯联邦工商会国际商事仲裁院 1995 年 12 月 1 日裁决，载美国佩斯大学 CISG 数据库官网，https：//iicl. law. pace. edu/cisg/case/1 – december – 1995 – tribunal – international – commercial – arbitration – russian – federation – chamber。CIETAC 的判例如 2002 年 2 月 4 日审理的新加坡卖方与中国买方苯乙烯单体纠纷案，参见 CIETAC 2002 年 2 月 4 日裁决，载美国佩斯大学 CISG 数据库官网，https：//iicl. law. pace. edu/cisg/case/china – february – 4 – 2002 – translation – available；以及 2003 年 6 月 26 日中国香港卖方与内地买方氧化铝纠纷案，参见 CIETAC2003 年 6 月 26 日裁决，载美国佩斯大学 CISG 数据库官网，https：//iicl. law. pace. edu/cisg/case/china – june – 26 – 2003 – translation – available，等等。

30 日审理的墨西哥卖方与韩国买方糖果纠纷案[①]即发生了此种情况，买方开立的信用证与合同中关于糖果食用期限的要求不同，而且买方特地要求卖方以不同于信用证规定的方式在货物上做出了标记，最终导致卖方没有收到货款，仲裁庭认为根据 CISG 第 25 条，买方从根本上违反了合同，因为他实质上剥夺了卖方的合同期待。尽管 UCP 600 中规定了信用证与基础合同的独立性，然而，信用证与基础合同条款不一致说明买方没有按照合同约定履行付款义务，对关键性问题的不符，很可能会构成根本违约。如 CIETAC1993 年 10 月 26 日审理的中国卖方与美国买方冷冻牛肉纠纷案[②]中，买方开证时检验条款与合同约定不一致，仲裁庭认为，买方绝对性地改变了合同条款，卖方有权拒绝接受并且可以要求买方修改信用证，买方拒绝修改信用证构成根本违约。在中国河南省高级人民法院 2021 年 4 月 26 日审理的中国卖方与比利时买方甲基丙烯酸甲酯纠纷案[③]中，法院认为，在买卖双方通过邮件达成“不要求卖方出具针对所有集装罐的 SGS 检验证明”的合意的前提下，卖方多次要求买方修改信用证，买方均未修改信用证，导致卖方出现“单证不符”的情况，无法收到货款，合同的根本目的无法实现，买方的行为构成根本违约。由此可见，无论是未开立信用证，还是开立有问题的信用证，都可能会导致卖方无法收款，从而严重剥夺卖方的合同期待，因此法院或仲裁庭普遍认为此类行为构成根本违约。

然而，德国的判例表达了不同的观点。例如，在德国杜塞尔多夫高等地方法院 2004 年 7 月 22 日审理的意大利卖方与德国买方童鞋纠纷案[④]中，合同约定交付 3497 双鞋子，卖方交付了第一批 1193 双之后，买方没有支付货款，卖方诉请买方支付全部合同价款。法院认为买方的不支付行为不构成根本违约。根据 CISG 第 58 条第（1）款第一句话的规定，买方并未获得全部货物的处置权，卖方无疑并未完成全部的交货义务，也没有给买方一个额外期间去履行付款义务，

---

① 参见墨西哥对外贸易保护委员会仲裁庭 1998 年 11 月 30 日裁决，载美国佩斯大学 CISG 数据库官网，https：//iicl. law. pace. edu/cisg/case/mexico – november – 30 – 1998 – dulces – luisi – sa – de – cv – v – seoul – international – co – ltd – y – seoulia。

② 参见 CIETAC 1993 年 10 月 26 日裁决，载美国佩斯大学 CISG 数据库官网，https：//iicl. law. pace. edu/cisg/case/china – international – economic – trade – arbitration – commission – cietac – prc – 84。

③ 河南省高级人民法院民事判决书，（2020）豫民终 496 号。

④ 参见德国杜塞尔多夫高等地方法院 2004 年 7 月 22 日裁决，载美国佩斯大学 CISG 数据库，https：//iicl. law. pace. edu/cisg/case/germany – oberlandesgericht – hamburg – oberlandesgericht – olg – provincial – court – appeal – german – 193。

因此卖方无权宣告解除合同。由此法院总结认为对于普通用途的商品，不包括不易储存和需要特殊保管运输的货物，买方不收货或者不付款都不会自动构成根本违约，卖方应给买方一定的宽限期以便买方能够履行合同义务。该案中仅仅是应季的童鞋这一事实并不能证明情况紧急，因此为付款设立一个额外的期限不是一种不合理的负担。

在德国国内，不付款的判例也常常被判定为不得直接解除合同，[①] 不付款直接导致合同解除在德国的判例中是例外。这与德国新债法为严格限制合同解除这一救济手段而设计的一种处理方法有关，即前文提及的“宽限期”机制。“宽限期”机制是德国法的核心，同CISG根本违约制度相比，两者的目的都是拯救合同，避免合同当事人回到最初的原点，然而，两者的方法有所不同。“宽限期”机制的基本规则是非违约方通过赋予违约方一段额外的期间给违约方第二次履行的机会，该机制不会自动赋予非违约方终止合同的权利，[②] 除非完全没有可以补救的机会。与CISG的根本违约规则相比，德国的“宽限期”机制赋予了当事人更确定的权利，因为在非违约方不确定违约方是否构成根本违约时，非违约方可以通过赋予对方宽限期以使违约方继续履行，如果违约方仍不履行，则无论之前违约方的行为是否构成根本违约，非违约方都可以宣告解除合同。CISG的根本违约制度在解决纠纷时因其可以直接宣告合同无效，时间上可能会更加迅捷，成本更低，更适合处理国际贸易纠纷，然而，其缺点是构成根本违约的标准不易把握。有学者认为，两者在处理国内及国际贸易纠纷时哪一种方法更胜一筹有待于实践中当事人及裁判者的选择。[③] 波兰最高法院2013年11月28日审理的波兰卖方与英国买方鳕鱼纠纷案[④]似乎更倾向于适用德国的“宽限期”机制。波兰最高法院在判决中指出，未付款不一定会构成根本违约，只有该行为得不到补救时才会构成。该案中当事人约定先支付货款总价50%的预付款，当买方未支付该预付款时，法院认为，除非买方明确宣称其会拒付，否则

---

① See Peter Schlechtriem, *Uniform Sales Law - The Experience with Uniform Sales Laws in the Federal Republic of Germany*, Juridisk Tidskrift, p. 1 - 28 (1991/92).

② See Peter Huber, *CISG—The Structure of Remedies*, CISG Database of Pace University (June 19, 2007), https://iicl.law.pace.edu/sites/default/files/bibliography/peter_huber.pdf.

③ See Peter Huber, *CISG—The Structure of Remedies*, CISG Database of Pace University (June 19, 2007), https://iicl.law.pace.edu/sites/default/files/bibliography/peter_huber.pdf.

④ 参见波兰最高法院2013年11月28日判例摘要，载UNCITRAL官网，https://www.uncitral.org/clout/clout/data/pol/clout_case_1598_281113.html。

不能认为其构成根本违约。在一年前，在前文提及的波兰的另一案件[①]中，法院却将买方未付款直接认定为构成根本违约。当然，因该案的付款具有特殊性，交货并未全部完全且付款并非一次性完成，因此会存在补救的可能性。然而，从波兰最高法院的表述中也不难看出，其对根本违约倾向于进行严格解释，以确保合同的存在，这与德国“宽限期”机制的理念完全吻合。

总之，从目前笔者搜集的判例来看，在国际贸易领域，除德国及受德国影响的国家外，大部分国家的裁判者更倾向于将买方不付款、不开立信用证等情形直接认定为根本违约进而赋予卖方合同解除权。由此也可揭示另外一个问题，即德国的裁判者在适用 CISG 时受德国国内法的影响较大，在国际贸易纠纷中认定根本违约更为严格，而这种趋势已经影响到了其他国家。

2. 买方未收货

买方未收货的判例涉及比利时、德国、俄罗斯、瑞士、中国等国家。同未付款类似，大部分国家的法院或仲裁庭倾向于认为买方未收货构成根本违约。但受德国法影响，部分国家也存在在未收货情形下先赋予当事人宽限期继续履行的情形。

在认定买方未收货构成根本违约的各国判例中，买方提出了各种抗辩理由，如 CIETAC 1996 年 3 月 8 日审理的中国卖方与法国买方蚕豆纠纷案[②]中，买方没有收货的理由是卖方未按照买方认为的交易习惯由埃及检验员验货，然而，合同中并未有此约定，卖方按照合同约定由中方验货，买方因此而拒收；再如，另一起 CIETAC 审理的判例即 1996 年 8 月 16 日中国卖方与韩国买方邻苯二甲酸二辛酯纠纷案[③]中，买方以货物市价下跌，其客户不再需要该货物为由拒绝收货；又如，瑞士楚格州法院 2002 年 12 月 12 日审理的德国卖方与瑞士买方甲基叔丁基醚纠纷案[④]中，买方拒绝提货的理由是买方向卖方提出的索赔未得到解决。总体而言，这些理由均未达到令人信服的程度，因此法院或仲裁庭皆认为，

---

① 参见波兰卡托维兹上诉法院 2012 年 9 月 5 日判例摘要，载 UNCITRAL 官网，https：//www. uncitral. org/clout/clout/data/pol/clout_case_1599_050912. html。

② 参见 CIETAC 1996 年 3 月 8 日裁决，载美国佩斯大学 CISG 数据库官网，https：//iicl. law. pace. edu/cisg/case/china – march – 8 – 1996 – translation – available – 0。

③ 参见 CIETAC 1996 年 8 月 16 日裁决，载美国佩斯大学 CISG 数据库官网，https：//iicl. law. pace. edu/cisg/case/china – august – 16 – 1996 – translation – available。

④ 参见瑞士楚格州法院 2002 年 12 月 12 日裁决，载美国佩斯大学 CISG 数据库官网，https：//iicl. law. pace. edu/cisg/case/switzerland – december – 12 – 2002 – kantonsgericht – canton – court – r – gmb h – v – o – ag – translation。

买方缺乏正当理由，买方拒绝提货是对其合同义务的不履行，因而构成根本违约。

买方未收货不直接构成根本违约的判例仍主要来自德国，在上文提到的德国杜塞尔多夫高等地方法院2004年7月22日审理的意大利卖方与德国买方童鞋纠纷案[①]中，法院一并讨论了不付款与不收货通常不直接构成根本违约的问题，同不付款相同，在德国，买方不收货也会被赋予“宽限期”，除非是不易储藏或需要特殊保管运输的货物，一般拒收不会构成根本违约。我国的判例中也出现了类似的情形，如中国最高人民法院2001年1月11日审理的中国卖方与新加坡买方汽轮发电机组纠纷案[②]，该案中买方多次推迟提货日期，不安排船运，法院判定买方最终未予提货的行为构成根本违约。该案中买方多次推迟提货实质上便是卖方同意了赋予买方宽限期，买方在宽限期满后仍未履行，最终构成了根本违约，卖方得以解除合同。比较我国判例与德国判例，二者不同之处在于我国法院最终认定买方宽限期后不履行构成根本违约，而德国法院直接赋予了当事人合同解除权。二者在救济效果上并无实质差别，从我国的判例中可以发现一种趋势，受德国法宽限期机制的影响，裁判者倾向于认为买方未收货本身不构成根本违约，可以先赋予其宽限期，买方在宽限期内不履行再认定其构成根本违约。

（三）小结

总体而言，从目前搜集到的判例来看，完全不履行，尤其是卖方不交货的情况下，大部分国家的法院或仲裁庭会认为这是对合同义务的严重违反，一般会判定违约方直接构成根本违约。

对于买方不付款、不收货，多个判例中的裁判者直接认定其构成根本违约。但部分国家受德国国内法“宽限期”机制的影响，在判断买方不付款、不提货是否直接构成根本违约的问题时，通常会先赋予违约方“宽限期”，尽量挽救合同，不到不得已不赋予当事人合同解除权。我国的做法似乎仍有不同，即宽限期不履行之后又认定最终的不提货行为构成根本违约。由此可见，买方作为非

---

① 参见德国杜塞尔多夫高等地方法院2004年7月22日裁决，载美国佩斯大学CISG数据库官网，https：//iicl. law. pace. edu/cisg/case/germany – oberlandesgericht – hamburg – oberlandesgericht – olg – provincial – court – appeal – german – 193。

② 参见中华人民共和国最高人民法院民事判决书，（1999）经终字第448号。

特征性履行的一方，其继续履行的可能性通常较卖方更大，因此裁判者在判断买方不履行是否构成根本违约时出现了这样一种趋势，即若不紧急，则先赋予买方宽限期，尽量挽救合同。但这对于根本违约应在哪个时间点来认定，是在赋予宽限期之前还是之后，似乎又出现了问题，笔者认为，这与学者和裁判者对宽限期与根本违约相关条款的不同理解有关。CISG 相关条款在协调性方面显然仍不完善，因该问题也会出现在迟延履行中，故对该问题的讨论将在迟延履行中一并进行。

二、瑕疵履行时“违约严重性”标准的判例分析

CISG 中明确规定了卖方的担保义务，包括瑕疵担保与权源担保，卖方需保证其所交付的货物与合同相符，第三方不能提出物权或知识产权方面的要求。瑕疵担保是指卖方对其所售货物的质量、特性或适用性承担的责任。[①] 违反瑕疵担保责任，卖方即构成了瑕疵履行，如果因此而实质上剥夺了买方的合同期待，则卖方会构成根本违约。根据笔者统计，司法实践中，判断瑕疵履行是否构成根本违约的判例在整个根本违约判例中的比例接近 45%，是判断根本违约的判例中数量最多、情况最为复杂的一类，曾经就此问题进行过裁判的法院或仲裁庭分布于 ICC、奥地利、澳大利亚、比利时、波兰、丹麦、德国、俄罗斯、法国、芬兰、荷兰、加拿大、美国、瑞典、瑞士、塞尔维亚、斯洛伐克、斯洛文尼亚、西班牙、希腊、匈牙利、意大利、中国等国家或国际组织。根据判例涉及的情形，本书将瑕疵履行分为如下类别进行分析。

（一）对当事人约定的合同义务的违反

意思自治原则是国际商法的重要原则，当事人的约定是当事人履行合同以及发生纠纷时裁判者裁判的首要依据。因此，如果合同中约定了当事人需履行的重要义务，则一般来说，在审判时裁判者会尊重当事人的意思自治，将当事人违反重要合同义务的行为裁定为根本违约。当然，当事人举证不充分或违反的不是主要合同义务时，则可能不会构成根本违约。以下就构成与不构成的情形分别进行分析。

---

① 参见余劲松、吴志攀主编：《国际经济法》（第 4 版），北京大学出版社、高等教育出版社 2014 年版，第 87 页。

1. 构成根本违约的情形

首先，合同的重要义务一般来自合同的约定，一方面，如果卖方交付的货物与合同的约定完全不同，则卖方必然构成根本违约。例如，瑞士巴塞尔民事法庭 2002 年 3 月 1 日审理的比利时卖方与瑞士买方大豆蛋白产品纠纷案①中，合同约定使用非转基因大豆生产，但卖方提供的是转基因大豆，法院认为对于公众以及消费者而言，这是一个重要的核心问题，因而卖方构成根本违约；再如，芬兰赫尔辛基上诉法院 2004 年 5 月 31 日审理的芬兰卖方与瑞士买方苯酚纠纷案②中，合同约定的货物为价值较高的无色苯酚，而卖方提供的是价值较低的彩色苯酚；又如，中国上海市第一中级人民法院 2008 年 12 月 25 日审理的洋酒纠纷案③中，约定交付杜察亨利水晶瓶 50 年大香槟干邑 XO，卖方实际交付“亨利五世”大香槟干邑 XO，法院认为卖方交付的货物并非合同约定的特定产品；另如，中国天津市高级人民法院 2015 年 6 月 8 日审理的中国卖方与克罗地亚买方无缝钢管纠纷案④中，合同约定的货物为无缝钢管，卖方实际交付的货物为焊接钢管，法院认为卖方实际交付的货物与约定货物性质存在实质性差距，导致无法实现合同目的，剥夺了买方期待，构成根本违约。还有类似的案例如中国浙江省高级人民法院 2017 年 11 月 20 日审理的中国卖方与美国买方牛奶卡废纸纠纷案⑤，合同约定的货物是 200MT 的废淋膜牛奶卡纸，而卖方交付的货物分别是：第一批货物 40. 379MT 的蜡汉堡包纸；第二批货物彩色废汽车滤芯纸；第三批货物 19. 90MT 的蜡汉堡包纸；第四批货物 39. 172MT 的废汉堡包纸（中性石蜡纸）。根据第三方机构出具的相关检测报告，上述四批货物与合同约定的牛奶卡纸完全不相符且无法通用。法院认为买方所收到的四批货物无法实现合同目的，卖方行为属于根本违约。由此可见，此类违反合同约定行为性质严重，是对买方合同期待的完全剥夺，因而必然构成根本违约。

另一方面，如果卖方交付了合同约定的货物，但货物在质量、规格甚至年

---

① 参见瑞士巴塞尔民事法庭 2002 年 3 月 1 日裁决，载美国佩斯大学 CISG 数据库官网，https：//iicl. law. pace. edu/cisg/case/switzerland – zg – basel – zg – zivilgericht – civil – court – 0。

② 参见芬兰赫尔辛基上诉法院 2004 年 5 月 31 日裁决，载美国佩斯大学 CISG 数据库官网，https：//iicl. law. pace. edu/cisg/case/finland – may – 31 – 2004 – hovioikeus – court – appeals – crudex – chemicals – oy – v – landmark – chemicals – sa。

③ 参见上海市第一中级人民法院民事判决书，（2006）沪一中民五（商）初字第 155 号。

④ 参见天津市高级人民法院民事判决书，（2015）津高民四终字第 2 号。

⑤ 参见浙江省高级人民法院民事判决书，（2017）浙民终 402 号。

份或包装等方面未满足约定的要求，则卖方也会构成根本违约。质量要求如芬兰赫尔辛基上诉法院 1998 年 6 月 30 日审理的瑞士卖方与芬兰买方护肤品纠纷案①中，合同约定护肤品中维生素 A 含量是重要的质量因素，卖方因没有达到合同标准被判定构成根本违约。再如，深圳国际仲裁院 2013 年 12 月 27 日审理的意大利卖方与中国买方设备纠纷案②中，卖方接受了买方提供的图纸，承诺制造买方所需特定货物（制造洗衣机外壳的设备），但卖方没有制造出适用于其目的的货物，也没有履行其在最后测试中调整和维修设备的承诺，仲裁庭最终认定卖方构成根本违约。又如，中国广东省高级人民法院 2020 年 12 月 26 日审理的中国卖方与美国买方女鞋纠纷案③中，由于卖方提供的女鞋大部分存在质量问题，缺乏商业价值，无法向第三方销售，买方完全无法获取合同正常履行情况下所能带来的商业利益，且无法采取其他补救措施，因此法院认定卖方的行为构成根本违约。

规格要求如 CIETAC 1991 年 10 月 30 日审理的美国卖方与中国买方卷铝和铝制零件纠纷案④中，当事人就卷铝厚度明确约定为 0.0125 ± 0.0001 英尺，而卖方交付的卷铝厚度为 0.0118 英尺；再如，西班牙巴塞罗那省法院 2004 年 4 月 28 日审理的西班牙卖方与葡萄牙买方金属井盖纠纷案⑤中，当事人在产品目录中标明井盖承受的最大强度为 40 吨，专家说可有 ±3 吨的偏差，而卖方交付的井盖强度指数介于 25 吨到 35 吨之间。此类判例较多，规格不符约定的情况下，仲裁庭或法院皆认定卖方构成根本违约。

甚至有些案例中，货物的年份也是重要的因素，如在俄罗斯联邦工商会国

---

① 参见芬兰赫尔辛基上诉法院 1998 年 6 月 30 日裁决，载美国佩斯大学 CISG 数据库官网，https://iicl.law.pace.edu/cisg/case/finland–june–30–1998–hovioikeus–court–appeals–ep–sav–fp–oy–translation–available。

② 参见深圳国际仲裁院 2013 年 12 月 27 日判例摘要，载 UNCITRAL 官网，https://www.uncitral.org/clout/clout/data/chn/clout_case_1982_271213.html。

③ 参见广东省高级人民法院民事判决书，（2018）粤民终 1424 号。

④ 参见 CIETAC 1991 年 10 月 30 日裁决，载美国佩斯大学 CISG 数据库官网，https://iicl.law.pace.edu/cisg/case/china–international–economic–and–trade–arbitration–commission–cietac–prc–22。

⑤ 参见西班牙巴塞罗那省法院 2004 年 4 月 28 日裁决，载美国佩斯大学 CISG 数据库官网，https://iicl.law.pace.edu/cisg/case/spain–audiencias–provinciales–7。

际商事仲裁院2004年12月21日审理的德国卖方与俄罗斯买方汽车纠纷案[①]中，合同约定交付不早于1988年生产的汽车，而卖方却交付了产于1981年的汽车，仲裁庭判定卖方构成根本违约，因年份的差异也会影响到产品的性能。

关于包装要求，一般情况下，包装不符如果不对货物使用或销售造成损失，则不会构成根本违约。如CIETAC 1998年9月25日审理的美国卖方与中国买方保健品纠纷案[②]中，合同约定鱼油应该用宽口径的瓶子装载，且60瓶一箱打包，然而，卖方并未使用宽口径的瓶子，而且一箱中只有24瓶。仲裁庭认为，尽管包装要求不符合同约定，但是没有造成货物损失，因此卖方不构成根本违约。由此可见，对一般包装约定的违反不会构成根本违约，但如果当事人就包装做了特殊约定，且言明这些要求特别重要时，则包装不符仍会构成根本违约。如CIETAC 2003年6月19日审理的精对苯二甲酸案[③]中，仲裁庭认为就货物的性质而言包装要求特别重要，并且卖方不履行包装要求会导致买方无法履行其与客户订立的转售合同，因此卖方不履行包装要求构成根本违约。由此可见，违反合同约定的要求是否构成根本违约，要看违反该要求是否会剥夺买方的合同期待。

其次，如果买方明确表明合同需满足某些要求，若卖方未达到，即便买方接受了部分货物，裁判者通常也会判定卖方构成根本违约，允许买方解除合同。如西班牙马德里省高级法院2007年2月20日审理的西班牙卖方与丹麦买方油橄榄核纠纷案[④]中，合同约定油橄榄核的最大湿度为14%，前两次卖方违约交付了湿度超过合同规格的货物，买方减价接受。但买方之后仍一直强调湿度要求，法院认为，虽然前两次货物被接受，但这并不代表不允许买方反悔，因为卖方的义务才是最重要的，更何况买方在两次交付之后坚持强调湿度标准。鉴于如上解读，法院认为双方已商定了一项基本义务，即不履行该义务将导致合同

---

① 参见俄罗斯联邦工商会国际商事仲裁院2004年12月21日裁决，载美国佩斯大学CISG数据库官网，https：//iicl. law. pace. edu/cisg/case/russian – federation – december – 21 – 2004 – translation – available。

② 参见CIETAC 1998年9月25日裁决，载美国佩斯大学CISG数据库官网，https：//iicl. law. pace. edu/cisg/case/china – september – 25 – 1998 – translation – available。

③ 参见CIETAC 2003年6月19日判例摘要，载UNCITRAL官网，https：//www. uncitral. org/clout/clout/data/chn/clout_case_977_leg – 2545. html。

④ 参见西班牙马德里省高级法院2007年2月20日裁决，载美国佩斯大学CISG数据库官网，https：//iicl. law. pace. edu/cisg/case/spain – february – 20 – 2007 – audiencias – provinciales – court – appeal-sunprojuice – dk – als – v – san。

无效。

综上所述，当事人的合同约定是法院或仲裁庭判断根本违约的重要依据，如对特定产品的约定；对货物质量、规格，甚至特殊案件中对年份、包装等方面的特别约定；在订立合同后对货物某些特殊要求的一再强调等，皆可视为重要的合同条款，对重要合同条款的违反通常会构成根本违约。

2. 不构成根本违约的情形

对于买方主张卖方未履行合同约定而裁判者判定卖方并未构成根本违约的判例，主要存在以下情形。

首先，卖方违反合同约定的行为轻微且得到了买方的认可，此时便不会构成根本违约。例如，在德国奥尔登堡州高等法院1998年9月22日审理的挪威卖方与德国买方生马哈鱼纠纷案①中，卖方未依据合同将货物交至约定的冷藏仓库，而是直接将货物交给了买方的生产商，一家丹麦的公司。法院认为，尽管交货是在合同规定以外的某地发生的，但卖方还是履行了交货义务，这一点无足轻重，因为交货说明中已注明买方是生马哈鱼的接收方。错误的交货地点并没有阻止合同义务的履行，直接将货物交给生产商是不重要的，而且之后这也得到了买方的认可。由此可见，对合同条款的违反会因为买方的认可而免于被认定为根本违约，况且该案中买方的利益并未因交货地点的错误而受到影响。

其次，买方如果在订立合同时并未强调某一事项的重要性，则在发生纠纷后也不得以此为由主张卖方根本违约。例如，中国浙江省杭州市中级人民法院2008年12月24日审理的中国卖方与澳大利亚买方厨具纠纷案②中，买卖双方约定购买塑料盘子，订立合同和履行合同时并未强调塑料盘上印刷图案的质量对塑料盘本身的重要性。然而，买方收到货后却认为盘子印刷的图案存在质量问题，不能用作餐具，没有商业使用价值，因此卖方构成根本违约。法院认为，原告在合同中并未言明该印刷的重要性，合同约定交付的主体是塑料盘，印刷图案只是塑料盘的附属，在塑料盘不存在任何质量问题的情况下，即使印刷图案存在质量问题，也只是一般的质量瑕疵，并未实际剥夺买方的合同期待，除非该印刷质量是特别约定或对货物构成重要影响。由此可见，当事人合同约定

---

① 参见德国奥尔登堡州高等法院1998年9月22日裁决，载美国佩斯大学CISG数据库官网，https：//iicl. law. pace. edu/cisg/case/germany – oberlandesgericht – hamburg – oberlandesgericht – olg – provincial – court – appeal – german – 178。

② 参见浙江省杭州市中级人民法院民事判决书，（2007）杭民三初字第45号。

对根本违约认定具有重要的意义，订立合同时未强调说明的事项，法院一般不会将其作为判断根本违约的依据。

最后，另一类不构成根本违约的判例主要是因买方举证不足所致。买方若认为卖方履行合同约定有瑕疵，根据“谁主张，谁举证”原则，买方需承担举证责任，若举证不充分，则买方必然败诉。如奥地利因斯布鲁克上诉法院1994年7月1日审理的丹麦卖方与奥地利买方鲜花纠纷案[①]中，法院认为，买方未能证明卖方曾保证整个夏天花开不败，未能证明卖方因鲜花不符合合同规定而根本违约，这是买方败诉的重要原因之一。在中国浙江省金华市婺城区人民法院2022年8月22日审理的中国卖方与美国买方口罩纠纷案[②]中，买方并未提供充分证据证明涉案口罩不符合双方合同约定标准，法院认为，卖方并不存在根本违约行为。从对判例的总结中可以发现，合同本身，当事人订立合同以及履行合同过程中来往的信件、传真、邮件、通话记录等均会成为重要的证据材料。从买方败诉的判例中可以发现，对合同约定的样品的举证以及对交付货物的质量检验报告等材料会对裁判者的判断产生重要影响。在一些判例中，[③] 法院或仲裁庭因当事人履行合同时未对样品进行封样，在案件审理时双方提交的样品实物得不到对方认可，故无法确定卖方交付的货物是否与样品相符，如此对买方较为不利。此外，在一些判例中，[④] 如果货物质量检验证明并非由双方当事人共同委托鉴定，或并非由专业机构作出，或者检验程序、检验对象存在疑问，则该质量检验报告通常也不会得到裁判者的认可。

总之，得到了非违约方认可的违约行为，或者是违反订立合同时未强调的事项的行为通常不会被认定为根本违约。同时，如果非违约方对违约方的违约事项举证不足，必然导致非违约方败诉，因此，合同双方在订立合同及履行合同的过程中，应注意对相关证据的保存，同时需注意取得证据的程序规范性。

---

① 参见奥地利因斯布鲁克上诉法院1994年7月1日裁决，载美国佩斯大学CISG数据库官网，https：//iicl. law. pace. edu/cisg/case/austria – july – 1 – 1994 – oberlandesgericht – appellate – court – dansk-blumsterexport – v – frick。

② 参见浙江省金华市婺城区人民法院民事判决书，（2021）浙0702民初3684号。

③ 例如，CIETAC 1995年3月22日审理的中国卖方与捷克买方夹克纠纷案，参见CIETAC 1995年3月22日裁决，载美国佩斯大学CISG数据库官网，https：//iicl. law. pace. edu/cisg/case/china – march-22 – 1995 – translation – available；浙江省杭州市中级人民法院民事判决书，（2007）杭民三初字第45号；浙江省宁波市中级人民法院民事判决书，（2009）浙甬商外初字第276号。

④ 例如，浙江省杭州市中级人民法院2008年12月24日审理的中国卖方与澳大利亚买方厨具纠纷案，参见浙江省杭州市中级人民法院民事判决书，（2007）杭民三初字第45号。

（二）不符合同约定货物占合同整体价值的比例

根据CISG第51条的规定，如果卖方交付的货物中只有一部分符合合同规定，买方可以在卖方不按照合同规定交付货物构成根本违反合同时，宣告整个合同无效。司法实践中，早在1998年，德国著名学者Robert Koch教授就从当时50多个根本违约判例中选取了6个典型判例，得出结论认为：不符合同约定货物若占合同整体价值比例较高时，法院或仲裁庭会判定违约方构成根本违约。① 近年来，更多国家或国际组织的裁判者继续沿用这一方法对违约的严重性进行评估，涉及的国家或国际组织包括ICC、比利时、丹麦、德国、美国、瑞士、西班牙、希腊、意大利、中国等。

首先，展开对可以量化的判例的分析。被判定构成根本违约的判例众多，可通过对不符合同约定货物占合同整体价值的具体数值加以明确。如在CIETAC 1993年审理的中国香港卖方与中国内地买方白纸板废料纸纠纷案②中，符合合同要求的货物只占到了34.96%，即违约率为65.04%，仲裁庭判定卖方构成根本违约；在美国联邦第二巡回上诉法院1995年12月6日审理的美国卖方与意大利买方空调压缩机纠纷案③中，93%的空调压缩机制冷能力差，法院认为冷却电源和压缩机能耗是空调压缩机的重要部件，违约率达93%，有如此缺陷故卖方构成根本违约；在中国上海市杨浦区人民法院2002年11月4日审理的德国卖方与中国买方木材纠纷案④中，卖方交付的木材有2/13掺杂了其他木材，且52%的木材未按约定进行切割，综合换算，合格切割的木材仅占40.62%，违约率为59.38%，法院因此判定卖方构成根本违约；在西班牙图德拉第三初审和调查法

---

① See Robert Koch, *The Concept of Fundamental Breach of Contract under the United Nations Convention on Contracts for the International Sale of Goods* (*CISG*), in Review of the Convention on Contracts for the International Sale of Goods (CISG) 1998, Kluwer Law International, 1999, p. 238 - 241.

② 参见CIETAC 1993年裁决，载美国佩斯大学CISG数据库官网，https://iicl.law.pace.edu/cisg/case/china-1993-translation-available。

③ 参见美国联邦第二巡回上诉法院1995年12月6日裁决，载美国佩斯大学CISG数据库官网，https://iicl.law.pace.edu/cisg/case/united-states-december-6-1995-circuit-court-delchi-carrier-spa-v-rotorex-corp。

④ 参见中国上海市杨浦区人民法院2002年11月4日裁决，载美国佩斯大学CISG数据库官网，https://iicl.law.pace.edu/cisg/case/china-november-4-2002-basic-peoples-court-china-xhang-hai-dongda-import-export-corp-v。

院 2005 年 3 月 29 日审理的德国卖方与西班牙买方砖块打磨机纠纷案①中，专家报告显示，砖块通过打磨机后的破损率为 75% -84%，法院按照该报告认定了机器缺陷的严重程度，违约率超过 75%，卖方构成根本违约；在 CIETAC 2005 年 4 月 7 日审理的新加坡卖方与中国买方轧棉籽屑纠纷案②中，卖方交付的不合约定的货物达到全部货物的 77.4%，同样构成根本违约；在 CIETAC 2005 年 9 月 12 日审理的澳大利亚卖方与中国买方液压地质设备纠纷案③中，液压马达严重损坏，9 个活塞有 5 个被卡住，违约率相当于 55.56%，仲裁庭认为卖方构成根本违约；在意大利弗利地区法院 2008 年 12 月 9 日审理的意大利卖方与斯洛文尼亚买方鞋样纠纷案④中，卖方以令买方满意的方式交付的货物仅占 1/10，违约率高达 90%，因此构成根本违约；在瑞士联邦最高法院 2009 年 5 月 18 日审理的瑞士卖方与西班牙买方打包机纠纷案⑤中，合同约定打包机每分钟打包 180 瓶，但实际的平均速度是每分钟打包 52 瓶，最多时也仅有 115 瓶。按照平均值来算，买方因此受损达 71%，即使按照最高速度来看，也与承诺相差了 40%，法院认为货物严重不符，加之无法转售，卖方构成根本违约。从上述判例中可见，违约率最低的是 55.56%，一般情况下，裁判者通过对违约率的考量，会倾向于将超过一半违约率的瑕疵履行判定为根本违约。

有些判例中，违约率低于 50% 卖方也会构成根本违约，但通常会伴随其他的违约情形，2007 年 10 月 25 日斯洛伐克日利纳市地区法院审理的捷克卖方与斯洛伐克买方女式弹力塑身衣纠纷案⑥就印证了这一点。该案有 40% 的货物存在质量瑕疵，加之卖方迟延交货两个月，导致买方无法转售货物，法院最终判定卖方构成根本违约。此外，德国慕尼黑地方法院 2005 年 11 月 29 日审理的西

---

① 参见西班牙图德拉第三初审和调查法院 2005 年 3 月 29 日裁决，载美国佩斯大学 CISG 数据库官网，https：//iicl. law. pace. edu/cisg/case/spain – juzgado – de – primera – instancia – 2。

② 参见 CIETAC 2005 年 4 月 7 日裁决，载美国佩斯大学 CISG 数据库官网，https：//iicl. law. pace. edu/cisg/case/china – april – 7 – 2005 – translation – available。

③ 参见 CIETAC 2005 年 9 月 12 日裁决，载美国佩斯大学 CISG 数据库官网，https：//iicl. law. pace. edu/cisg/case/china – september – 12 – 2005 – translation – available。

④ 参见意大利弗利地区法院 2008 年 12 月 9 日判例摘要，载 UNCITRAL 官网，https：//www. uncitral. org/clout/clout/data/ita/clout_case_867_leg – 2592. html。

⑤ 参见瑞士联邦最高法院 2009 年 5 月 18 日裁决，载美国佩斯大学 CISG 数据库官网，https：//iicl. law. pace. edu/cisg/case/switzerland – may – 18 – 2009 – bundesgericht – federal – supreme – court – translation – available。

⑥ 参见斯洛伐克日利纳市地区法院 2007 年 10 月 25 日裁决，载美国佩斯大学 CISG 数据库官网，https：//iicl. law. pace. edu/cisg/case/slovak – republic – regional – court – banska – bystrica – 16。

班牙卖方与德国买方冷冻蔬菜纠纷案①中，蔬菜有超过36%的叶子破碎，该缺陷不能在合理时间通过合理方式被修复，且买方的顾客无法再进行加工，法院认为，这与一个以较低价格转售的例子不同，该案无法合理要求买方以较低价格转售，卖方货物不符构成根本违约。由此可见，40%甚至36%的违约率，辅之以迟延交货、不可转售等情形，也会被认定为根本违约。

在不构成根本违约的判例中，如在希腊雅典初审法院2009年审理的中国卖方与希腊买方拖把纠纷案②中，合同约定交付22000个拖把，其中7680个拖把存在质量瑕疵，违约率相当于34.91%，然而，由于买方要求继续履行，法院综合考量后认为卖方不构成根本违约。

从上述对各国可量化判例的判决来看，构成根本违约的判例中，超过90%的判例违约率在50%以上，违约率低的可以为40%甚至36%，而不构成根本违约的判例表明，34.91%的违约率加之买方要求继续履行不足以认定卖方为根本违约。由此可见，超过一半的货物与合同约定不符时，各国法院或仲裁庭会倾向于认定卖方构成根本违约，甚至有时经过综合考虑，这一比例可以低至不足40%，当然，这需要结合具体案情来综合判断，违约率会是裁判者考虑的一个重要因素，而违约率越高，认定为根本违约的可能性越大。

其次，从不可量化的判例来看，法院或仲裁庭也会通过衡量违约部分对整个合同所起的作用判断违约方是否构成根本违约。例如，1994年ICC审理的中国卖方与奥地利买方脚手架纠纷案③中，货物的一个重要部件不符合同规定会使卖方构成根本违约。在奥地利最高法院2005年6月21日审理的德国卖方与奥地利买方软件纠纷案④中，卖方提供的软件缺少在奥地利使用该软件需要的一种特殊的模块，奥地利最高法院讨论了缺少该模块是否应视为CISG第25条规定的

① 参见德国慕尼黑地方法院2005年11月29日裁决，载美国佩斯大学CISG数据库官网，https://iicl.law.pace.edu/cisg/case/germany-lg-aachen-lg-landgericht-district-court-german-case-citations-do-not-identify-155。

② 参见希腊雅典初审法院2009年裁决，载美国佩斯大学CISG数据库官网，https://iicl.law.pace.edu/cisg/case/greece-single-member-court-first-instance-athens-monomeles-protodikio-athinon-1。

③ 参见ICC 1994年裁决，载美国佩斯大学CISG数据库官网，https://iicl.law.pace.edu/cisg/case/case-report-does-not-identify-parties-proceedings-2。

④ 参见奥地利最高法院2005年6月21日裁决，载美国佩斯大学CISG数据库官网，https://iicl.law.pace.edu/cisg/case/austria-june-21-2005-oberster-gerichtshof-supreme-court-austrian-case-citations-do-not。

根本违约的问题，认为问题的关键是看所缺少的模块对其他软件组成部分的可用性的影响。在2005年9月14日比利时哈瑟尔特商事法院审理的比利时卖方与荷兰买方印刷品纠纷案①中，法院认为对货物的相符性要做合理的判断，印刷品中存在的细微的色差和一些小线条不足以构成根本违约。由此可见，违约部分在合同整体中的重要性越高，裁判者越倾向于认为这样的违约会构成根本违约。

总体来看，通常情况下，如果不符合同约定货物占合同整体价值的比例较高，或者违约部分对整个合同的实现起到关键作用，则裁判者会倾向于判定违约方构成根本违约；如果不符合同约定货物所占比例较低，或者仅仅是一些细微的瑕疵，则违约方通常不会被判定为根本违约。当然，违约比率是裁判者可以参考的判断根本违约的因素之一，在司法实践中，尤其在违约率较低时，裁判者会综合全案情况做出最终的判断。

（三）不符合同约定货物的可用性

通过判断不符合同约定货物是否具有可用性来判定违约方是否构成根本违约，也是法院及仲裁庭常用的标准之一。就不同的货物而言，其可用性的标准略有不同，自用性货物可以判断其使用价值，而非自用性货物可以判断其是否可以转售。以下就两种情形分别加以探讨。

1. 根据瑕疵货物是否可以使用进行判断

根据货物性质，对于生产性、自用性货物，常见的如机器设备等，如果法院或仲裁庭判定卖方构成根本违约，则通常情况下是因为该缺陷货物没有使用价值、无法运转用于生产。意大利、瑞士、中国等多个国家的法院对此作出了一致的判决。如在意大利布斯托阿西齐奥地区法院2001年12月13日审理的意大利卖方与厄瓜多尔买方机械设备纠纷案②中，法院认为卖方交付的机器型号和性质完全不符合同约定，无法运转，卖方构成根本违约；瑞士瓦莱州法院2005

---

① 参见比利时哈瑟尔特商事法院2005年9月14日裁决，载美国佩斯大学CISG数据库官网，https：//iicl. law. pace. edu/cisg/case/belgium – september – 14 – 2005 – rechtbank – van – koophandel – district – court – drukkerij – baillien – en。

② 参见意大利布斯托阿西齐奥地区法院2001年12月13日裁决，载美国佩斯大学CISG数据库官网，https：//iicl. law. pace. edu/cisg/case/italy – december – 13 – 2001 – tribunale – district – court – translation – available。

年2月21日审理的德国卖方与瑞士买方数控机床纠纷案[①]中，法院认为机器不能发挥作用且永远不能运转构成根本违约；中国浙江省杭州市中级人民法院2016年2月1日审理的韩国卖方与中国买方继电器接线端子技术和设备纠纷案[②]中，法院认为，卖方提供的设备不能按照合同约定正常运转和投入使用，不能实现经济效益，以致买方订立买卖合同的目的无法实现，卖方的行为构成根本违约。由此可见，货物完全不可用会直接导致卖方被认定为根本违约。

货物完全不能运行致卖方构成根本违约的判例比较容易判断，存在争议的是货物只能够部分使用的判例。有少数法院认为，即使机器可以运转，但是未达到合同约定的效果，或者只有部分达到约定效果，卖方也会构成根本违约。未达到合同约定效果的判例如西班牙巴塞罗那省法院2012年3月8日审理的意大利卖方与西班牙买方生物反应器纠纷案，[③] 法院指出缺陷的原因是设计问题，两台生物反应器机组没有成功通过空转测试，虽然能在工厂运行但没有达到预定收效，由此卖方构成根本违约。部分达到约定效果但被认定为根本违约的判例如德国海尔布隆地区法院1997年9月15日审理的德国卖方与意大利买方镀膜机纠纷案，[④] 该案中镀膜机无法完成一道工序中的四面镀膜覆盖，但是可以三面覆盖，而且买方使用三面覆盖工序进行了生产。然而，法院认为，由于机器的缺陷，买方在此种情况下仍有权根据CISG第49条宣告合同无效。这两个法院关注的是合同约定的效果是否达成，因为没有完全达成，所以卖方构成根本违约。在更多的判例中，裁判者对可用性的判断更为宽松，只要货物可以使用，一般不会构成根本违约。德国、奥地利、意大利、瑞士、法国、中国等多个国家的法院或仲裁庭的判例支持这一观点。例如，德国杜塞尔多夫高等地方法院在2004年1月23日审理的德国卖方与荷兰买方不锈钢板纠纷案[⑤]中就认为，只

---

① 参见瑞士瓦莱州法院2005年2月21日裁决，载美国佩斯大学CISG数据库官网，https://iicl.law.pace.edu/cisg/case/switzerland-tribunal-cantonal-appellate-court-du-jura-19。

② 参见浙江省杭州市中级人民法院民事判决书，(2015)浙杭商外初字第62号。

③ 参见西班牙巴塞罗那省法院2012年3月8日裁决，载美国佩斯大学CISG数据库官网，https://iicl.law.pace.edu/cisg/case/spain-march-8-2012-audiencias-provinciales-court-appeal-asws-italian-srl-v-ute-ecopark。

④ 参见德国海尔布隆地区法院1997年9月15日裁决，载美国佩斯大学CISG数据库官网，https://iicl.law.pace.edu/cisg/case/germany-lg-aachen-lg-landgericht-district-court-german-case-citations-do-not-identify-106。

⑤ 参见德国杜塞尔多夫高等地方法院2004年1月23日裁决，载美国佩斯大学CISG数据库官网，https://iicl.law.pace.edu/cisg/case/germany-oberlandesgericht-hamburg-oberlandesgericht-olg-provincial-court-appeal-german-137。

有在货物对买方或最终消费者完全没有用时卖方才构成根本违约，该案中最终用户认为货物可用，而且实际使用了货物，只要求小部分的赔偿，因而卖方不构成根本违约。其他的法院或仲裁庭也指出，产品无法正常使用但在某种程度上可以运行并且买方因使用产品获利，[①] 或者在减价或损害赔偿的情况下可以有限度地使用缺陷产品，[②] 则瑕疵履行不构成根本违约。

此外，还有一种情况裁判者也采取了谨慎态度认定根本违约，即在货物不符合进口国标准时，卖方如果事先不知道买方的国家标准，而货物本身具有使用价值，则一般情况下不会被判定为根本违约。一些国家的最高法院曾就此问题进行过专门探讨。如德国联邦最高法院在 1995 年 3 月 8 日审理的瑞士卖方与德国买方淡菜（新西兰贻贝）案[③]中就指出，卖方提供的淡菜镉含量不符合买方国家标准，然而，法院认为，买方国家关于镉含量在鱼类中的标准不是法定标准，而是政府指导标准，即使超标 100%，仍然可以销售和食用，因为淡菜不是基本食物，本身销量不大，故该案卖方不构成违约，更不构成根本违约。此外，法院提出，卖方不得在下列三种情况下宣称其不必知道和遵守买方的国家标准：（1）两个国家的标准完全相同；（2）在订立合同之前或之时，买方向卖方通报了这些标准；（3）由于特殊情况，卖方知道或本应知道这些标准。[④] 在后来的几起案件中，法院遵从了该案确立的这一规则。如在德国埃尔旺根地区法院 1995 年 8 月 21 日审理的西班牙卖方与德国买方辣椒粉纠纷案[⑤]中，卖方在订立合同时已经知道了进口国标准，辣椒粉因违反此标准不适合在进口国销售

---

① 如意大利米兰国内国际仲裁院 2007 年 7 月 30 日审理的意大利卖方与乌克兰买方机器纠纷案，参见意大利米兰国内国际仲裁院 2007 年 7 月 30 日裁决，载美国佩斯大学 CISG 数据库数据库官网，https：//iicl. law. pace. edu/cisg/case/italy – july – 30 – 2007 – machinery – arbitration – case。

② 如瑞士楚格地方法院 2007 年 8 月 30 日审理的法国卖方与瑞士买方移动通信系统模块纠纷案，参见瑞士楚格地方法院 2007 年 8 月 30 日裁决，载美国佩斯大学 CISG 数据库官网，https：//iicl. law. pace. edu/cisg/case/switzerland – bg – arbon – bg – bezirksgericht – district – court – 30。

③ 该案英文名称表述为 New Zealand mussels case，直译为新西兰贻贝案，贻贝的干制品被称为淡菜。参见德国联邦最高法院 1995 年 3 月 8 日裁决，载美国佩斯大学 CISG 数据库官网，https：//iicl. law. pace. edu/cisg/case/germany – bger – bundesgerichtshof – federal – supreme – court – german – case – citations – do – not – ident – 31。

④ 参见联合国：《贸易法委员会关于〈联合国国际货物销售合同公约〉判例法摘要汇编（2016 年版）》，载联合国国际贸易法委员会官网，https：//uncitral. un. org/sites/uncitral. un. org/files/media – documents/uncitral/zh/cisg_ digest_2016_ c. pdf。

⑤ 参见德国埃尔旺根地区法院 1995 年 8 月 21 日裁决，载美国佩斯大学 CISG 数据库官网，https：//iicl. law. pace. edu/cisg/case/germany – lg – aachen – lg – landgericht – district – court – german – case – citations – do – not – identify – 57。

的情形符合上述第（2）种情况，因而法院判定卖方构成根本违约。在美国路易斯安那州联邦地方法院 1999 年 5 月 17 日审理的意大利卖方与美国买方乳腺 X 射线摄影设备纠纷案[①]中，卖方在买方国家有专门的出口业务或分支机构，因而其违反进口国标准的行为符合上述第（3）种情形，法院因此判定卖方构成根本违约。此外，奥地利最高法院的观点更加明确了这一判断，其在 2006 年 1 月 25 日审理奥地利卖方与塞尔维亚买方冷冻猪肝纠纷案[②]时确认，依据惯常的法理，应当根据卖方国家的标准来评估货物是否适用于同一规格货物通常的使用目的。如果需要的话，应当由买方来考虑将其本国的规定和标准列入具体合同。

此外，买方国家的强制标准与行业标准，一般会被认为属于卖方应当知道并应执行的标准。中国法院审理的几个判例就体现了这一点，如广东省深圳市前海合作区人民法院 2018 年 11 月 24 日审理的中国卖方与匈牙利买方圣诞灯串案[③]，该案中，买方订立合同的目的是向卖方购买圣诞灯串，通过在本国市场进行差价销售，获得利润，但因卖方交付的圣诞灯串不符合欧盟 CE 安全标准，当地市政府禁止销售且要求召回，买方已经不能通过差价销售的方式获取利润，法院认为，买方订立合同的目的已经落空，期待的利润已被实际剥夺，因而卖方行为构成根本违约。类似案例如上海市闵行区人民法院 2023 年 5 月 19 日审理的中国卖方与比利时买方口罩纠纷案[④]，该案中，法院认为，卖方所提供的 CE 认证系无效的认证，应视为未履行相应的合同义务，其行为将导致买方无法将所涉口罩在比利时市场正常流通，买方合同目的无法实现，因此卖方构成根本违约。上述两则案例中涉及的 CE 认证属于欧盟的强制标准，符合上述第（3）种情形中的"卖方本应知道该项标准"，因此不符合该标准会被认定为构成根本违约。此外，在广东自由贸易区南沙片区人民法院 2022 年 12 月 12 日审理的中国卖方与美国买方口罩纠纷案[⑤]中，卖方提供的口罩不符合 KN95 口罩标准所要求的性能，并且在过滤性能方面存在显著差异。美国政府认为这些口罩不可接

---

① 参见美国路易斯安那州联邦地方法院 1999 年 5 月 17 日裁决，载美国佩斯大学 CISG 数据库官网，https：//iicl. law. pace. edu/cisg/case/united – states – may – 17 – 1999 – district – court – medical – marketing – international – inc – v。

② 参见奥地利最高法院 2006 年 1 月 25 日裁决，载美国佩斯大学 CISG 数据库官网，https：//iicl. law. pace. edu/cisg/case/austria – ogh – oberster – gerichtshof – supreme – court – austrian – case – citations – do – not – generally – 6。

③ 参见广东省深圳市前海合作区人民法院民事判决书，（2017）粤 0391 民初 2264 号。

④ 参见上海市闵行区人民法院民事判决书，（2022）沪 0112 民初 27976 号。

⑤ 参见广东自由贸易区南沙片区人民法院民事判决书，（2021）粤 0191 民初 1350 号。

受，因此拒收货物，卖方行为被法院认定为根本违约。由此可见，众所周知的行业标准也属于卖方本应知道的标准，卖方不执行该标准会构成根本违约。因此，总结各国判例可知，就货物未遵守进口国国家标准的问题，如果双方对此没有约定，卖方又无从了解买方的国家标准，只要货物本身有使用价值，则此种瑕疵不会被认定为根本违约。但如果该标准为众所周知的行业标准或进口国的强制标准，则一般会认为卖方本应知道该项标准，卖方提供的货物若不符合此类标准，则会导致货物无法进入进口国市场，因此卖方会被认定为构成根本违约。

总之，对于生产性、自用性货物是否具有使用价值的判断，一般情况下，货物完全无法使用必然会构成根本违约，对于可以部分使用的货物，少数国家的法院认为货物可以运转但未达到约定效果也会构成根本违约，然而，大部分国家的裁判者认为，若货物可以有限度地使用，卖方一般不构成根本违约。此外，对于货物需遵守的国家标准，若无约定，则应该依据卖方国家标准来评估货物的可用性，只有在特殊情况下才会考虑买方的国家标准。在卖方不知情的情况下，货物不符买方国家标准不会构成根本违约。因此，可以认为，在对瑕疵货物可用性的判断中，严格限制根本违约的构成仍然是大部分国家遵从的判定标准。

2. 根据瑕疵货物是否可以转售进行判断

从货物购买的目的来看，对于非自用、可以再次销售的货物，其瑕疵是否构成根本违约可以根据其是否可转售加以判断。当然，可转售性是相对于买方来讲的，有评论认为，作为生产者或最终购买者，因其不会参与到货物的再交易环节，因而可转售性标准不可作为判断生产者或最终购买者根本违约的标准。[①] 多个国家如德国、瑞士、斯洛伐克、斯洛文尼亚、希腊、意大利、中国等国家的判例皆认为如果货物无法转售，则卖方会构成根本违约，具体可以有以下一些类型。

第一，在有些判例中，瑕疵货物因质量问题直接被买方国家禁止进口。例如，德国法兰克福地区法院2005年4月11日审理的德国卖方与乌干达买方二手鞋纠纷案[②]中，货物与合同约定不符，质量低劣不卫生，乌干达国家标准局因此拒

---

① 参见美国佩斯大学 CISG 数据库官网，https：//iicl. law. pace. edu/cisg/case/switzerland – may – 18 – 2009 – bundesgericht – federal – supreme – court – translation – available。

② 参见德国法兰克福地区法院 2005 年 4 月 11 日裁决，载美国佩斯大学 CISG 数据库官网，https：//iicl. law. pace. edu/cisg/case/germany – april – 11 – 2005 – landgericht – regional – court – german – case – citations – do – not – identify。

发进口许可证，法院认为卖方存在根本违约的情形。中国类似的判例如 CIETAC 2008 年 4 月 18 日审理的瑞典卖方与中国买方 PTA 粉末（废品）纠纷案①中，货物在颜色和湿度上均与约定不符，且被进口国归类为废料，禁止进口，仲裁庭据此认为卖方构成根本违约。

第二，大部分的判例中并非货物无法进入进口国，而是买方无法在市场上销售或转卖该货物。这类判例②有的是因为货物质量差，与合同约定严重不符，正如意大利福贾法院 2013 年 6 月 21 日审理的葡萄酒纠纷案的判决所指出，买方试图低价转售产品，但以失败告终，无法在市场上出售证明产品不适于其商定用途，卖方从根本上违背了其合同义务；还有的是因为产品无法配套销售而被判定构成根本违约，如斯洛文尼亚卢布尔雅那高等法院 2005 年 12 月 14 日审理的斯洛文尼亚卖方与德国买方门和门框纠纷案，③ 该案中，卖方交付了 22 扇门和 174 副门框，根据交付的货物，买方无法将不成套的货物转售，因而买方的合同期待被剥夺，卖方构成根本违约。总之，该类判例是因交付的货物质量、规格等不符合同约定，导致货物无法转售而构成根本违约。

此外，还有一类判例中的货物无法转售是因为卖方添加了不符合同约定的物质，从而导致货物无法销售，此类货物一般涉及食品或饮品。如德国特利尔地区法院 1995 年 10 月 12 日审理的意大利卖方与德国买方葡萄酒纠纷案④中，

---

① 参见 CIETAC 2008 年 4 月 18 日裁决，载美国佩斯大学 CISG 数据库官网，https：//iicl. law. pace. edu/cisg/case/china – april – 18 – 2008 – translation – available。

② 例如，德国柏林地区法院 1994 年 9 月 15 日审理的意大利卖方与德国买方鞋纠纷案，参见德国柏林地区法院 1994 年 9 月 15 日裁决，载美国佩斯大学 CISG 数据库官网，https：//iicl. law. pace. edu/cisg/case/germany – lg – aachen – lg – landgericht – district – court – german – case – citations – do – not – identify – 21；希腊萨罗尼基初审法院 2003 年审理的法国卖方与希腊买方减震器纠纷案，参见希腊萨罗尼基初审法院 2003 年裁决，载美国佩斯大学 CISG 数据库官网，https：//iicl. law. pace. edu/cisg/case/greece – single – member – court – first – instance – athens – monomeles – protodikio – athinon – 3；斯洛伐克日利纳市地区法院 2007 年 6 月 27 日审理的捷克卖方与斯洛伐克买方服装案，参见斯洛伐克日利纳市地区法院 2007 年 6 月 27 日裁决，载美国佩斯大学 CISG 数据库官网，https：//iicl. law. pace. edu/cisg/case/slovak – republic – june – 27 – 2007 – najvyssi – sud – slovenskej – republiky – supreme – court – translation；意大利福贾法院 2013 年 6 月 21 日审理的葡萄酒纠纷案，参见意大利福贾法院 2013 年 6 月 21 日判例摘要，载 UNCITRAL 官网，https：//www. uncitral. org/clout/clout/data/ita/clout_case_1455_le g – 3227. html，等等。

③ 参见斯洛文尼亚卢布尔雅那高等法院 2005 年 12 月 14 日裁决，载美国佩斯大学 CISG 数据库官网，https：//iicl. law. pace. edu/cisg/case/slovenia – higher – court – appellate – court – 0。

④ 参见德国特利尔地区法院 1995 年 10 月 12 日裁决，载美国佩斯大学 CISG 数据库官网，https：//iicl. law. pace. edu/cisg/case/germany – lg – aachen – lg – landgericht – district – court – german – case – citations – do – not – identify – 198。

卖方提供的葡萄酒无法销售是因为酒中掺杂了9%的水；法国最高法院1996年1月23日审理的意大利卖方与法国买方葡萄酒纠纷案①中，卖方提供的葡萄酒因为违反合同加糖而不能销售；荷兰海牙上诉法院2003年4月24日审理的荷兰卖方与比利时、莫桑比克买方小麦面粉纠纷案②中，卖方违反合同约定添加非法物质，同时违反了卖方国家与买方国家的标准。尽管后两起案件在初审时被法院认定为不构成根本违约，但最终三起案件的法院皆认为添加物质至违反合同约定，甚至违反了买卖双方的国家标准，进而导致货物无法再次销售，这种不符合同约定的行为会构成根本违约。当然，如果此种添加不是故意为之，而是因意外造成，且污染程度很低，法院不认为卖方会构成根本违约，如西班牙穆尔西亚省法院2012年5月25日审理的西班牙卖方与荷兰买方辣椒粉纠纷案③中，辣椒粉含有低含量的色素，然而，由于色素不是卖方故意添加，而是因工作环境或者加工辣椒的机器受到意外污染造成的，法院认为在污染程度非常低的情况下，卖方不必退回或销毁这些货物。

第三，在一些判例中，货物即使已经被转售，但由于质量问题严重影响了买方口碑，客户不会再从买方处购买此商品，此时卖方也会被认定构成根本违约。如德国科布伦茨高等地方法院2007年11月21日审理的意大利卖方与德国买方靴子纠纷案④中，卖方交付的靴子质量很差，以致买方的消费者抱怨连连，有统计的投诉已经多达36次，买方无法期待其能够卖出更多的该批靴子，法院据此判定卖方构成根本违约。

由此可见，货物因质量瑕疵被禁止进口，或者虽然允许进口但买方无法在市场上销售，包括在货物中添加了不符合同约定的物质导致的无法销售，或者虽然可以销售，但转售后严重影响买方声誉及未来销售时，此类瑕疵履行通常

---

① 参见法国最高法院1996年1月23日裁决，载美国佩斯大学CISG数据库官网，https：//iicl. law. pace. edu/cisg/case/france – cour – de – cassation – supreme – court – soci% C3% A9t% C3% A9 – sacovinim – marrazza – v – st% C3% A9 – les – fils – de – henri。

② 参见荷兰海牙上诉法院2003年4月24日裁决，载美国佩斯大学CISG数据库官网，https：//iicl. law. pace. edu/cisg/case/netherlands – april – 24 – 2003 – gerechtshof – appellate – court – rynpoort – trading – transport – nv – et – al。

③ 参见西班牙穆尔西亚省法院2012年5月25日裁决，载美国佩斯大学CISG数据库官网，https：//iicl. law. pace. edu/cisg/case/spain – may – 25 – 2012 – audiencias – provinciales – court – appeal – international – flavors – international。

④ 参见德国科布伦茨高等地方法院2007年11月21日裁决，载美国佩斯大学CISG数据库官网，https：//iicl. law. pace. edu/cisg/case/germany – oberlandesgericht – hamburg – oberlandesgericht – olg – provincial – court – appeal – german – 77。

情况下皆会被认定为构成根本违约。

与上述情形相对，如果瑕疵货物可以转售，有时甚至是减价销售，一般情况下各国裁判者不会认定卖方构成根本违约，甚至一些国家的最高法院皆在典型判例中提出了此观点。如瑞士最高法院在 1998 年 10 月 28 日审理的德国卖方与瑞士买方冻肉纠纷案①中提出，CISG 运作所依据的原则是，只有在异常情况下方可宣告合同无效，而且宣告合同无效的权利是买方的最严厉的补救办法。是否有理由采取此种补救办法，需在考虑到某一特定案例的全部有关情节的情况下予以确定。这些因素包括：买方是否有另行加工货物的能力，是否有按较低价格出售货物的能力。由此可见，瑞士最高法院对根本违约判定所持的谨慎态度。此外，我国最高人民法院审理的一起指导性案例也提及了相同的观点，即 2014 年 6 月 30 日审理的德国卖方与中国买方石油焦纠纷案，② 该案中卖方交付的石油焦哈氏可磨性指数（HGI）为 32，低于合同约定的 36－46 的指数要求，一审江苏省高级人民法院认为交货与约定不符导致该货物在中国境内无法正常销售，卖方构成根本违约。最高人民法院认为，专家证人没有否认 HGI 指数为 32 的石油焦可以使用，只是认为其用途有限，因此可以认定货物虽与合同约定不符，但仍然具有使用价值，且买方为减少损失，经过积极努力将案涉石油焦予以转售，且“未低于市场合理价格”。最高人民法院综合考量其他国家裁判对根本违约条款的理解认为，买方在不存在不合理的麻烦的情况下，能使用货物或转售货物，甚至降价销售，质量不符即能构成非根本违约。此后，受该案影响，中国浙江省杭州市中级人民法院 2016 年 4 月 6 日在审理中国卖方与美国买方透明热熔胶棒纠纷案③时表达了相同观点。此类案件日益增多，如在 2017 年 2 月 17 日由上海市浦东新区人民法院审理的美国卖方与中国买方玉米酒糟粕纠纷案④中，卖方交付的货物为转基因产品，违反了进口国中国的法律规定，但该产品后被低价转卖，法院并未认定卖方行为构成根本违约，最终判定卖方赔偿买方转卖差价及利息损失。由此可见，对于可转售的货物，即使是低价转售，一般也不会认定卖方构成根本违约。

---

① 参见瑞士最高法院 1998 年 10 月 28 日裁决，载美国佩斯大学 CISG 数据库官网，https://iicl. law. pace. edu/cisg/case/switzerland－october－28－1998－bundesgericht－federal－supreme－court－ek－l－und－v－f－translation。

② 参见最高人民法院民事判决书，（2013）民四终字第 35 号。

③ 参见浙江省杭州市中级人民法院民事判决书，（2014）浙杭商外初字第 41 号。

④ 参见上海市浦东新区人民法院民事判决书，（2015）浦民二（商）初字第 S4740 号。

综上可见，考察瑕疵货物能否转售，是法院或仲裁庭判断根本违约构成的一个常用标准。不可转售的货物卖方通常会被判定为构成根本违约，而在不存在不合理麻烦的情况下，可以转售货物，甚至降价销售，则卖方不会被认为是根本违约。这一标准近年来在各国法院或仲裁庭已经基本达成了共识，甚至得到一些国家最高法院的认可，由此可见诸多国家对根本违约构成认定日趋严谨的态度。

（四）不符合同约定货物的可补救性

上一个问题中是从货物自身价值出发对可用性进行的判断，货物自身可用或可转售，也就代表着其存在使用价值，因而卖方通常不会构成根本违约。本部分涉及的问题是从瑕疵货物是否有补救的可能、卖方能否提供补救措施以及补救措施是否有效出发进行的判断。卖方提供瑕疵货物后进行补救，此种情况下能否构成根本违约也是司法实践中经常遇到的问题，然而，在理论层面，出于对法条的不同理解，学者对此问题存在较大争议。

1. 补救权与合同解除权何者优先的理论争议

关于补救权与合同解除权的关系，CISG 的规定似乎将这一问题复杂化了，其在第 49 条第（1）款（a）项中规定卖方不履行义务等于根本违约时，买方可以宣告合同无效，同时在第 48 条第（1）款规定，在第 49 条的条件下卖方即使在交货日期之后，仍可对任何不履行义务作出补救。学者对第 49 条第（1）款（a）项与第 48 条第（1）款的关系有不同的理解，① 争议主要涉及是根本违约认定优先还是补救优先的问题，如果补救优先，且补救成功，是否还会构成根本违约。诸多学者认为，根据第 48 条第（1）款的字面意思，卖方可以“在第 49 条的条件下”进行补救，此条就表明第 49 条第（1）款（a）项规定的合同解除权是优先于卖方的补救权的。② 此种情况下，要先判定卖方构成根本违约，

---

① See Ingeborg Schwenzer, *Commentary on The UN Convention on The International Sale of Goods* (*CISG*), 5th edition, Oxford University Press, 2022, p. 602.

② See Ziegel, *The Remedial Provisions in the Vienna Sales Convention*: *Some Common Law Prespectives*, in Galston and Smit, eds., International Sales, New York: Matthew Bender 1984, p. 22; Schnyder & Straub, *Art.* 48, *Comment* 29, in Honsell, ed., Kommentar zum UN - Kaufrecht [CISG commentary], Springer International Publishing, 1997; Leonardo Graffi, *Case Law on the Concept of* “*Fundamental Breach*” *in the Vienna Sales Convention*, International Business Law Journal, No. 3, p. 338 - 349 (2003); Williams, *Forecasting the Potential Impact of the Vienna Sales Convention on International Sales Law in the United Kingdom*, CISG Database of Pace University (November 5, 2002), https://iicl. law. pace. edu/cisg/scholarly - writings/forecasting - potential - impact - vienna - sales - convention - international - sales - 1 - 4.

然后卖方可以再进行补救，也即卖方是否补救对根本违约的判定没有影响。然而，有些学者认为，CISG 第 50 条明确规定卖方的补救权是优先于买方的减价权的，由此推断维也纳外交会议上的代表们，其实在买方可采取的救济措施与卖方补救权的关系上是倾向于补救权优先的。[①] 然而，从前文提及的 CISG 立法史来看，英国的修正案中曾提出“如果对他方的赔偿足够弥补损害，违反合同的结果不算使他方蒙受重大损失”。英国的提案也涉及损害如果可以补救，则不必认定为根本违约的问题，尽管其提出的补救措施仅为损害赔偿，然而，大部分的代表对此是持反对意见的。从 CISG 立法史以及其他条款中很难确定立法者的意图到底为何，这也因此在 CISG 根本违约的认定中留下了一个极具争议的问题。

2. 判例对货物可补救性的判断

尽管学者对补救权与合同解除权何者优先争议极大，但司法实践对补救权与根本违约认定问题的处理似乎更趋于一致，以下进行具体分析。

首先，如果瑕疵货物具有可补救性，然而，买方拒绝卖方提供的补救措施，则裁判者通常不会认为卖方构成根本违约。如 ICC 在 1995 年 1 月审理的波兰卖方与新加坡买方软件纠纷案[②]中，仲裁庭适用了法国法和 CISG 进行裁决认为，根据《法国民法典》第 1184 条和 CISG 第 49 条的规定，只有在根本违约时才可以宣告合同无效。仲裁庭根据《法国民法典》第 1184 条第（3）款和 CISG 第 48 条认为买方无权宣告合同无效，因为买方否定了卖方补救缺陷的机会，而卖方提供的证据表明货物缺陷很容易修复而且如此解决成本最低。由此可见，无论是根据《法国民法典》还是 CISG，仲裁庭均认为卖方补救权是优先于合同解除权的，即便卖方没有实际进行补救，只要瑕疵货物具有可补救性，卖方通常不会构成根本违约。此外，如果是买方对货物进行了改造而未经卖方同意，则由此造成了损失买方也无权要求解除合同。如法国南锡上诉法院 2013 年 11 月 6 日审理的法国卖方与荷兰买方拖拉机纠纷案[③]中，买方为客户的特殊用途对拖拉机进行了大量改造，结果因改造失败，买方未转售成功，进而要求解除其与卖

---

① See Robert Koch, *Commentary on Whether the UNIDROIT Principles of International Commercial Contracts May Be Used to Interpret or Supplement Aticle 25 CISG*, Pace Law School Institute of International Commercial Law（Nov., 2004）, https://iicl.law.pace.edu/sites/default/files/cisg_files/koch1.html.

② 参见 ICC 1995 年 1 月裁决，载 UNILEX 数据库官网，https://www.unilex.info/cisg/case/519。

③ 参见法国南锡上诉法院 2013 年 11 月 6 日判例摘要，载 UNCITRAL 官网，https://www.uncitral.org/clout/clout/data/fra/clout_case_1506_061113.html。

方的买卖合同。法院认为买方未能提供证据证明其对拖拉机的改造得到了卖方的批准，或者买方是按照适当做法进行的此种改造，不可转售不构成卖方根本违约的理由，因此驳回了买方的诉求。由此可见，在瑕疵货物可以被修复的情况下，因买方原因如拒绝卖方修复或买方自行进行修复从而导致瑕疵货物不具有使用价值，此时裁判者通常不会判定卖方构成根本违约。

其次，如果卖方在合理时间内用合理方式对瑕疵货物进行了补救，且没有给买方带来不合理的不便时，裁判者通常不会认定卖方的瑕疵履行构成根本违约。从司法实践来看，卖方的补救措施可以是交付替代物或者对瑕疵货物进行修复，以下分别加以分析。

第一，卖方提供交付替代物的救济措施。笔者认为，在此首先需澄清一个问题，即本部分涉及的卖方交付替代物与CISG第46条第（2）款规定的货物不符合同构成根本违约时买方可以要求交付替代物的补救措施有所区别。此处讨论的交付替代物是在认定根本违约是否构成之前卖方主动提出的救济措施，而第46条第（2）款规定的是构成根本违约之后买方要求卖方提供的补救措施。此问题不在本部分讨论之列。关于卖方在瑕疵交货时主动交付替代物的判例，如德国科布伦茨高等地方法院1997年1月31日审理的荷兰卖方与德国买方毛毯纠纷案，[①] 法院认为，判断违反合同是否属于根本违约，不仅应考虑到缺陷的严重性，根据CISG第48条第（1）款还应考虑到违反合同一方是否愿意在不给对方带来不合理的不便的情况下提供替代货物。该案中，即使货物质量有严重缺陷也不能说卖方构成了根本违约，因为卖方愿意提供另外的毯子。在德国科隆高等地方法院2002年10月14日审理的意大利卖方与德国买方服装纠纷案[②]中，法院表达了相同的观点。由此可见，对根本违约的认定，德国在诸多类型的判例中都秉承了其一贯的严格限定的态度，货物有严重瑕疵，但卖方在未给买方造成不便的情况下提供了替代货物，则卖方不会构成根本违约。

第二，卖方对瑕疵货物进行修复。此种类型的判例众多，多个国家如奥地利、德国、法国、荷兰、瑞士、瑞典、中国等国家的法院或仲裁庭普遍认为，

---

① 参见德国科布伦茨高等地方法院1997年1月31日裁决，载美国佩斯大学CISG数据库官网，https://iicl. law. pace. edu/cisg/case/germany - oberlandesgericht - hamburg - oberlandesgericht - olg - provincial - court - appeal - german - 69。

② 参见德国科隆高等地方法院2002年10月14日裁决，载美国佩斯大学CISG数据库官网，https://iicl. law. pace. edu/cisg/case/germany - oberlandesgericht - hamburg - oberlandesgericht - olg - provincial - court - appeal - german - 50。

缺陷易修复不构成根本违约。[①] 有些法院详细阐明了其中原因，如瑞士阿尔高州商事法院在2002年11月5日审理瑞士卖方与德国买方充气凯旋门纠纷案[②]时就认为，即使出现了严重的客观缺陷，CISG也以保全合同为最根本的出发点。只要存在疑点，即使货物有严重瑕疵，也要维系该合同。因为，如果此种严重的缺陷可以通过修理或更换予以移除，则卖方就还有完成合同履行的可能，买方的根本利益的实现最终就不会受到威胁。因此，一种客观存在的根本性缺陷在下列情形下并不意味着构成根本违约，即此种缺陷可以被移除，并且卖方愿意在不给买方造成不合理的耽搁或负担的情况下提供补救。货物无法修复的举证责任应由买方来承担，如在中国最高人民法院2014年4月30日审理的美国买方与中国卖方数控折弯机纠纷案[③]中，买方认为卖方交付的机器存在不可弥补的质量瑕疵，法院认为，卖方是否构成根本违约取决于涉案机器是否存在质量问题且无法维修并导致买方无法实现购买涉案机器的合同目的。法院认为买方已付清全款并接受货物，且在使用期间未提供足够证据证明涉案机器存在无法维修及质量不符合约定的情形，其在原审庭审中也明确承认保险公司在接受投保时确认涉案机器的运转和生产是良好的，卖方两次派员赴美属于正常的售后维修保养及培训，因此不支持买方对涉案机器存在质量问题无法维修的主张。再如，浙江省永康市人民法院2017年10月24日审理的中国卖方与德国买方三脚架纠纷案[④]中，买卖双方在发现质量问题后一直继续履行合同，且买方同意的处理意见中包括修理和减少货款，可见货物可以修理，因此法院认为该案涉及的货物

---

① 例如，法国格勒诺布尔上诉法院1995年4月26日审理的法国卖方与葡萄牙买方仓库纠纷案，参见法国格勒诺布尔上诉法院1995年4月26日裁决，载美国佩斯大学CISG数据库官网，https://iicl. law. pace. edu/cisg/case/france – april – 26 – 1995 – cour – dappel – court – appeals – m – marques – roque – joachim – v – la – sarl – holding；瑞士苏黎世州商业法院1995年4月26日审理的瑞士卖方与德国买方盐水容器纠纷案，参见瑞士苏黎世州商业法院1995年4月26日裁决，载美国佩斯大学CISG数据库官网，https://iicl. law. pace. edu/cisg/case/switzerland – handelsgericht – commercial – court – aargau – 25；德国慕尼黑地方法院2002年2月27日审理的意大利卖方与德国买方球体支架纠纷案，参见德国慕尼黑地方法院2002年2月27日裁决，载美国佩斯大学CISG数据库官网，https://iicl. law. pace. edu/cisg/case/germany – lg – aachen – lg – landgericht – district – court – german – case – citations – do – not – identify – 151。

② 参见瑞士阿尔高州商事法院2002年11月5日裁决，载美国佩斯大学CISG数据库官网，https://iicl. law. pace. edu/cisg/case/switzerland – november – 5 – 2002 – handelsgericht – commercial – cour t – x – gmbh – v – y – ev – translation。

③ 参见中国最高人民法院2014年4月30日判例摘要，载UNCITRAL官网，https://www. uncitral. org/clout/clout/data/chn/clout_case_1775_300414. html。

④ 参见浙江省永康市人民法院民事判决书，(2016) 浙0784民初8678号。

质量问题并未实质剥夺买方的合同期待，因此并未认定卖方行为构成根本违约。在一些案例中，法院还综合考量了其他国家的判例，得出了类似的结论，如在广东省深圳市前海合作区人民法院2019年4月24日审理的中国卖方与美国买方电动平衡车纠纷案①中，卖方交付的平衡车充电器存在质量问题，法院参考了UNCITRAL提供的典型案例，最终认为，充电器是与平衡车可分离的一个零部件，充电器的销毁不会影响其他部件功能的发挥，不会完全剥夺买方根据合同所预期得到的东西。该案中，卖方在充电器被销毁后补寄了充电器给买方，法院认为该补救措施无论是出于对其瑕疵履行行为的补救目的还是与卖方达成其他合意，均可说明瑕疵履行行为的可及时补救性，而交易的完成具有实现买方合同目的的可能性，也符合CISG鼓励交易的精神。由此可见，法院对此类案件的认定标准在趋于一致，我国法院还通过参考他国案例去考量CISG的统一适用问题。

再次，如果此种补救最终并未将缺陷消除，则通常情况下法院会认定卖方构成根本违约。如机器设备存在瑕疵，经卖方修理有时是多次修理后仍不能正常运行，在此种情形下，多个国家如奥地利、德国、俄罗斯、西班牙、中国等国家的法院或仲裁庭甚至有些国家的最高法院如丹麦和瑞士②皆认为可以认定卖

---

① 参见广东省深圳市前海合作区人民法院民事判决书，（2018）粤0391民初2728号。

② 如CIETAC 1994年4月6日审理的美国卖方与中国买方打印机纠纷案，参见CIETAC 1994年4月6日裁决，载美国佩斯大学CISG数据库官网，https：//iicl. law. pace. edu/cisg/case/china – april – 6 – 1994 – translation – available；俄罗斯联邦工商会国际商事仲裁院2004年6月25日审理的乌克兰卖方与俄罗斯买方某生产线纠纷案，参见俄罗斯联邦工商会国际商事仲裁院2004年6月25日裁决，载美国佩斯大学CISG数据库官网，https：//iicl. law. pace. edu/cisg/case/russian – federation – june – 25 – 2004 – translation – available；奥地利林茨上诉法院2006年1月23日审理的奥地利卖方与德国买方汽车纠纷案，参见奥地利林茨上诉法院2006年1月23日裁决，载美国佩斯大学CISG数据库官网，https：//iicl. law. pace. edu/cisg/case/austria – oberlandesgericht – wien – appellate – court – austrian – case – citations – do – not – generally – 5；丹麦最高法院2006年5月3日审理的丹麦卖方与加拿大买方砌块制造机和模具纠纷案，参见丹麦最高法院2006年5月3日裁决，载美国佩斯大学CISG数据库官网，https：//iicl. law. pace. edu/cisg/case/denmark – h% C3% B8jesteret – supreme – court – denmark；德国兰茨贝格下级法院2006年6月21日审理的奥地利卖方与德国买方除尘风机纠纷案，参见德国兰茨贝格下级法院2006年6月21日裁决，载美国佩斯大学CISG数据库官网，https：//iicl. law. pace. edu/cisg/case/germany – june – 21 – 2006 – amtsgericht – local – court – german – case – citations – do – not – identify – parties；西班牙马德里上诉法院2007年3月22日审理的瑞典卖方与西班牙买方机器纠纷案，参见西班牙马德里上诉法院2007年3月22日裁决，载美国佩斯大学CISG数据库官网，https：//iicl. law. pace. edu/cisg/case/spain – march – 22 – 2007 – audiencias – provinciales – court – appeal – lamina – system – ab – v – coelian；瑞士联邦最高法院2009年5月18日审理的瑞士卖方与西班牙买方打包机纠纷案，参见瑞士联邦最高法院2009年5月18日裁决，载美国佩斯大学CISG数据库官网，https：//iicl. law. pace. edu/cisg/case/switzerland – may – 18 – 2009 – bundesgericht – federal – supreme – court – translation – available。

方构成根本违约，因为买方的合同期待被实质剥夺。如瑞士最高法院 2009 年 5 月 18 日审理瑞士卖方与西班牙买方打包机纠纷案①时指出，多次尝试修复缺陷未果表明该缺陷在合理时间内是不可修复的。至于何为合理时间，俄罗斯联邦工商会国际商事仲裁院 2004 年 6 月 25 日在审理乌克兰卖方与俄罗斯买方生产线纠纷案②时分析认为，合同约定生产线应自交付之日起在不超过 6 个月的时间内运转，而专家证人则证明，卖方提供的生产线需要半年至一年半的时间才能运转，且与最初的购买价相比，还需要花费大量的费用才能够保证机器的运转，仲裁庭据此认为，毫无疑问，卖方构成了 CISG 第 25 条规定的根本违约。在 CIETAC 1993 年 7 月 20 日审理的日本卖方与中国买方成型机纠纷案③中，卖方对机器控制系统的缺陷 8 年都没有加以修复，机器无法正常运行，最终仲裁庭判定卖方构成根本违约。由此可见，对合理时间的界定不一定看其实际长短，只要买方未放弃行使其权利，经历较长时间的修复并不代表买方接受了瑕疵货物，如果修复最终未达到买方满意的效果，则卖方仍会构成根本违约。对于究竟何种缺陷可以被视为无法消除的缺陷，在俄罗斯联邦工商会国际商事仲裁院 2005 年 10 月 18 日审理的德国卖方与塞浦路斯买方印刷机纠纷案④中，仲裁庭通过援引《俄罗斯民法典》第 475. 2 条，对涉及 CISG 第 25 条根本违约的“不可移除的缺陷”进行了解释，仲裁庭认为，不可移除的缺陷是指如果不用不成比例的成本或时间就不能移除，或者反复出现，或者移除后新出现的缺陷，卖方交付的货物出现此类缺陷则会构成根本违约。尽管仲裁庭借助了国内法对 CISG 进行解释，但笔者认为该结论本身也是对之前判例的归纳，对未来的司法实践具有一定的指导意义。

最后，如果是缺陷本身根本无法修复，则卖方通常会构成根本违约。如丹麦哥本哈根地方法院 2007 年 10 月 19 日审理的比利时卖方与瑞典买方矮种马纠

---

① 参见瑞士联邦最高法院 2009 年 5 月 18 日裁决，载美国佩斯大学 CISG 数据库官网，https：//iicl. law. pace. edu/cisg/case/switzerland – may – 18 – 2009 – bundesgericht – federal – supreme – court – translation – available。

② 参见俄罗斯联邦工商会国际商事仲裁院 2004 年 6 月 25 日裁决，载美国佩斯大学 CISG 数据库官网，https：//iicl. law. pace. edu/cisg/case/russian – federation – june – 25 – 2004 – translation – available。

③ 参见 CIETAC 1993 年 7 月 20 日裁决，载美国佩斯大学 CISG 数据库官网，https：//iicl. law. pace. edu/cisg/case/china – july – 20 – 1993 – translation – available。

④ 参见俄罗斯联邦工商会国际商事仲裁院 2005 年 10 月 18 日裁决，载美国佩斯大学 CISG 数据库，https：//iicl. law. pace. edu/cisg/case/russian – federation – october – 18 – 2005 – translation – available。

纷案[①]涉及的问题。该案中，买方想让女儿先用该匹矮种马参加骑术障碍赛，之后打算转售该匹马盈利。然而，交货一周后买方发现该马跛脚，经兽医检查发现在马的一个关节软骨上发现了严重且不可治愈的损伤，该损伤是由扭伤或感染等创伤性事件造成的，而从损伤的广泛性来看，创伤性事件必定发生在销售日期前的几个月。据此法院认为，该马在交货时已经遭遇重大损伤，虽然在某种程度上仍然可以使用，但与合同中担保的“非常健康”的条款不符，根据 CISG 第 25 条允许买方废止合同。由此可见，在此案中，马的损伤是不可治愈的，也即缺陷根本无法修复，此种情况下买方参加马术比赛及转售该匹马的合同期待被实质性剥夺，法院判定卖方构成根本违约。

综上可知，如果瑕疵货物本身可以被修复，但由于买方拒绝卖方修复或买方未经卖方允许自行修复造成货物失去使用价值，则法院通常不会认定卖方构成根本违约；同时，如果卖方对货物进行了合理修复而未给买方造成不便，则法院也不会认定卖方构成根本违约；只有在缺陷根本无法修复或者修复该缺陷会造成经济和时间上不合理的损失时，卖方才会构成根本违约。由此可见，司法实践中对货物可补救性的判断较为一致，裁判者较少纠结于 CISG 第 48 条第（1）款与第 49 条第（1）款（a）项的关系问题，从判决结果来看，裁判者倾向于认为补救权是优先于合同解除权以及根本违约构成的，如果瑕疵货物可以补救，则通常情况下卖方不会构成根本违约从而导致合同解除，这与 CISG 追求的保全合同的宗旨是相吻合的。

（五）单据瑕疵

卖方的主要义务除了交付货物，还包括移交一切与货物有关的单据，因此当事人如果提交单据存在瑕疵或者根本没有提交有关单据，是否会构成根本违约也是司法实践中会遇到的问题之一。根据学者的总结，[②] 单据瑕疵可以分为两种情况：一种情况是在买卖合同中附随的各种单据存在瑕疵，如保险单、原产地证明、检验证明、清关证明、使用说明书等；另一种情况是跟单销售中要求

---

① 参见丹麦哥本哈根地方法院 2007 年 10 月 19 日裁决，载美国佩斯大学 CISG 数据库官网，https：//iicl. law. pace. edu/cisg/case/denmark – district – courts – brie – 0。

② See The International Sales Convention Advisory Council（CISG – AC），*The Buyer's Right to Avoid the Contract in case of Non – Conforming Goods or Documents*，CISG Advisory Council Opinion No. 5；Ingeborg Schwenzer，*Commentary on The UN Convention on The International Sale of Goods*（*CISG*），5th edition，Oxford University Press，2022，p. 612 – 617.

卖方交付的物权凭证存在瑕疵，如提单等。两种情况下对单据的要求有所不同，如后者交付物权凭证有时甚至与交货同等重要或者比交货更加重要，因其代表了货物所有权的转移，故对两种情况分别加以论述。

1. 合同附随单据的瑕疵

根据 CISG 第 34 条的规定，如果有约定，则卖方有义务交付与货物有关的单据。卖方提交单据的瑕疵是否会构成根本违约，从司法实践来看，主要还是依据交单不符是否会影响买方的合同期待。从判定构成根本违约的判例来看，在西班牙巴塞罗那省法院 2002 年 2 月 12 日审理的委内瑞拉卖方与西班牙买方货物纠纷案①中，卖方没有按照合同约定办理出口所需单据，尤其是没有提供货物出口所必需的货物原产地证书，法院认为卖方未履行其所承担的主要义务，因而构成根本违约。另外，在乌克兰商会国际商事仲裁庭 2005 年 7 月 5 日审理的瑞士卖方与乌克兰买方医疗设备纠纷案②中，卖方没有及时交付保险单与质量证书，导致无法办理进口清关手续，买方无法收货，加之卖方私自更改了运输方式导致迟延交货，仲裁庭认为卖方构成根本违约。从以上判例中可见，如果卖方交付单据的瑕疵导致买方收取货物这一合同期待被实质剥夺，则裁判者通常会判定卖方构成根本违约。然而，如果单据瑕疵没有实质影响买方合同期待的实现，则卖方一般不会构成根本违约。例如，在德国联邦最高法院 1996 年 4 月 3 日审理的荷兰卖方与德国买方硫酸钴纠纷案③中，按照合同约定，货物原产地应为英国，卖方应提供原产地证书和质量证明。然而，交付的货物是南非所产，卖方原产地证书有误，且货物质量欠佳。但是法院认为，提供错误的原产地证书和质量证明不等于根本违反合同，因为买方可以从其他来源获得正确的单据，而且买方没有表示在德国或其他国家不能出售南非的硫酸钴，因此该货物仍可以转售，没有实质剥夺买方的合同期待。

由此可见，对于合同附随单据的瑕疵，需要判断买方是否会因该种瑕疵而

---

① 参见西班牙巴塞罗那省法院 2002 年 2 月 12 日裁决，载美国佩斯大学 CISG 数据库官网，https：//iicl. law. pace. edu/cisg/case/spain – february – 12 – 2002 – audiencias – provinciales – court – appeal – comercial – san – antonio – sa – v。

② 参见乌克兰商会国际商事仲裁庭 2005 年 7 月 5 日裁决，载美国佩斯大学 CISG 数据库官网，https：//iicl. law. pace. edu/cisg/case/ukraine – july – 5 – 2005 – translation – available。

③ 参见德国联邦最高法院 1996 年 4 月 3 日裁决，载美国佩斯大学 CISG 数据库官网，https：//iicl. law. pace. edu/cisg/case/germany – bger – bundesgerichtshof – federal – supreme – court – german – case-citations – do – not – identi – 5。

无法实现其合同目的，如果其合同期待被剥夺，则卖方提供单据的瑕疵会构成根本违约；反之，则不构成。

2. 跟单销售中的单据瑕疵

严格来讲，对“跟单销售”（documentary sales）一词学界并未有统一的界定。有学者认为，ICC 编纂的 Incoterms 中的贸易术语除 EXW 之外，在其合同条款中都涉及卖方提交提单等单据的义务，由此可见，所有此种类型的合同都可以被认为是跟单销售合同。① 此外，如信用证支付中的跟单信用证以及托收支付中的跟单托收等都可以认为是跟单销售。② 本书以此为基础展开分析，因判例中主要涉及信用证支付，故以跟单信用证纠纷为主要情形进行分析。

然而，无论是依据 Incoterms，还是依据信用证或者托收支付，都会涉及适用国际贸易惯例的情况。有学者认为，如果选择了信用证支付，就意味着默示选择了 UCP 600 中的严格相符原则，因为根据 CISG 第 9 条第（2）款的规定，当事人同意适用国际贸易惯例则惯例会优先适用。③ 因此，在涉及信用证支付的纠纷中，严格相符原则是卖方需要遵守的基本原则。实践中，卖方违反严格相符原则是否会构成根本违约是裁判者时常会遇到的问题。在一些判例中，单证不符会被认为是构成根本违约，如在 CIETAC 1997 年 7 月 7 日审理的美国卖方与中国买方异丁醇纠纷案④中，卖方提交的单据与买方开立的信用证严重不符，比如在原产地证书中货物重量被写成了 95071 吨，而实际重量应为 950712 吨；原产地应为俄罗斯，而原产地证书实际却是由美国开出。开证行因此拒付，单据被退回卖方，此时卖方仍保有货物的所有权，然而，其既没有与买方协商修改支付条款或者重新开立信用证，也没有就交付货物采取任何补救措施，由此导致买方的合同期待被严重剥夺，仲裁庭认为根据 CISG 第 25 条，卖方构成根本违约。而在另外几起案例中，如 CIETAC 1996 年 2 月 15 日审理的奥地利卖方

---

① See The International Sales Convention Advisory Council（CISG – AC）, *The Buyer's Right to Avoid the Contract in case of Non – Conforming Goods or Documents*, CISG Advisory Council Opinion No. 5.

② See Ingeborg Schwenzer, *Commentary on The UN Convention on The International Sale of Goods*（*CISG*）, 5th edition, Oxford University Press, 2022, p. 614.

③ See Maartje Bijl, *Fundamental Breach in Documentary Sales Contracts The Doctrine of Strict Compliance with the Underlying Sales Contract*, European Journal of Commercial Contract Law, No. 1, p. 19 – 28（2009）.

④ 参见 CIETAC 1997 年 7 月 7 日裁决，载美国佩斯大学 CISG 数据库官网，https：//iicl. law. pace. edu/cisg/case/china – july – 7 – 1997 – translation – available。

与中国买方热轧钢盘纠纷案①中，卖方也因单证不符而遭到银行拒付，但经仲裁庭审理发现，单证不符主要是两个方面：一是质量证书中对某一技术指标的标注为“S（CU）：0.05 pctmax”，而信用证和发票上标注的是“CU：0.05 pct-max”；二是发票标明的是毛重而不是净重。然而，仲裁庭认为，“S（CU）：0.05 pctmax”虽然表述不规范，但反映了货物的实际构成，与合同条款相符；毛重和净重在该案中差别不大，这种不同只具有理论意义，在实践中是可以被忽略的。因此，如果买方接受了这些单据，他的利益不会因此而受损。由此可见，这种单证不符是不足以剥夺买方的合同期待的，因此卖方不会被判定构成根本违约。在另一起案件②中，单证不符仅是由于承运人误将提单中的1998年打印成了1999年，仲裁庭认为单证不符的情形并非一定是根本违约，有关的错误显然只是打印错误，买方本应善意行事，接受交货。

由此可见，如果买方因为单证不符，无法实现其合同目的，则通常裁判者会判定卖方构成根本违约。然而，如果仅是可以被忽略的不符，买方并未因此被实质剥夺其合同期待，则卖方不会构成根本违约。

（六）合理时间验货及通知问题的影响

以上五个方面讨论的都是实质方面的货物瑕疵，然而，在程序上，如果货物存在上述各方面的瑕疵，但当事人未按照合同约定或CISG第38条、第39条、第46条的规定在合理时间内检验货物、及时通知卖方，则买方会丧失宣告货物不符合同的权利，这是因瑕疵履行宣告构成根本违约以及解除合同的前提。从司法实践来看，裁判者在买方未在合理时间验货及通知卖方合同不符的情况下，通常会判定买方丧失合同解除权，至于卖方此时是否构成根本违约，裁判者的处理方式略有不同，但通常不会认定卖方构成根本违约。

裁判者的一种处理方法是认为已经没有必要再去判定卖方是否构成根本违约。如德国杜塞尔多夫高等地方法院在1993年3月12日审理的意大利卖方与德

① 参见CIETAC 1996年2月15日裁决，载美国佩斯大学CISG数据库官网，https：//iicl. law. pace. edu/cisg/case/china - february - 15 - 1996 - translation - available。

② 例如，CIETAC1999年6月4日审理的中国卖方与美国买方工业原材料纠纷案，参见CIETAC 1999年6月4日裁决，载美国佩斯大学CISG数据库官网，https：//iicl. law. pace. edu/cisg/case/china - jun e - 4 - 1999 - translation - available。

国买方服装纠纷案[①]中，法院认为卖方是否构成根本违约已不需要判定了，因为买方根据 CISG 第 39 条第（1）款已经丧失了其宣告卖方构成违约的权利。就该案而言，买方在收到货 25 天之后才通知卖方货物存在瑕疵，而据买方自称，织物的瑕疵在整包货中都是显而易见的，因此法院认为 25 天的通知时间并不是一个合理时间，而是有些过长了。因此无须再讨论卖方是否构成根本违约，买方由于怠于检验和通知，已经丧失了宣告合同不符的权利。

此外，更多判例中的裁判者会依据案情以及买方怠于行使权利的事实综合判断，通常会认为买方未能够充分证明卖方构成根本违约，进而无权解除合同。首先，未及时进行验货，即使买方提供了检验证书证明货物存在瑕疵，裁判者一般也不会采信该证据。如 CIETAC 1998 年 1 月 23 日审理的中国内地卖方与中国香港买方芸豆纠纷案[②]中，买方提交的质量检验报告是在其宣称对货物进行检验后 3 个月才出具的，3 个月后的芸豆变色的概率必然会明显增加，以此证明货物存在瑕疵显然缺乏说服力。最终仲裁庭认为买方没有足够的证据证明卖方提供的瑕疵货物构成根本违约。其次，发现瑕疵后不在合理时间通知卖方，从另一个层面也可以说明货物瑕疵可能并不严重。在加拿大马尼托巴上诉法院 2004 年 5 月 4 日审理的加拿大卖方与美国买方加热器纠纷案[③]中，法院通过援引国内判例对此问题进行了分析，法院认为，买方一方面因货物瑕疵想解除合同，另一方面又想从合同中获益，此时他必须毫不迟疑地做出选择，如果他想从中获益，则他就应选择继续履行合同而不能再破坏合同。该案中，买方在交货时就发现了货物瑕疵，但买方并没有及时通知卖方货物存在瑕疵，而是试图修复并使用该货物，这并不会构成合同终止。类似的判例如在中国山东省高级人民法院 2020 年 3 月 25 日审理的韩国卖方与中国买方无轨模具行车纠纷案[④]中，自 2016 年 5 月 6 日买方收到涉案设备，至 2018 年 6 月 14 日买方一审反诉，已经过

---

① 参见德国杜塞尔多夫高等地方法院 1993 年 3 月 12 日裁决，载美国佩斯大学 CISG 数据库官网，https：//iicl. law. pace. edu/cisg/case/germany – oberlandesgericht – hamburg – oberlandesgericht – olg – provincial – court – appeal – german – 151。

② 参见 CIETAC 1998 年 1 月 23 日裁决，载美国佩斯大学 CISG 数据库官网，https：//iicl. law. pace. edu/cisg/case/23 – january – 1998 – china – international – economic – and – trade – arbitration – commission – cietac – prc。

③ 参见加拿大马尼托巴上诉法院 2004 年 5 月 4 日裁决，载美国佩斯大学 CISG 数据库官网，https：//iicl. law. pace. edu/cisg/case/canada – may – 4 – 2004 – court – appeals – kellogg – brown – root – in c – v – aerotech – herman – nelson – inc – and。

④ 参见山东省高级人民法院民事判决书，(2020) 鲁民终 2 号。

去两年，在此期间，买方一直使用机器但并未提出模具行车存在不能开机等严重质量问题，法院认定，此种情况应视为模具行车的质量符合约定，卖方不构成根本违约。该案中，买方提出质量异议已经超过两年，超出了 CISG 最长两年的时间限制，由此也说明卖方交付的货物质量瑕疵并不明显。由此可见，发现瑕疵后在合理时间内通知卖方才能够进一步判定卖方是否构成根本违约进而解除合同。

至于何时验货、何时通知卖方货物瑕疵为“合理”，CISG 第 38 条和第 39 条的规定较为灵活，改变了 ULIS 相关条款“短暂而生硬”的时间限制，[①] 对于如何判断验货及通知是否合理，需要结合具体案情加以考虑。如果是食品、饮品等可食用的、易变质的或者自身保质期较短的货物，验货及通知品质瑕疵的时间不应太久。例如，西班牙拉斯帕尔马斯省法院 2012 年 2 月 16 日审理的意大利卖方与西班牙买方面包和甜点用人工黄油纠纷案[②]中，买方称货物在运到时就处于不良状态，但买方却在收到货物 5 个月后才提出投诉，法院分析认为，人造黄油毫无疑问属于容易变质的产品，因此按照 CISG 的规定，买方有义务尽快检验，以便必要时在合理期限内进行投诉。此处说的合理期限应当是几天，最多是几个星期，但绝对不会是 5 个月，因为那样就耽误了以书面通知形式明确告知货物不合格的时间。确定一个合理期限是出于对安全的考虑，不应当把商业关系建立在一种可能引起质疑的不确定情况之中，并且解决问题不要把时间拖得太长，这样会给经营者带来严重伤害。再如，德国慕尼黑高等地方法院 1994 年 3 月 2 日审理的瑞典卖方与德国买方可乐纠纷案[③]中，买方对可乐品质瑕疵在交货 4 个月之后才提出，显然也不是一个合理期限。对于那些复杂的耐用品，合理期限可以较长，具体要根据货物的实际情况加以确定，对于容易检验的货物，时间可能并不会太长。又如，在瑞士苏黎世商业法庭 1998 年 11 月 30

---

① See Franco Ferrari, *Specific Topics of the CISG in the Light of Judicial Application and Scholarly Writing*, Journal of Law and Commerce, Vol. 15, p. 1 – 126 (1995).

② 参见西班牙拉斯帕尔马斯省法院 2012 年 2 月 16 日裁决，载美国佩斯大学 CISG 数据库官网，https://iicl.law.pace.edu/cisg/case/spain – february – 16 – 2012 – audiencias – provinciales – court – appeal – canadire – sl – v – ipsa – industry。

③ 参见德国慕尼黑高等地方法院 1994 年 3 月 2 日裁决，载美国佩斯大学 CISG 数据库官网，https://iicl.law.pace.edu/cisg/case/germany – oberlandesgericht – hamburg – oberlandesgericht – olg – provincial – court – appeal – german – 91。

日审理的瑞士卖方与列支敦士登买方羔皮袄纠纷案[①]中，法院认为，“一周至十天”的审查期限以及“相当宽裕的”两周通知期限，不能说是不充分的，买方本来可以轻而易举的检查皮袄，可以把检查限制在随意抽样的范围之内。CISG 所考虑的期限，着眼于买方能够在货物转售之前通知卖方货物有缺陷。关于合理期限的判例众多，尽管具体时间界定不一，但都是本着买方能够正常检验货物并有足够时间进行通知来界定的。

总体来看，及时检验并在合理时间提出品质瑕疵，这是买方拥有宣告货物不符合同权利的前提。司法实践中，买方未及时检验或提出品质瑕疵，法院要么不会再去判断卖方是否构成根本违约，要么结合具体案情，根据买方的消极作为会认定买方举证不充分，不足以认定卖方构成根本违约。由此可见，及时检验与提出品质瑕疵是判断根本违约构成的前提，其虽不是实质的认定标准，但会影响裁判者对根本违约的判断。

三、迟延履行时“违约严重性”标准的判例分析

迟延履行在司法实践中也是裁判者判定根本违约是否构成时会遇到的一种情形，根据笔者的统计，此类判例约占整个根本违约认定判例的 10%，目前就此种类型进行过判定的国际组织或国家包括 ICC、比利时、德国、俄罗斯、法国、芬兰、荷兰、加拿大、美国、瑞士、西班牙、意大利、中国等。迟延履行是买卖双方都有可能发生的违约情形，以下分别论述。

（一）卖方迟延履行时“违约严重性”标准的判例分析

卖方迟延履行，主要是卖方迟延交货的问题。迟延交货是否会构成根本违约，主要看交货时间对买方是否有重要影响。司法实践中，卖方未按照合同约定时间交货是否会构成根本违约是裁判者经常会遇到的一个问题，以下具体加以分析。

首先，就卖方迟延履行被认定构成根本违约的判例来看，如果合同规定交货时间是重要的合同条款，则迟延交货的卖方通常会构成根本违约。对于当事人如何约定时间的重要性，有以下几种方式。

---

① 参见瑞士苏黎世商业法庭 1998 年 11 月 30 日裁决，载美国佩斯大学 CISG 数据库官网，https：//iicl. law. pace. edu/cisg/case/switzerland – november – 30 – 1998 – handelsgericht – commercial – court – t – sa – v – r – etablissement。

第一，直接在合同中明确约定交货时间的重要性。例如，ICC 1997 年 1 月审理的服装纠纷案①中，合同中的“一般交货条款”明确规定卖方如果未按规定时间交货，则会构成根本违约。仲裁庭认为，卖方迟延交货不仅构成合同本身规定的根本违约，同时也构成 CISG 第 25 条规定的根本违约，其实质剥夺了买方的合同期待，通过援引德国哈姆高等地方法院 1980 年的一起判例，仲裁庭认定卖方迟延交货构成根本违约。此外，在中国浙江省宁波市中级人民法院 2017 年 9 月 27 日审理的中国卖方与美国买方眉印、磨脚器纠纷案②中，买卖双方约定卖方在 2016 年 5 月 31 日前交货，否则退还全部预付款，但卖方直到 7 月 7 日才告知买方其将在 7 月 9 日交货，买方因此要求返还预付款。从双方约定可见，交货时间对于卖方非常重要，最终法院认定卖方构成根本违约。与此观点相同的判例如意大利米兰上诉法院 1998 年 3 月 20 日审理的中国香港卖方与意大利买方针织物纠纷案③等。

第二，如果当事人选择了对时间有约定的国际贸易术语，则通常情况下，对贸易术语中约定交货时间的违反也会构成根本违约。如德国汉堡高等地方法院 1997 年 2 月 28 日审理的德国卖方与英国买方铁钼纠纷案④中，法院认为，迟延履行一般不会构成根本违约，但如果在特定时间交货对买方有特殊利益，且这一点是在缔结合同时可以预见的，则卖方构成根本违约。该案中，选择 CIF 贸易术语就表明买方对于在特定时间履行交货义务有特殊利益，因此卖方迟延交货构成根本违约。德国科隆地方法院 2012 年 5 月 29 日在审理意大利卖方与德国买方印刷品纠纷案⑤时也表达了同样的观点，对 FOB 约定的 2011 年 7 月 15 日交货的违反只有在下列情形下会构成根本违约，即交货日期的确定性是显而易见的，并且买方会因迟延交货完全丧失利益。

---

① 参见 ICC 1997 年 1 月裁决，载美国佩斯大学 CISG 数据库官网，https：//iicl. law. pace. edu/cisg/case/1997 - icc - arbitral - award - no - 8855 - 1997。

② 参见浙江省宁波市中级人民法院民事判决书，（2017）浙 02 民初 390 号。

③ 参见意大利米兰上诉法院 1998 年 3 月 20 日裁决，载美国佩斯大学 CISG 数据库官网，https：//iicl. law. pace. edu/cisg/case/italy - march - 20 - 1998 - corte - di - appello - appellate - court - italdecor - sas - v - yius - industries - hk。

④ 参见德国汉堡高等地方法院 1997 年 2 月 28 日裁决，载美国佩斯大学 CISG 数据库官网，https：//iicl. law. pace. edu/cisg/case/germany - february - 28 - 1997 - oberlandesgericht - court - appeal - german - case - citations - do - not。

⑤ 参见德国科隆地方法院 2012 年 5 月 29 日裁决，载美国佩斯大学 CISG 数据库官网，https：//iicl. law. pace. edu/cisg/case/germany - lg - aachen - lg - landgericht - district - court - german - case - citations - do - not - identify - 124。

第三，如果买方在履行合同的过程中通过行动或直接言明时间的重要性，则卖方未按时履行也会构成根本违约。如在加拿大一起具有指导意义的判例即安大略省高等法院2003年10月6日审理的美国卖方与加拿大买方卫星和地面通信设备纠纷案①中，法院认为当事双方在其行为和通信中都将时间作为合同的实质内容，因此该案甚至满足了普通法关于合同无效的构成要件，卖方未能及时履约构成了普通法所理解的根本违约。有学者对此案进行评论时指出，尽管参考了外国法院适用CISG的判例，但该案认定根本违约的依据是普通法，并未根据CISG第49条做出。② 然而，无论如何，从该案来看，时间的重要性对根本违约构成的影响是决定性的。

第四，如果卖方在履行合同时知道买方与其客户约定的转售日期，则卖方迟延交货也会构成根本违约。例如，在ICC 1995年审理的奥地利卖方与瑞士买方化肥纠纷案③中，买卖双方并未约定明确的交货日期，但从履行期间买方给卖方的信中可知，买方会将货物转售，买方如果交货迟延，则要承担损害赔偿责任。仲裁庭认为，自卖方收到买方的这封信时起，卖方不得迟延交货就有了特殊的分量，如果交货迟延，则卖方会构成根本违约。

由此可见，买卖双方无论是直接在合同中约定，还是通过选择贸易术语进行约定，甚至从履行合同中的行为或者信件中表明了时间的重要性，此种情况下按时交货对于买方具有重大的意义，因此卖方迟延履行通常会构成根本违约。

其次，就卖方迟延履行不构成根本违约的判例来看，如果双方未就时间的重要性做明确约定，迟延履行未严重剥夺买方期待，则通常情况下，裁判者会认为一般的迟延交货不会构成根本违约。诸多国家的法院或仲裁庭对此皆做出过一致的判决，如比利时、德国、芬兰、荷兰、美国、中国等，以下具体分析。

第一，如果合同约定了明确的交货日期，但该时间对货物履行并不重要，则卖方迟延履行不会构成根本违约。如在诸多案例中，裁判者均认为，即使当

---

① 参见加拿大安大略省高等法院2003年10月6日裁决，载美国佩斯大学CISG数据库官网，https：//iicl. law. pace. edu/cisg/case/canada – october – 6 – 2003 – superior – court – justice – diversitel – communications – inc – v – glacier – bay。

② See Rajeev Sharma, *The United Nations Convention on Contracts for the International Sale of Goods: The Canadian Experience*, Victoria University of Wellington Law Review, Vol. 4, p. 854 – 856 (2005).

③ 参见ICC 1995年裁决，载美国佩斯大学CISG数据库官网，https：//iicl. law. pace. edu/cisg/case/case – report – does – not – identify – parties – proceedings – 1。

事人约定了交货日期，但卖方迟延交货一两天，[①] 且货物价值没有减损，买方并未因此而被实质剥夺其合同期待，迟延交货也不会构成根本违约。甚至在一个案例即芬兰图尔库上诉法院 1997 年 2 月 18 日审理的德国卖方与芬兰买方动物饲料纠纷案[②]中，卖方迟延交货 6 周，法院认为，不能仅凭迟延时间来判断迟延造成的损害是否实质剥夺了买方期待，综合考虑货物的质量以及买方是一家从事批发业务的公司的事实，不能认为买方会因卖方迟延交货遭受重大损害，因此卖方迟延交货不构成根本违约。此外，如果迟延交货后买方予以接受，则表明时间对于买方来讲并不重要，因此卖方也不会构成根本违约。例如，在中国浙江省杭州市中级人民法院 2016 年 4 月 6 日审理的中国卖方与美国买方透明热熔胶棒纠纷案[③]中，卖方迟延交货数日，但买方在对此知情的情况下接受了货物，并支付了货物尾款，买方以实际行为认可了卖方的交货行为，说明迟延交货对买方并未造成严重损害，因此卖方迟延交货不构成根本违约。由此可见，在当事人约定了交货日期的情形下，迟延交货是否会实质剥夺买方的合同期待才是裁判者认定根本违约时考虑的重点。

第二，如果合同没有约定确切的交货日期，则裁判者通常不会判定迟延交货构成根本违约。例如，在德国慕尼黑高等地方法院 1995 年 2 月 8 日审理的德

---

① 例如，德国斯图加特地方法院 1991 年 8 月 13 日审理的法国卖方与德国买方服装纠纷案，卖方迟延交货两天，参见德国斯图加特地方法院 1991 年 8 月 13 日裁决，载美国佩斯大学 CISG 数据库官网，https：//iicl. law. pace. edu/cisg/case/germany – lg – aachen – lg – landgericht-district – court – german – case – citations – do – not – identify – 197；德国奥尔登堡地方法院 1996 年 3 月 27 日审理的意大利卖方与德国买方服装纠纷案，卖方迟延交货一天，参见德国奥尔登堡地方法院 1996 年 3 月 27 日裁决，载美国佩斯大学 CISG 数据库官网，https：//iicl. law. pace. edu/cisg/case/germany – lg – aachen – lg – landgericht – district – court – german – case – citations – do – not – identify – 172；美国新泽西州联邦地方法院 2006 年 4 月 4 日审理的芬兰卖方与美国买方萘并吡咯纠纷案，卖方迟延交货两天，参见美国新泽西州联邦地方法院 2006 年 4 月 4 日裁决，载美国佩斯大学 CISG 数据库官网，https：//iicl. law. pace. edu/cisg/case/united – states – state – minnesota – county – hennepin – district – court – fourth – judicial – district – 53；荷兰阿纳姆地区法院 2009 年 7 月 29 日审理的荷兰卖方与德国买方小巴车纠纷案，卖方迟延交货两天，参见荷兰阿纳姆地区法院 2009 年 7 月 29 日裁决，载美国佩斯大学 CISG 数据库官网，https：//iicl. law. pace. edu/cisg/case/netherlands – july – 29 – 2009 – rechtbank – district – court – x – v – omnibus – trading – bv，等等。

② 参见芬兰图尔库上诉法院 1997 年 2 月 18 日裁决，载美国佩斯大学 CISG 数据库官网，https：//iicl. law. pace. edu/cisg/case/finland – february – 18 – 1997 – hovioikeus – court – appeals – finnish – case – citations – do – not – generally。

③ 参见浙江省杭州市中级人民法院民事判决书，（2014）浙杭商外初字第 41 号。

国卖方与意大利买方汽车纠纷案[①]中，法院认为，因为双方未议定交货的确切日期，卖方准备在8月和10月交货并没有违反合同，更不用说构成根本违约了。在比利时安特卫普上诉法院2006年4月24日审理的比利时卖方与德国买方建材纠纷案[②]中，法院更是指出，如果买方没有证明其约定了交货期限，则其不能就迟延履行提出诉求。

第三，如果迟延履行是在本行业允许的合理期间之内，即未违反行业惯例，则卖方通常也不会构成根本违约。例如，在美国仲裁协会2007年10月23日审理的美国卖方与罗马尼亚买方冻鸡肉案[③]中，仲裁庭认为尽管没有一个明确的规则去界定何为合理的迟延，但如果在当事人间或本行业内认为该迟延具有合理性，则此种迟延不足以构成根本违约。

总之，在以卖方迟延履行为由要求法院判定卖方构成根本违约时，首先需要双方就交货日期有明确约定，其次法院会结合案情判断时间是否是履行合同的重要因素，以及迟延履行是否会实质剥夺买方的合同期待，以上条件都满足时卖方才会构成根本违约。

（二）买方迟延履行时“违约严重性”标准的判例分析

买方迟延履行，主要是指买方未按照约定时间付款或者收取货物。司法实践中，法院或仲裁庭一般不会将买方迟延付款或收货直接认定为根本违约，裁判者在买方迟延履行时通常是允许卖方赋予买方一定的宽限期，若买方仍不履行，再赋予卖方合同解除权。如在买方迟延付款的情形下，ICC在1992年审理意大利卖方与芬兰买方泡沫板生产线纠纷案[④]时指出，仅仅买方付款有某种延误本身并不总是根本违反合同。该案中，尽管买方显然没有资金，但卖方还是等了好几个月后才宣布终止合同关系。仲裁庭把买方违反合同与卖方宣告合同无

---

① 参见德国慕尼黑高等地方法院1995年2月8日裁决，载美国佩斯大学CISG数据库官网，https：//iicl. law. pace. edu/cisg/case/germany – oberlandesgericht – hamburg – oberlandesgericht – olg – provincial – court – appeal – german – 104。

② 参见比利时安特卫普上诉法院2006年4月24日裁决，载美国佩斯大学CISG数据库官网，https：//iicl. law. pace. edu/cisg/case/belgium – april – 24 – 2006 – hof – van – beroep – appellate – court – gmbh – lothringer – gunther。

③ 参见美国仲裁协会2007年10月23日裁决，载美国佩斯大学CISG数据库官网，https：//iicl. law. pace. edu/cisg/case/october – 23 – 2007 – macromex – srl – v – globex – international – inc。

④ 参见ICC 1992年裁决，载美国佩斯大学CISG数据库官网，https：//iicl. law. pace. edu/cisg/case/case – report – does – not – identify – parties – proceedings – 14。

效之间的期间看作卖方根据 CISG 第 63 条第（1）款的规定确定的一个额外时间。CIETAC 在 2006 年 4 月审理的韩国卖方与中国买方乙二醇纠纷案①时提出了相同的观点，仲裁庭认为，很难判断买方迟延一天开立信用证会构成根本违约，只有根据 CISG 第 63 条和第 64 条赋予买方宽限期后其仍表示不付款卖方才可以解除合同。再如，中国天津市高级人民法院 2019 年 7 月 17 日审理的中国卖方与罗马尼亚买方钢材纠纷案②中，买方迟延支付预付款，法院认为，除卖方依照 CISG 第 63 条、第 64 条第（1）款规定为买方确定宽限付款日期，而买方在该宽限付款日期结束以前依然没有履行支付义务或声明其将不在所规定的时间内这样做之外，买方实际付款晚于约定日期在通常情况下并不构成根本违约。在新西兰高等法院 2017 年 6 月 3 日审理的澳大利亚卖方与新西兰买方重型推土设备纠纷案③中，法院也持相同观点，买方没有立即支付 10% 的价款，虽然违反了协议，但仅仅是拖延并不等于 CISG 第 25 条规定的根本违约。在买方迟延收货的判例中，裁判者仍持有相同的观点。如在法国格勒诺布尔上诉法院 1999 年 2 月 4 日审理的西班牙卖方与法国买方橘汁纠纷案④中，当事人原本约定 9 月买方交货，后为了降低价格，又商定在 8 月底交货。结果 8 月底买方拒绝收货，到 9 月买方又要求交货。法院认为，买方拒绝 8 月底收货并未构成 CISG 第 25 条的根本违约。买方将收货日期提前到 8 月底仅仅是为了得到经济上的好处而做出的对等让步，不能指望其认为推迟几天收货自己一方便构成了重大违约行为。鉴于没有发生根本违约，卖方本应再给买方一段时间来收货。

总之，无论是迟延付款还是迟延收货，裁判者通常会赋予买方继续履行其义务的机会，因为在当事人有能力履行的情况下，买方的付款与收货义务相较于卖方交货义务而言实现起来更加容易，裁判者会倾向于让合同继续履行。由此可见，迟延付款或迟延收货通常情况下不会构成根本违约。

---

① 参见 CIETAC 2006 年 4 月裁决，载美国佩斯大学 CISG 数据库官网，https：//iicl. law. pace. edu/cisg/case/china – april – 2006 – translation – available – 0。

② 参见天津市高级人民法院民事判决书，（2019）津民终 90 号。

③ 参见新西兰高等法院 2017 年 6 月 3 日判例摘要，载 UNCITRAL 官网，https：//www. uncitral. org/clout/clout/data/nzl/clout_case_2050. html。

④ 参见法国格勒诺布尔上诉法院 1999 年 2 月 4 日裁决，载美国佩斯大学 CISG 数据库官网，https：//iicl. law. pace. edu/cisg/case/france – ca – aix – en – provence – ca – cour – dappel – appeal – court – sarl – ego – fruits – v – st% C3% A9 – la – verja。

（三）迟延履行中根本违约与“宽限期”机制的关系问题

同完全不履行的判例类似，实践中迟延履行的判例通常也会遇到关于迟延履行到底是根本违约还是可以赋予当事人“宽限期”加以补救的问题。受德国“宽限期”机制的影响，裁判者尤其是德国的裁判者在适用CISG时有不同的理解。例如，在德国慕尼黑高等地方法院2002年7月1日审理的鞋子纠纷案①中，法院认为，通过比较CISG第49条第（1）款（a）项和第49条第（1）款（b）项②可知，不交货或者迟延交货本身不构成第25条所指的根本违约。否则，第49条第（1）款（b）项就没有了制定的必要性。根据法院对第49条第（1）款的解读，在卖方不交货或迟延交货的情况下，买方一个必不可少的补救措施是赋予卖方宽限期，除非卖方宣称他在任何情况下都不再交付货物。按照法院的思路，只有在卖方宣称他在任何情况下都不再交付货物时，买方才不必赋予其宽限期，此时卖方不交货或迟延交货才会构成根本违约。笔者认为，法院对CISG第49条第（1）款的理解有失偏颇，也与其他国家判例甚至德国的其他判例有所差异，其实际上对不交货及迟延交货构成根本违约的情形做了非常严格的限制。法院倾向于在卖方不交货或迟延交货时先赋予卖方宽限期。笔者认为，CISG倾向于将不交货或迟延交货先区分为根本违约或非根本违约，如果卖方构成根本违约，则根据第49条第（1）款（a）项直接解除合同；卖方不构成根本违约时，根据第49条第（1）款（b）项在赋予卖方宽限期无果后再解除合同。当然，因为第47条第（1）款是当事人“可以”选择采取的补救措施（may-do provision），所以无论违约是不是根本性的，买方都可以根据第47条第（1）款赋予卖方一段宽限期让其继续履行合同，这取决于当事人的选择，此时无须判断违约的严重性。

从另一起分析第63条第（1）款的判例中，可以更清晰地理解根本违约与“宽限期”的关系问题。如在意大利帕多瓦地区法院2004年2月25日审理的奥

---

① 参见德国慕尼黑高等地方法院2002年7月1日裁决，载美国佩斯大学CISG数据库官网，https：//iicl. law. pace. edu/cisg/case/germany – oberlandesgericht – hamburg – oberlandesgericht – olg – provincial – court – appeal – german – 110。

② CISG第49条第（1）款规定如下，买方在以下情况下可以宣告合同无效：（a）卖方不履行其在合同或本公约中的任何义务，等于根本违反合同；或（b）如果发生不交货的情况，卖方不在买方按照第四十七条第（1）款规定的额外时间内交付货物，或卖方声明他将不在所规定的时间内交付货物。

地利卖方与意大利买方农产品纠纷案[①]中，法院认为 CISG 第 63 条第（1）款规定卖方可以规定一段合理时限的额外时间让买方履行义务，该条使卖方无须考虑根本违约是否构成而获得合同的解除权。如果非违约方决定不赋予违约方额外的宽限期，非违约方可以立即起诉要求赔偿，当然，如果此时他想解除合同则需证明违约方行为构成根本违约。如果相反，他赋予了违约方宽限期，则在宽限期内，他既不能解除合同，也不能就继续履行提起诉讼，只能等到宽限期届满，他才能要求解除合同，而此时无须考虑违约方是否构成根本违约。

因此，对于违约方不履行、迟延履行是否构成根本违约的判断，仍需要按照 CISG 第 25 条的规定去审查违约方是否实质上剥夺了非违约方的合同期待。根据 CISG 第 47 条第（1）款和第 63 条第（1）款赋予违约方宽限期，并不用考虑违约是否是根本性的，也即无论是根本违约还是非根本违约，都可以赋予违约方宽限期予以补救。因此在非违约方遭遇对方迟延履行时，可以有如下选择：如果违约方行为构成根本违约，非违约方可以赋予违约方宽限期要求其继续履行，若到期仍未履行，可以宣告合同无效；非违约方可以直接宣告合同无效；如果违约方行为不构成根本违约，则非违约方只可以通过赋予对方宽限期要求对方继续履行，若到期未履行，则可以宣告合同无效。因此，在非违约方不确定对方迟延履行是否构成根本违约时，赋予对方宽限期是较好的选择。

四、部分履行与分批交货时“违约严重性”标准的判例分析

部分履行与分批交货是既有区别又有联系的两种情况。部分履行针对的是可以分开履行的合同，如干散货等，单一批次的合同可以适用，分批交货的合同如果也属于可以分开履行的货物，则也可能发生该批货或者多批货的部分履行问题。分批交货合同则由当事人约定分批次交货，交付的货物有些是可以分开履行的，但有些货物实际上是不能分开的，需要组合成一个整体才具有使用价值，如整台设备各部件分批交货。因此，部分履行与分批交货有重叠，也有不同。重叠的部分是分批交货的可以分开履行的合同，而单一批次合同未全部

---

① 参见意大利帕多瓦地区法院 2004 年 2 月 25 日裁决，载美国佩斯大学 CISG 数据库官网，https：//iicl. law. pace. edu/cisg/case/italy – february – 25 – 2004 – tribunale – district – court – so – m – agri – sas – di – ardina – alessandro – c – v。

履行则属于部分履行问题，分批交货中若各批次货物有密切联系需组合成整体才有使用价值，此类合同是分批交货的问题。明确了部分履行与分批交货的联系和区别之后，再看CISG的规定会发现CISG在这两个问题上的规定尤其是对部分履行的规定存在不足。部分履行在CISG中规定在“卖方违反合同的补救办法”中，具体是CISG第51条，主要是针对卖方部分交货或交付的货物只有一部分符合合同规定的情况。关于后者，本书已在瑕疵履行关于“不符合同约定货物占合同整体价值比例”的论述中加以分析，此处针对卖方部分履行只讨论卖方只交付一部分货物的情形。然而，对于买方部分履行的情况，即买方部分付款或部分收货的情形，CISG并未在“买方违反合同的补救办法”中予以明确的规定。有学者提出，CISG第73条分批交货的规定就是为了弥补第51条只赋予买方救济权的立法不足，[①] 第73条分批交货规定在“卖方和买方义务的一般规定”中，是买卖双方都可以针对对方违约适用的条款。然而，正如之前的分析，部分履行与分批交货并不完全等同，在单一批次的部分履行中，分批交货的规定并不能适用。当然，司法实践中出现了对买方在单一批次中部分未履行的救济，裁判者直接适用了CISG第25条、第64条对买方部分履行是否构成根本违约进行了判定，以下就部分履行和分批履行分别进行分析。

（一）部分履行时“违约严重性”标准的判例分析

总体而言，此处讨论的部分履行的判例在整个根本违约认定判例中数量较少，占比不足5%，就此作出过裁决的国家包括奥地利、德国、俄罗斯、拉脱维亚、美国、塞尔维亚、西班牙、意大利、中国等。以下就卖方部分履行与买方部分履行分别分析。

首先，关于卖方只交付一部分货物的情形是否构成根本违约，需要结合案情综合判断。按照CISG第51条第（2）款的规定，卖方部分交货如果对整体合同而言实质剥夺了买方的整个合同期待，则会构成对整个合同的根本违约，因此买方可以宣告整个合同无效。实践中，在认定构成根本违约的判例中，通常卖方未履行的部分是合同的重要部分，卖方不履行会严重剥夺当事人的合同期待，因此卖方部分未履行会被判定构成根本违约。例如，俄罗斯联邦工商会国

---

① 参见李巍：《联合国国际货物销售合同公约评释》（第3版），法律出版社2023年版，第419页。

际商事仲裁院 1999 年 10 月 27 日审理的美国卖方与俄罗斯买方货物纠纷案①中，卖方收到预付款却不交付最重要的那部分货物，买方多次要求发货后卖方仍不发货，仲裁庭认为卖方行为已严重损害买方利益，构成根本违约，允许买方解除合同。再如，塞尔维亚（前南斯拉夫）商会贝尔格莱德对外贸易仲裁庭 2002 年 5 月 10 日审理的保加利亚卖方与前南斯拉夫买方锡锌涂层纠纷案②，买方支付了预付款，然而，卖方没有按照合同约定交付与买方已付款数量相当的货物，尽管卖方部分履行了交货义务，仲裁庭认为卖方的行为已经构成了根本违约。可见若未履行的部分关乎买方重要的合同利益，则卖方部分未履行会构成对整个合同的根本违约。然而，与完全不履行相比，部分不履行显然违约的程度要轻，因而实践中对于是否构成根本违约的判例更多会结合案情综合加以判断。如意大利帕尔马初审法院 1989 年 11 月 24 日审理的意大利卖方与瑞士买方箱包纠纷案③中，根据约定卖方需在一周内发货，然而两个月之后卖方才交付了 1/3 的货物，综合考虑迟延交货、部分交货的情形，法院认为，卖方的行为按照 CISG 足以构成根本违约。在德国海德堡地区法院 1992 年 7 月 3 日审理的美国卖方与德国买方计算机元件纠纷案④中，合同约定交付 11 个元件，然而卖方仅交付 5 个，法院认为，买方不能根据 CISG 第 51 条第（2）款宣告整个合同无效，因为买方已经从他处购得未交付的元件，买方仅可要求卖方就买方购买替代物的差价进行赔偿，卖方未构成根本违约。由此可见，判断卖方部分未交货是否构成根本违约，需结合案情综合考虑，如果部分未履行严重剥夺了买方的合同期待，则卖方会构成根本违约，然而，如果部分履行可以被对方接受，买方可以对未履行的部分寻求其他补救措施，则卖方不构成根本违约，部分不履行不会导致整个合同无效。

---

① 参见俄罗斯联邦工商会国际商事仲裁院 1999 年 10 月 27 日裁决，载美国佩斯大学 CISG 数据库官网，https：//iicl. law. pace. edu/cisg/case/russian – federation – october – 27 – 1999 – translation – available。

② 参见塞尔维亚（前南斯拉夫）商会贝尔格莱德对外贸易仲裁庭 2002 年 5 月 10 日裁决，载美国佩斯大学 CISG 数据库官网，https：//iicl. law. pace. edu/cisg/case/serbia – may – 10 – 2002 – party – case – ex – yugoslavia – translation – available。

③ 参见意大利帕尔马初审法院 1989 年 11 月 24 日裁决，载美国佩斯大学 CISG 数据库官网，https：//iicl. law. pace. edu/cisg/case/italy – november – 24 – 1989 – pretura – lower – court – foliopack – ag – v – daniplast – spa – translation。

④ 参见德国海德堡地区法院 1992 年 7 月 3 日裁决，载美国佩斯大学 CISG 数据库官网，https：//iicl. law. pace. edu/cisg/case/germany – july – 3 – 1992 – landgericht – regional – court – german – case – citations – do – not – identify。

其次，对于买方部分未付款或部分未收货的情形，也需考察未履行部分的重要程度做出综合判断，尽管 CISG 没有直接规定买方部分未履行的法条，但裁判者会通过衡量买方未履行的程度，直接根据第 25 条加以判断。在买方部分未付款的判例中，如果买方只付了货款的少部分，则通常情况下裁判者会判定买方构成根本违约。例如，在 CIETAC 2005 年 5 月 10 日审理的中国卖方与美国买方帽子纠纷案①中，买方需支付 24 万余美元的货款，然而，其在支付了 9900 美元后没有继续付款，支付的货款不足约定的 5%，仲裁庭认为买方没有按时支付剩余货款，根据 CISG 第 25 条和第 53 条，买方已经构成根本违约。同样，在美国纽约联邦地方法院 2009 年 5 月 29 日审理的韩国卖方与美国买方服装纠纷案②中，合同约定买方支付 1040085.84 美元的货款，而买方仅支付了 200000 美元的货款，法院认为，买方仅支付了货款的一小部分，不足约定的 20%，这严重剥夺了卖方的合同期待，根据 CISG 第 25 条，买方构成根本违约。当买方支付了货款的大部分时，法院或仲裁庭通常会判令买方继续支付，而不是解除合同。如拉脱维亚工商业协会仲裁庭 2010 年 9 月 27 日审理的拉脱维亚卖方与立陶宛买方面粉纠纷案③中，买方应付货款为 29441.70 欧元，尚未支付货款为 13348.46 欧元，占货款总价的 45%，仲裁庭认为，付款是买方的主要义务之一，买方部分未付款违反了合同与 CISG 规定，根据 CISG 第 62 条与合同的规定，买方需支付剩余货款。由此可见，此案中仲裁庭并未认定买方部分未付款构成根本违约。同样，在中国福建省厦门市中级人民法院 2013 年 11 月 14 日审理的意大利卖方与中国买方大理石纠纷案④中，合同约定货物价款为 580124.36 欧元，买方支付了 352230.82 欧元，占总价款的 60%，此外，由于部分未支付的货物改为了先销售后付款方式，因此最终法院判定买方需支付其中的 186833.14 欧元未支付的款项。该案中，法院也未判定买方的部分未付款构成根本违约。由此可见，在付款过半的判例中，法院一般会判令买方继续付款，因此买方部分未付款不

---

① 参见 CIETAC 2005 年 5 月 10 日裁决，载美国佩斯大学 CISG 数据库官网，https：//iicl. law. pace. edu/cisg/case/china – may – 10 – 2005 – translation – available。

② 参见美国纽约联邦地方法院 2009 年 5 月 29 日裁决，载美国佩斯大学 CISG 数据库官网，https：//iicl. law. pace. edu/cisg/case/united – states – state – minnesota – county – hennepin – district – court – fourth – judicial – district – 71。

③ 参见拉脱维亚工商业协会仲裁庭 2010 年 9 月 27 日裁决，载美国佩斯大学 CISG 数据库官网，https：//iicl. law. pace. edu/cisg/case/latvia – september – 27 – 2010。

④ 参见福建省厦门市中级人民法院民事判决书，(2013) 厦民初字第 277 号。

构成根本违约。

与此类似，在买方部分未收货的判例中，裁判者主要也是通过考察未收货的严重程度来判断买方是否构成根本违约。如在德国哈姆高等地方法院 1992 年 9 月 22 日审理的意大利卖方与德国买方冷冻培根纠纷案①中，法院认为买方拒收了超过一半的货物，即约定交付的 200 吨货物中买方拒收了 116.6 吨，买方构成根本违约，卖方可以根据 CISG 第 64 条第（1）款（a）项宣告合同无效。相反，在德国勃兰登堡高等地方法院 2008 年 11 月 18 日审理的德国卖方与比利时买方啤酒纠纷案②中，买卖双方签订了三年间交付若干批总量为 1200000 百公升啤酒的合同，买方 2004 年拒收的货物占全年总量的 23%，法院认为，根据 CISG 第 64 条而不是第 73 条第（2）款，应以合同整体为判断依据，而不能仅看一年部分未履行的比例，因此，是否构成根本违约需以合同约定的整个三年的总量为依据，买方 2004 年拒收的部分仅占三年总量的 7.5%，因此法院认为买方的违约行为并未造成实质性损害，买方部分未履行不构成根本违约。该案其实属于上文提及的分批交货且货物可以分开履行的类型，法官此时可以有两种选择，即根据 CISG 第 64 条第（1）款（a）项直接认定当事人部分未履行是否构成根本违约，或者根据第 73 条从分批交货角度进行判断。两种选择之下的结果会有所不同，根据 CISG 第 64 条第（1）款（a）项要么买方构成根本违约卖方可以解除整个合同，要么买方不构成根本违约卖方要求买方收货或赔偿损失；根据第 73 条要么卖方根据第（1）款可以要求本批次履行构成根本违约宣告合同对本批货物无效，要么根据第（2）款卖方证明本批次不履行对今后各批都会发生根本违约而宣告合同今后无效。这需要法院结合案情加以判断，该案中卖方诉请根据 CISG 第 64 条宣告整个合同无效，也未根据第 73 条的要求加以举证，因此法官直接根据第 64 条对部分不履行对合同整体是否产生重大影响进行了判断，笔者认为，这一选择是合理的，而且衡量买方未收货的比例，买方未履行的部分对整个合同的影响甚微，对整个合同而言，买方并未构成根本违约，因此没有必要解除整个合同。

---

① 参见德国哈姆高等地方法院 1992 年 9 月 22 日裁决，载美国佩斯大学 CISG 数据库官网，https：//iicl. law. pace. edu/cisg/case/germany – oberlandesgericht – hamburg – oberlandesgericht – olg – provincial – court – appeal – german – 25。

② 参见德国勃兰登堡高等地方法院 2008 年 11 月 18 日裁决，载美国佩斯大学 CISG 数据库官网，https：//iicl. law. pace. edu/cisg/case/germany – oberlandesgericht – hamburg – oberlandesgericht – olg – provincial – court – appeal – german – 190。

总之，对于部分未履行的情况，无论是卖方部分未交货还是买方部分未付款或未收货，通常情况下，若未履行的部分超过一半，实质剥夺了另一方的合同期待，则裁判者倾向于判定违约方构成根本违约，若比例较小，则通常会判定要求违约方继续履行合同义务或赔偿损害。当然，在可以选择适用部分履行或分批交货两种处理方式时，需结合案情具体分析：一则看非违约方的诉求与举证情况；二则看损害的严重程度。

（二）分批交货时“违约严重性”标准的判例分析

分批交货在 CISG 中由第 73 条明确规定，根据三款的规定具体分为三种情况。第一种情况即 CISG 第 73 条第（1）款规定的是分批交货中的某一批存在根本违约时，买方或卖方可以宣告合同对本批货物无效。此种情况与单一批次的根本违约构成问题并无实质区别，因此此处不再赘述。第二种情况即 CISG 第 73 条第（2）款规定的是一方不履行某一批货物的义务，会使另一方有充分理由断定对今后各批货物会发生根本违约，另一方可以在一段合理时间内宣告合同今后无效。第三种情况即 CISG 第 73 条第（3）款规定的是在卖方一批货物交付构成根本违约时，如果各批货物是相互依存的，买方可以宣告整个合同无效。以下具体分析后两种情形。

第一，根据 CISG 第 73 条第（2）款的规定，买卖双方都有可能因未履行某一批货物的合同义务而导致对今后各批货物发生根本违约。首先，对于卖方来讲，如果卖方未履行某一批货物的交货义务或履行有瑕疵，导致买方对卖方的未来履行不再信任，则卖方会构成对今后批次货物的根本违约。司法实践中，需综合考量一批货不履行对未履行批次的影响程度。例如，在西班牙巴塞罗那省法院 1997 年 11 月 3 日审理的德国卖方与西班牙买方零部件纠纷案①中，卖方交付前三批货都有迟延，迟延时间为四周至八周，此种迟延不可避免地扰乱了买方的生产过程。因此，买方在逾期的第三批货交付后的 48 小时内，宣告对尚未交付的未来几批货物的合同无效。法院认为，发生的迟延及其对买方生产过程的影响相当于根本违约，根据 CISG 第 49 条第（2）款和第 73 条，买方有权根据根本违约宣告对未来几批货的合同无效。该案中，对于已履行的批次，法

---

① 参见西班牙巴塞罗那省法院 1997 年 11 月 3 日裁决，载美国佩斯大学 CISG 数据库官网，https：//iicl. law. pace. edu/cisg/case/spain – november – 3 – 1997 – audiencias – provinciales – court – appeal – t – sa – v – e。

院认为买方容忍迟延履行相当于给予了卖方宽限期，实际上表明买方最终接受了前三批履行，因此综合考虑卖方违约程度，买方可以宣告对未履行批次的合同无效。此外，若卖方在交付第一批货物时就出现了根本违约，且买方能够证明卖方未来也会发生违约或者卖方直接明示拒绝后续履行的，买方可以根据CISG第73条第（1）款和第（2）款宣告整个合同无效。例如，在德国汉堡友好仲裁机构1998年12月29日审理的捷克卖方与德国买方奶酪纠纷案①中，仲裁庭认为，根据CISG第73条第（1）款，尽管一方对一批货物的根本违约使对方有权仅对该批货物宣告合同无效，但因为卖方拒绝提供今后各批货物，故买方有权根据CISG第73条第（2）款宣告全部合同无效。在韩国首尔高等法院2009年7月23日审理的中国卖方与韩国买方鸭毛纠纷案②中，卖方未能提供分期交付的一批鸭毛构成了根本违约，买方有理由断定未来分期交付也会发生违约，因此法院认定，根据CISG第25条和第73条，除了已经执行的订单，合同被视为无效。由此可见，在分批交货合同中，如果卖方某一批次的履行瑕疵会对后续批次产生严重影响，则法院通常会判令未来批次的合同无效。

其次，根据CISG第73条第（2）款的规定，对于买方来讲，若买方某一批次未付款未收货会对未来批次产生严重影响，即卖方认为买方将不会再继续付款收货，卖方同样有权宣布后续合同无效。卖方对买方未来不付款的确信有时是通过买方明示拒绝付款，有时则是通过买方的行为进行判断。例如，ICC 1999年3月5日审理的丹麦卖方与埃及买方家禽饲料纠纷案③中，买方明示拒绝开立第二批次货物的信用证，拒绝接受第二批次及之后批次的货物，仲裁庭认为买方构成了CISG第25条的根本违约。除了明示拒绝履行的判例，还有一些判例是从买方的行为中看出买方将不会继续履行后续批次的合同义务。例如，在韩国大邱地区法院2010年4月29日审理的韩国卖方与中国买方货物纠纷案④中，合同原本的交易价格低于市场价，卖方在履行了前面几个批次的合同义务

---

① 参见德国汉堡友好仲裁机构1998年12月29日裁决，载美国佩斯大学CISG数据库官网，https：//iicl. law. pace. edu/cisg/case/germany – december – 29 – 1998 – translation – available。

② 参见韩国首尔高等法院2009年7月23日裁决，载美国佩斯大学CISG数据库官网，https：//iicl. law. pace. edu/cisg/case/republic – korea – seoul – high – court – 0。

③ 参见ICC 1999年3月5日裁决，载美国佩斯大学CISG数据库官网，https：//iicl. law. pace. edu/cisg/case/court – arbitration – international – chamber – commerce – 12。

④ 参见韩国大邱地区法院2010年4月29日裁决，载美国佩斯大学CISG数据库官网，https：//iicl. law. pace. edu/cisg/case/republic – korea – april – 29 – 2010 – district – court。

之后，想提高货物价格，因此提出与买方重新谈判的要求，然而，买方多次未回应卖方要求，无视卖方重新启动交易的要约，反而推定合同被宣告无效而提起诉讼，法院认为，买方的这些行为已经构成根本违约，也构成预期“未来分期交付方面根本违约”的充分理由，根据 CISG 第 73 条第（1）款和第 73 条第（2）款以及第 25 条，卖方可以宣告合同无效。由此可见，该案中法院是从买方不与卖方重新谈判的行动中推断买方将不会继续履行合同，因此卖方可对未来批次合同宣告无效。总之，司法实践中在依据 CISG 第 73 条第（2）款对根本违约进行认定时，除了就瑕疵履行批次本身是否构成根本违约进行判断，还需重点关注瑕疵履行批次对未来未履行批次合同义务履行的影响，若影响较小时，仅可宣告本批次履行构成根本违约，若有严重影响时，则可以宣告未履行批次合同均无效。

第二，CISG 第 73 条第（3）款的规定仅限于卖方某批次履行存在问题时宣告整个合同无效的情形，此时重点关注卖方瑕疵履行批次对整个合同的影响，只有在各批货物相互依存时才适用此款规定。例如，在 CIETAC 2006 年 8 月审理的美国卖方与中国买方冷压机纠纷案①中，卖方交付的第一批货存在严重的质量瑕疵，构成本批次根本违约。同时，由于买方签订合同的目的是购买整套机器设备，第一批货物存在瑕疵使得即便后两批得以履行买方的合同期待也无法满足，该案中后两批货因卖方原因最终也没有送达，因此仲裁庭判定买方可以宣告整个合同无效。在荷兰仲裁协会 2002 年 10 月 15 日审理的荷兰卖方与英国买方凝析油纠纷案②中，仲裁庭就指出，原则上不能认为凝析油（一种被称为“Rijn 混合物”的原油混合物）的各批次合同之间是相互依存的，因此该案只能适用 CISG 第 73 条的前两款规定。由此可见，只有相互依存的实质不可分开履行的分批交货合同才可以适用 CISG 第 73 条第（3）款的规定。

总之，对于部分履行与分批交货而言，两者既有区别又有联系。在判断违约方是否构成根本违约时，两者同样存在相通之处，即无论是部分履行还是分批交货，如果没有履行或瑕疵履行的部分对整个合同而言是重要的部分，会影响非违约方合同期待的实现，则通常裁判者会认为此种不履行或瑕疵履行会构

---

① 参见 CIETAC 2006 年 8 月裁决，载美国佩斯大学 CISG 数据库官网，https：//iicl. law. pace. edu/cisg/case/china – august – 2006 – translation – available。

② 参见荷兰仲裁协会 2002 年 10 月 15 日裁决，载美国佩斯大学 CISG 数据库官网，https：//iicl. law. pace. edu/cisg/case/netherlands – october – 15 – 2002 – translation – available。

成根本违约。在部分履行中，裁判者可能更多会对未履行部分的占比加以判断，而分批交货中，裁判者会从履行有问题的批次对其他批次的影响程度的角度来加以判断。

五、预期根本违约时“违约严重性”标准的判例分析

预期根本违约是相对于实际根本违约而言的，实际根本违约是合同约定的履行期已至，当事人未履行合同或履行合同有问题，而预期根本违约是合同约定的履行期还未到，如果明显看出一方当事人将根本违反合同，则另一方当事人可以宣告合同无效。预期根本违约规定在CISG第72条，而第71条规定的是一般预期违约，一般预期违约时，对方当事人只可以中止履行合同，而不得宣告合同无效。预期根本违约是根本违约的一种类型，在分批交货的情形下，其与CISG第73条第（2）款存在交叉的可能。实践中，买方或卖方均有可能发生预期根本违约，以下分析判例中何种情形下违约方会被裁判者认定构成预期根本违约。

首先，一方明示其将根本违约的情形。预期根本违约主要涉及一方在合同履行期到来之前，直接声明或者能够明显看出他将根本违反合同。卖方或买方若直接声明其将拒绝履行合同义务，则必定会构成预期根本违约。如在美国伊利诺伊州联邦法院1999年12月7日审理的德国卖方与美国买方钢筋纠纷案①中，法院认为，诉请认定对方构成预期根本违约的非违约方可以证明如下情况：一是这种不想履行的打算发生在合同履行期之前；二是这种违约是根本性的。该案中，买方一直强调提单的要求是合同的重要组成部分，而合同订立后卖方一直要求对其进行修改，后来，卖方在履行期到来之前给买方的信中写明其不会履行合同义务。法院据此认为根据CISG第72条和第25条，卖方构成了预期根本违约。

其次，能够明显看出一方将根本违约的情形。一方直接声明其将根本违约较容易判断，然而，何时能够达到明显看出一方将根本违约的程度，还需要结合案情加以判断，通常从一方的行动中可以看出一方将不想或者无力履行合同。第一，从卖方预期根本违约来看，如果在履行交货义务之前，卖方需要作出合

---

① 参见美国伊利诺伊州联邦法院1999年12月7日裁决，载美国佩斯大学CISG数据库官网，https：//iicl. law. pace. edu/cisg/case/united - states - state - minnesota - county - hennepin - district - court - fourth - judicial - district - 39。

同约定的特殊准备，然而，卖方未遵守合同约定，则此时裁判者会倾向于认为卖方将构成预期根本违约。例如，CIETAC 1994 年 10 月 25 日审理的美国卖方与中国买方高抗拉钢筋纠纷案①中，卖方在收到对方准备开立信用证的预先通知之后，没有按照合同约定出具履约保证书，仲裁庭认为，这表明卖方可能不想或者无力履行合同，因此构成预期根本违约，买方可以宣告合同无效。此外，在俄罗斯联邦工商会国际商事仲裁院 1995 年 4 月 25 日审理的葡萄牙卖方与俄罗斯买方设备纠纷案②中，卖方负责生产某设备，在生产之前，卖方需向买方提供该设备的初步设计图，买方认为卖方的图纸技术水平很低，无法满足买方客户的要求。卖方对此设计图的瑕疵没有及时地进行补救，因此，仲裁庭认为买方有权依据 CISG 第 72 条宣告合同无效。在该仲裁庭 1999 年 6 月 7 日审理的印度卖方与俄罗斯买方食品纠纷案③中，合同约定全部货物应在合同指定的时间用专为此批货物保险的船只一次性运输，从合同条款和双方的信函来看，卖方清楚地了解买方希望确保所供应食品的最佳质量并排除船只用于运输其货物以外的其他货物的意图。然而，卖方不合理地解释了“船只专用性”的含义，拒绝履行买方对船只的要求，且很显然直到合同履行期届满卖方都不会履行这一义务，因此仲裁庭认为根据 CISG 第 72 条的规定，卖方构成预期根本违约，买方可以据此宣告合同无效。第二，从买方预期根本违约的情况来看，买方如果在合同履行期届满前没有按照合同约定就付款等重要的合同义务作出准备，也会构成预期根本违约。例如，在德国杜塞尔多夫上诉法院 1994 年 1 月 14 日审理的意大利卖方与德国买方冬鞋纠纷案④中，因买方在之前的一次交易中付款出现了问题，因此卖方要求买方为此次货款提供担保，如果买方不提供此担保，则卖方不会发货。买方收到卖方要求提供担保的通知后并未就货款提供额外的担保，法院据此认为，卖方可以依据 CISG 第 72 条的规定宣告合同无效。由此可见，

---

① 参见 CIETAC 1994 年 10 月 25 日裁决，载美国佩斯大学 CISG 数据库，https：//iicl. law. pace. edu/cisg/case/china – october – 25 – 1994 – translation – available。

② 参见俄罗斯联邦工商会国际商事仲裁院 1995 年 4 月 25 日裁决，载美国佩斯大学 CISG 数据库，https：//iicl. law. pace. edu/cisg/case/25 – april – 1995 – tribunal – international – commercial – arbitration – russian – federation – chamber – 0。

③ 参见俄罗斯联邦工商会国际商事仲裁院 1999 年 6 月 7 日裁决，载美国佩斯大学 CISG 数据库官网，https：//iicl. law. pace. edu/cisg/case/russian – federation – june – 7 – 1999 – translation – available。

④ 参见德国杜塞尔多夫上诉法院 1994 年 1 月 14 日裁决，载美国佩斯大学 CISG 数据库，https：//iicl. law. pace. edu/cisg/case/germany – january – 14 – 1994 – oberlandesgericht – court – appeal – germa n – case – citations – do – not。

若合同约定了买方或卖方在履行主要合同义务之前需提前作出某些准备，买方或卖方拒绝履行会使对方合同期待无法实现，则在履行期届满前买方或卖方未依约准备，则通常会判定构成预期根本违约。

最后，根据 CISG 第 72 条第（2）款及第 72 条第（3）款的规定，如果不是当事人明示预期根本违约的情况，在时间允许的情况下，打算宣告合同无效的一方当事人必须向对方发出合理通知，以便对方对履行义务提供充分保证。因此，在一方未明确表示不履行的情况下，裁判者通常会考察另一方是否在时间许可时进行了合理通知，此时另一方通知若有瑕疵，则会对违约方是否构成预期根本违约造成重要影响。如在中国上海市高级人民法院 2015 年 10 月 12 日审理的中国卖方与美国买方服装纠纷案①中，合同约定开船日期为 2011 年 7 月 2 日或 9 日，卖方 2011 年 6 月 17 日的邮件中提出的开船日期为 2011 年 7 月 30 日，买方据此认为卖方将根本违约，因此在 6 月 17 日取消了该订单。法院认为，如果买方对卖方提出的日期无法接受，双方未能达成合意，则卖方应按照原约定日期交货，而且该案中卖方没有明确表示将不履行该合同。从 6 月 17 日到 7 月 2 日或 9 日，卖方在两周内有足够的时间安排生产，买方即便认为卖方将要根本违约，也必须向卖方发出合理的通知，使卖方可以对履行义务提供充分的担保。买方未依 CISG 第 72 条第（2）款的规定行事，法院认为，取消订单的责任在买方。由此可见，如果卖方提出不履行或迟延履行的时间与实际履行之间仍有充分的时间，则该情形构成了第 72 条第（2）款中的“时间许可”，此时买方必须通知卖方，以便其提供履约担保，若买方未履行通知义务，则法院不会因此判定卖方预期根本违约，也不会赋予买方解除合同的权利。

总之，关于对预期根本违约的判断，若当事人在合同约定的履行期届满前明示其将根本违反合同，则裁判者通常会判定当事人构成预期根本违约；对于从当事人的行动中能够明显看出其将根本违约的情形，裁判者在认定时会较为慎重，如果时间允许，裁判者通常会考察非违约方是否尽到了合理的通知义务，然后再结合合同条款的特殊约定来判断违约方是否将根本违反合同。

六、违反附随义务时“违约严重性”标准的判例分析

对于附随义务的违反，有学者认为，这与对当事人合同利益的影响程度无

---

① 参见上海市高级人民法院民事判决书，（2015）沪高民二（商）终字第 S3 号。

关，对有些附随义务的违反会对当事人合同利益的实现产生重要影响，此时违反义务方通常会构成根本违约，① 而有些附随义务则无关紧要。因此，在司法实践中，裁判者会结合案情具体判断何时违反附随义务会构成根本违约。笔者搜集到的相关判例占比不足整个根本违约认定判例的10%，曾对违反附随义务是否会构成根本违约做出过裁判的国家或国际组织包括ICC、奥地利、澳大利亚、德国、俄罗斯、法国、瑞士、乌克兰、西班牙、中国等，以下具体进行分析。

从判定构成根本违约的判例来看，通常情况下，如果因违反附随义务导致非违约方无法实现其合同期待，则裁判者会认定违反义务方构成根本违约。如双方对货物有销售地域的限制，规定了某些地区的货物专卖权，如果一方违反了合同对转售的限制，多个国家的法院或仲裁庭都认为这会构成根本违约。如法国格勒诺布尔上诉法院1995年2月22日审理的法国卖方与美国买方牛仔裤纠纷案②中，合同约定货物要运往南美洲和非洲，而且卖方始终坚持要求买方提供货物目的地的证据。然而，买方将货物发往了西班牙。法院认为买方没有尊重卖方的意旨，即想知道货物的目的地，这一态度构成了CISG第25条所说的对合同的根本违反。此案例揭示的是买方对卖方提出的转售地域限制的违反。在另一起案件中，法院对卖方违反地域限制的情况进行了分析，即在瑞士阿尔高州商事法院1997年9月26日审理的德国卖方与瑞士买方餐具纠纷案③中，法院认为卖方如果没有遵守其合同义务，即没有对为买方在某区域内独家供应货物提供保证，则必然会构成根本违约，因为这对买方来讲是一种实质性的损害，买方会丧失其在该区域销售特定货物的优势，它不能仅仅被视为对次要合同义务的违反。由此可见，无论是买方还是卖方，如果货物在某特定区域内销售是影响其合同利益实现的重要因素，则对该项义务的违反必然会构成根本违约。在德国法院的判例中，法院也表达过类似观点，即在德国法兰克福高等地方法

---

① See Ingeborg Schwenzer, *Commentary on The UN Convention on The International Sale of Goods* (*CISG*), 5th edition, Oxford University Press, 2022, p. 624.

② 参见法国格勒诺布尔上诉法院1995年2月22日裁决，载美国佩斯大学CISG数据库官网，https://iicl.law.pace.edu/cisg/case/france-february-22-1995-cour-dappel-court-appeals-sarl-bri-production-bonaventure-v。

③ 参见瑞士阿尔高州商事法院1997年9月26日裁决，载美国佩斯大学CISG数据库官网，https://iicl.law.pace.edu/cisg/case/switzerland-september-26-1997-handelsgericht-commercial-court-translation-available。

院1991年9月17日审理的意大利卖方与德国买方鞋子纠纷案[①]中，卖方未经买方允许，在一次商展中展出了若干双按照合同特定要求生产的鞋子，鞋子上附有买方得到受让许可的商标，买方要求卖方撤回展览展出的鞋子，卖方拒绝。法院认为，在展览中展出带有合同约定特定要求的鞋子会构成CISG第25条规定的根本违约。尽管该合同义务不是合同的主要义务，但即使是次要的合同义务，如果违反该义务会严重威胁合同目的的实现，当事人的合同利益无法得到满足，则此种违反也会构成根本违约。

此外，由于附随义务的种类繁多，司法实践中还存在诸多关于对其他附随义务的违反是否构成根本违约的判断。例如，在澳大利亚阿德莱德联邦地方法院1995年4月28日审理的德国卖方与澳大利亚买方帐篷纠纷案[②]中，法院认为，否定所有权保留条款虽然违反的是附随义务，但也会构成根本违约，因为这会影响货物所有权的归属；再如，CIETAC 2005年12月审理的德国卖方与中国买方传热油炉纠纷案[③]，仲裁庭认为，违反合同中的设备测试条款也可能构成根本违约，即使交货没有问题，但卖方在测试时因过失导致货物爆炸，买方的合同期待无法实现，因此卖方也会构成根本违约；又如，法国最高法院在2013年12月17日审理的新西兰卖方与法国买方冷冻羊肉纠纷案[④]，尽管卖方认为在928盒肉中只有2盒的保质期出现了标记错误，这不构成根本违约，但法国最高法院指出，2盒肉出现标记错误表明其在生产日期和保质期方面不确定和不一致，导致检疫部门扣押了600公斤肉并且所有货物被拒绝，卖方无法证明标记错误不影响该集装箱里的所有盒子，因此，法国最高法院认为卖方从根本上违反了合同。由此可见，是否严重影响了非违约方合同期待的实现，是裁判者判定违反附随义务是否构成根本违约的标准。

从不构成根本违约的判例来看，裁判者的判定理由也证实了上述观点，如

---

① 参见德国法兰克福高等地方法院1991年9月17日裁决，载美国佩斯大学CISG数据库官网，https：//iicl. law. pace. edu/cisg/case/germany – oberlandesgericht – hamburg – oberlandesgericht – olg – provincial – court – appeal – german – 168。

② 参见澳大利亚阿德莱德联邦地方法院1995年4月28日裁决，载美国佩斯大学CISG数据库官网，https：//iicl. law. pace. edu/cisg/case/australia – april – 28 – 1995 – roder – zelt – und – hallenkonstruktionen – gmbh – v – rosedown – park – pty – ltd。

③ 参见CIETAC 2005年12月裁决，载美国佩斯大学CISG数据库，https：//iicl. law. pace. edu/cisg/case/china – december – 2005 – translation – available。

④ 参见法国最高法院2013年12月17日判例摘要，载UNCITRAL官网，https：//www. uncitral. org/clout/clout/data/fra/clout_case_1505_171213. html。

果对附随义务的违反并未实质影响非违约方合同利益的实现，则裁判者不会轻易判定违约方构成根本违约。例如，瑞士苏黎世州商事法院 2003 年 10 月 24 日审理的意大利卖方与瑞士买方床垫纠纷案①中，卖方最初交付的床垫有问题，双方达成了一项新的协议，卖方保证向买方交付新的没有缺陷的床垫，并收回有缺陷的床垫。卖方交付了一些新床垫，却未收回有瑕疵的旧床垫，法院认为，根据 CISG 第 25 条，卖方实际上已经履行了其基本义务，未履行的义务实属次要，不具有决定性，因此卖方未收回旧床垫不构成根本违约。再如，韩国商事仲裁委员会 2012 年 5 月 17 日审理的机顶盒纠纷案②，买方认为卖方未能按照协议规定在机顶盒中安装特定软件，属于 CISG 第 25 条所确定的“严重违反合同行为”，但仲裁庭拒绝承认此观点，其认为，买方尽管知道未安装软件，但仍接收了产品，并未提出任何异议，因此驳回其根据 CISG 第 49 条废止协议的请求，仅认为卖方产品存在瑕疵，构成违约，需赔偿买方损失。由此可见，不构成根本违约的判例中，违约方对附随义务的违反并未触及买方核心的合同利益。

总之，对于附随义务的违反是否构成根本违约，裁判者考虑的重点是违反该义务是否会造成对当事人合同期待的实质剥夺，而不是该义务是合同的主要义务还是次要义务。

本章小结

对以上六种情形的分析涵盖了笔者搜集到的所有适用 CISG 第 25 条的判例。从对判例的分析来看，对根本违约“违约严重性”标准的认定会涉及诸多的类别，针对不同类别裁判者在判断时考虑的因素会有所不同，有时，不同的裁判者对同一问题还存在不同的观点。在面对复杂的案情时，需要综合考虑多个因素。然而，就具体的每个类别来讲，其判定“违约严重性”的趋同性在逐渐增强。以下分别列举：

---

① 参见瑞士苏黎世州商事法院 2003 年 10 月 24 日裁决，载美国佩斯大学 CISG 数据库官网，https：//iicl. law. pace. edu/cisg/case/switzerland – october – 24 – 2003 – handelsgericht – commercial – court – m – f – srl – v – p – ag – translation。

② 参见韩国商事仲裁委员会 2012 年 5 月 17 日判例摘要，载 UNCITRAL 官网，https：//www. uncitral. org/clout/clout/data/kor/clout_case_1769_170512. html。

第一，完全不履行中对“违约严重性”的认定。大部分国家的判例认为卖方完全不履行会构成根本违约，对于买方完全不履行的情形，以德国为代表的少数国家对其认定比较慎重，不紧急的情况下会赋予当事人宽限期继续履行。

第二，瑕疵履行中对“违约严重性”的认定。瑕疵履行是整个根本违约认定判例中数量最多，情况最为复杂的类型。通常情况下，当货物违反了当事人特别约定的义务，瑕疵货物占比较高，货物不可用或货物不可补救时，会达到“违约严重性”程度；当单据出现瑕疵导致当事人无法实现合同目的时，也会达到“违约严重性”程度。但提出货物瑕疵需以合理时间验货及通知为限。

第三，迟延履行中对“违约严重性”的认定。大部分国家的判例在判定卖方迟延交货时会判断时间是不是履行合同的重要因素。买方迟延付款或收货通常不会被判定构成根本违约，裁判者会给予买方宽限期来促使合同继续履行。

第四，部分履行与分批交货中对“违约严重性”的认定。这两种情况在判断“违约严重性”时存在类似的情形，如果未履行部分对整个合同至关重要，则违约方通常会构成根本违约，当然，分批交货时还须考虑瑕疵履行的批次与其他批次货物的关联性问题。

第五，预期根本违约中对“违约严重性”的认定。裁判者对此持谨慎态度，除非当事人在履行期到来前明示将根本违约，否则裁判者会审查非违约方是否在时间允许时尽到了合理通知义务，便于对方提出履约担保。

第六，违反附随义务时对“违约严重性”的认定。如果因违反附随义务导致了对方无法实现其合同期待，则通常情况下裁判者会认为此种违反为严重性违反。当事人如果未履行的义务不具有决定性，则不会构成根本违约。

此外，在适用 CISG 第 25 条的过程中，一些问题仍然存在争议。如完全不履行与迟延履行时的宽限期问题，即 CISG 第 49 条、第 64 条与第 47 条、第 63 条的关系问题；补救权与合同解除权何者优先问题，即 CISG 第 49 条与第 48 条的关系问题，等等，这些问题会关系到对根本违约的判定。由于相关法条在制定时存在争议，最终的条款是各方妥协的结果，因而在理解时不同的学者及裁判者有不同的观点，当然，总体来看，这些问题在司法实践中的应对趋势是尽量让合同有效，能够弥补的缺陷尽量弥补，实在无计可施再考虑解除合同。

总之，尽管不同类别的违约依据了不同的判断因素，部分问题无论在学界还是司法实践中仍存在争议，但总体来看，适用 CISG 第 25 条的判例并非完全不同。相反，在某一点上，这些判例的趋同化特征越发明显，那就是裁判者在对“违约严重性”进行判断时，一直在思考同样的问题，即非违约方的合同期待是否被实质剥夺了。对于这一问题的回答，裁判者变得越来越谨慎，从上述提及的存在争议的宽限期、补救权是否优先等问题就可以看出，裁判者对于根本违约的“违约严重性”标准趋向于严格解释，以此达到尽量让合同能够继续履行的目的，可以说，这与 CISG 的宗旨是完全吻合的。因此，从对 CISG“违约严重性”标准的判例分析来看，裁判者对“违约严重性”标准的认定始终在围绕第 25 条的规定展开，“实质剥夺合同期待”是该标准最核心的问题。

第三章　UPICC“违约严重性”标准分析

有学者认为，对于国际商法的发展来讲，UPICC 的出现是值得称道的。无论形式上还是实质内容上，UPICC 与 CISG 都是协调一致的。[①] 总体而言，UPICC 根本不履行制度中对“违约严重性”标准的规定是以 CISG 为基础发展而来的，且 UPICC 在诸多问题上对 CISG 存在争议的问题提出了自己的解决方案。以下从理论与司法实践层面加以具体分析。

第一节　UPICC“违约严重性”标准的理论分析——兼论对 CISG 的发展

UPICC 中并未使用“违约”一词，而是使用了“不履行”（non - performance）这一中性客观的表述。根据 UPICC 的目的，不履行包括了可免责和不可免责的不履行，在 UPICC 的用语体系中，“违约”是指无免责理由的不履行。[②] 由此可见，UPICC 所指的“违约”与 CISG 框架下的“违约”含义略有不同，然而，为论述方便起见，本书在论及 UPICC 不履行的严重性标准时仍使用“违约严重性”的表述。同 CISG 类似，UPICC

---

① See Michael Bridge, *The CISG and the UNIDROIT Principles of International Commercial Contracts*, Uniform Law Review, Vol. 19：4, p. 623 - 642 (2014).

② 参见李政辉：《合同法定解除原因研究》，中国检察出版社 2006 年版，第 300 页。

在规定根本不履行问题时，除了最核心的第 7. 3. 1 条的规定之外，就补救权问题、迟延履行的宽限期问题以及预期不履行问题分别在第 7. 1. 4 条、第 7. 1. 5 条、第 7. 3. 3 条以及第 7. 3. 4 条进行了具体规定，以下分别加以分析。

一、UPICC 第 7. 3. 1 条第（2）款对 CISG 第 25 条的继承与发展

UPICC 在第 7. 3. 1 条的第（2）款中规定了认定构成根本不履行时需考虑的因素，其中从客观的“违约严重性”角度规定的有（a）、（b）、（d）、（e）几项，关于（c）项，由于学者常将其与“可预见性”标准进行比较，因此本书将在“可预见性”标准的讨论中对（c）项加以分析。以下结合 UPICC 的注释，对（a）、（b）、（d）、（e）项展开分析。

第一，（a）项规定“不履行实质上剥夺了受损害方根据合同有权期待的利益，除非另一方当事人并未预见而且也不可能合理地预见到此结果”。很显然，此项的规定源于 CISG 第 25 条，在“可预见性”标准方面 UPICC 做了修改，此问题将在对“可预见性”标准进行分析时详述，此处探讨该项的前半段。（a）项前半段的规定与 CISG 第 25 条的前半段并无实质差别，“实质剥夺”“根据合同有权期待的利益”在表述上没有对 CISG 第 25 条做大的变动。UPICC 的注释对该项的解释中还阐明了有权期待得到的利益是在订立合同时所确立的，这与 CISG 也没有实质差异。UPICC 在此处所举的是典型的合同约定了确切交货时间，并强调了时间的重要性，而卖方迟延交货的例子，从上文对 CISG 判例的总结中可见，这也是 CISG 判例中典型的构成根本违约的判例。由此看来，（a）项前半段对不履行严重性的规定是 CISG 第 25 条的延续。笔者认为，尽管（a）项与后面几项在形式上是并列的关系，但从内容上讲，（a）项的规定是 UPICC“违约严重性”标准中需考虑的最重要的因素。

第二，（b）项规定“对该项未履行义务的严格遵守是合同的实质性约定”。根据 UPICC 注释的提示，该项不是要重点关注不履行所造成的损害是否严重，而是要看合同义务的性质，判断哪些义务属于实质性的义务。对于此项，有学者认为“这一做法虽然与英国法中的条件理论不完全相同，但明显受到了后者的影响”①。更有学者对此进行了批判，认为“着眼于条款主义的做法终究会像

① 金健：《国际商事合同履行法律问题比较研究》，武汉出版社 2001 年版，第 150 页。

英国法那样走上结果主义的道路”①。然而，笔者认为，从 CISG 根本违约认定的判例来看，该项规定在司法实践对根本违约的认定中发挥了重要的作用。在本书之前分析的 CISG 瑕疵履行和迟延履行的判例中，相当多的判例实际上都是根据此项规定所确立的标准对根本违约进行的认定，如瑕疵履行的判例中当事人对特定产品、货物质量、规格、年份、包装的特殊约定，以及迟延履行的判例中当事人对交货时间的特殊约定，包括 UPICC 注释中提到的跟单信用证交易中单证严格相符原则，这些都是对合同项下实质内容的体现，都需要严格履行，否则会被判定构成根本违约。由此看来，尽管在理论上存在争议，但该项是司法实践中认定“违约严重性”的重要判断标准，尤其在瑕疵履行与迟延履行的情形下对于认定根本违约发挥着重要的作用。

第三，(d) 项规定“不履行使受损害方有理由相信，不能信赖另一方当事人的未来履行”。UPICC 的注释中规定，如果一方当事人分期履行义务，并且在某一先期履行中出现的瑕疵很明显要在整个履行中重复，尽管先期履行中的瑕疵本身并不构成终止合同的法律依据，但受损害方仍可以终止合同。有时，故意违反合同可能表明另一方当事人不值得信赖。② 就此 UPICC 举出一个示例加以说明：A 作为 B 的代理人，有权要求 B 偿付费用，但向 B 提交了虚假的单据。尽管要求偿付的数额不大，B 仍可以认为 A 的行为是一种根本不履行，并可以终止代理合同。有学者认为，该项实质上属于默示预期违约。③ 然而，笔者认为，从 UPICC 所举的示例来看，(d) 项与默示预期违约仍有不同。有学者认为，UPICC 第 7.3.1 条第（2）款（d）项是可以用来解释 CISG 第 25 条的。④ 该学者将 CISG 判例中对当事人未来履行的不信赖分为了如下的类型：一是买方或卖方违反了排他性的专售权；二是卖方未来履行的不确定，如合同约定在一周内交货，但卖方在两个月后才交付了 1/3 的货物；三是买方拒绝提供支付货

① 伍治良：《根本违约判定标准功能之回归研究——兼评我国合同法相关规定之不足》，载《法律科学（西北政法学院学报）》2002 年第 3 期。

② 参见张玉卿主编/审校：《国际统一私法协会国际商事合同通则 2016》，中国商务出版社 2019 年版，第 510－513 页。

③ 参见伍治良：《根本违约判定标准功能之回归研究——兼评我国合同法相关规定之不足》，载《法律科学（西北政法学院学报）》2002 年第 3 期。

④ See Robert Koch, *Commentary on Whether the UNIDROIT Principles of International Commercial Contracts May Be Used to Interpret or Supplement Aticle* 25 *CISG*, Pace Law School Institute of International Commercial Law. (Nov., 2004), https://iicl. law. pace. edu/sites/default/files/cisg_files/koch1. html.

款的担保；四是要在一个不合理的条件下交货。[①] 从学者总结的 CISG 的判例类型来看，对未来履行的不信赖可以适用于各种类型的违约情形，其不一定必然是默示预期违约。由此可见，（d）项规定的出现是符合 CISG 判例发展需要的，同（b）项类似，其已经成为裁判者判定违约严重性所考虑的重要因素。此外，从 2016 年版 UPICC 增加的长期合同问题的角度来看，对未来履行的不信赖可以适用于长期合同中对根本不履行的判断，该项的增加也体现了关系契约法理论对 UPICC 的影响。

第四，（e）项规定“若合同被终止，不履行方将因已做的准备或履行而蒙受不相称的损失”。UPICC 的注释对该项的解释为，违约方已经信赖合同并已经准备履行或已经提供履行时，如果不履行被认为是根本性的，则有必要考虑违约方承受不相称损失的程度。[②] CISG 中并没有此项规定，学者认为，此项规定在 CISG 中是不能适用的。而且，从该项的作用来看，其并非判定是否构成根本违约的标准，其设立的目的是限制合同解除权。也就是说，即便构成了根本违约，也可以根据此项规定不赋予当事人合同解除权，该标准不会阻止对根本违约构成的认定。[③] 司法实践中，在 CISG 根本违约认定的判例中，并未出现根据此项标准解决争议的判例，因此可见，UPICC 的此项规定是对 CISG 根本违约认定标准的超越，有学者[④]认为不能以此项标准来解释 CISG。

总体来看，由于 CISG 第 25 条对根本违约认定标准规定的模糊性，UPICC 试图对其进行细化和扩充。就“违约严重性”标准而言，UPICC 第 7.3.1 条第（2）款的（a）项前半段是最重要的规定，也是对 CISG 第 25 条的继承，（b）、（d）两项是对“违约严重性”标准的具象化，在 CISG 的判例中经常得到应用，但不是能够囊括所有情形下根本不履行的标准，如在 CISG 判例中裁判者考虑的还包括在瑕疵履行的情况下不符合同约定货物占合同整体价值的比例、不符合

---

① See Robert Koch, *The Concept of Fundamental Breach of Contract under the United Nations Convention on Contracts for the International Sale of Goods* (*CISG*), in Review of the Convention on Contracts for the International Sale of Goods (CISG) 1998, Kluwer Law International, 1999, p. 246 – 253.

② 参见张玉卿主编/审校：《国际统一私法协会国际商事合同通则 2016》，中国商务出版社 2019 年版，第 512 – 513 页。

③ See Robert Koch, *Commentary on Whether the UNIDROIT Principles of International Commercial Contracts May Be Used to Interpret or Supplement Aticle* 25 *CISG*, Pace Law School Institute of International Commercial Law.（Nov., 2004）, https://iicl.law.pace.edu/sites/default/files/cisg_files/koch1.html.

④ 例如，宋杰、张志彦：《论〈国际商事合同通则〉在 CISG 解释中的运用——以根本违约的解释为例》，载《黑龙江对外经贸》2008 年第 6 期。

同约定货物的可用性等因素以及在部分履行时需考虑的因素等，这些具体标准在 UPICC 中并未见有明确归纳，当然，可能是 UPICC 的制定者出于对这些标准要适用于更广泛的国际商事合同领域的考虑，适用于货物买卖合同的标准不一定适用于其他国际商事合同。此外，（d）项的注释中还提到故意不履行时的判断问题，这也是 CISG 较少遇到的情况。（e）项本身不会影响对根本不履行构成的判断，只是在赋予当事人合同解除权时需对其加以考虑。

对比 CISG 判例涉及的具体情形，笔者认为，UPICC（b）、（d）两项的出现在认定具体类型中的根本违约时有重大意义，两项标准涵盖了大部分根本违约认定的情形。但总体来看，UPICC 第 7.3.1 条第（2）款对“违约严重性”的判定仍然存在与 CISG 第 25 条类似的问题，对于（a）项中“实质剥夺合同期待”的理解，仍需借助判例加以总结，这也一直是判断根本违约构成中最重要的问题。（e）项对于认定“违约严重性”本身并无实质帮助。

二、第 7.1.4 条对补救权优先问题的确定

前文已述及，在 CISG 中关于补救权与合同解除权何者优先的问题理论上存在较大的争议。在适用 CISG 的判例中，裁判者的观点更趋于一致，即认为补救权是优先于合同解除权以及根本违约认定的，如果货物瑕疵得到了卖方的合理补救，则裁判者通常不会认定卖方构成根本违约进而允许买方解除合同。补救权与合同解除权何者优先的问题在 UPICC 的规定中得到了进一步的明确，然而，在根本不履行的构成上，UPICC 似乎与 CISG 判例的观点有所不同。

关于补救权与合同解除权的问题，UPICC 在第 7.1.4 条第（2）款中规定：“补救的权利并不因终止合同的通知被排除。”UPICC 对该条的注释认为，如果受损害方根据第 7.3.1 条第（1）款合法终止了合同，终止合同的效力也因有效的补救通知而中止。如果不履行得到补救，终止合同的通知就不再有效。[①] 很显然，从法条的规定以及注释来看，UPICC 认为补救权是优先于合同解除权的。

然而，就补救是否影响根本不履行的构成问题，UPICC 的注释中规定，“仅因为不履行构成根本不履行这一事实，并不能排除补救。确定补救的适当性时

---

① 参见张玉卿主编/审校：《国际统一私法协会国际商事合同通则 2016》，中国商务出版社 2019 年版，第 466－467 页。

应考虑的因素包括：……其本身是否构成根本不履行”①。笔者认为，从 UPICC 的注释来看，补救权是否行使与根本不履行是否构成似乎并没有关联，相反，是否构成根本不履行会决定补救是否适当。因此可以如此理解，对根本不履行的判断在先，对是否实施补救的判断在后，无论不履行是根本不履行还是一般不履行，都可能会存在补救。由此可见，UPICC 中规定的补救权对根本不履行的认定是没有影响的，根本不履行需要依据第 7.3.1 条第（2）款的标准加以认定，之后，如果瑕疵是可以补救的，则可以行使补救权，此时终止合同的效力中止。根本不履行会导致合同终止，而补救可以中止合同终止，补救权影响的是合同终止的效力，而不是根本不履行的构成本身。

由此可见，UPICC 在关于 CISG 第 48 条与第 49 条的关系的问题上澄清了一点，即补救权是优先于合同解除权的，但补救权不会影响对根本不履行构成的判断。UPICC 更倾向于将根本不履行与合同终止视为两个独立的问题。在适用 CISG 的司法实践中，裁判者赋予了补救权更大的影响力，即卖方一旦行使补救权并成功，即使曾经是非常严重的瑕疵（有些可能是如果没有补救就会构成根本违约的瑕疵）也不会被判定为构成根本违约，更不会影响到合同解除。

三、第 7.1.5 条对宽限期问题的澄清

UPICC 第 7.3.1 条第（3）款专门就迟延履行的问题进行了规定，根据第 7.1.5 条赋予了迟延履行一方履行的宽限期，宽限期内仍未履行的，受损害方可以终止合同，该条需结合第 7.1.5 条共同理解。第 7.1.5 条第（3）款规定，如果延迟履行不属根本不履行，而且受损害方已发出通知，给予不履行方一段合理的额外期间履行其义务，则受损害方在该段期间届满时可终止合同。如果所允许的额外期间的长度不合理，则应延长至合理的长度。UPICC 的注释在解释延长期时指出，“延长期结束时的情况取决于在准予延长时延迟履行是否已是根本性的。如果是根本性的迟延履行，并且在延长期内合同没有得到完全履行，在延长期届满时，对根本性不履行的终止合同的权利自然恢复”②。由此可见，UPICC 关于宽限期的规定相较于 CISG 的规定更加清晰。笔者认为，UPICC 在

---

① 张玉卿主编/审校：《国际统一私法协会国际商事合同通则 2016》，中国商务出版社 2019 年版，第 462 – 465 页。

② 张玉卿主编/审校：《国际统一私法协会国际商事合同通则 2016》，中国商务出版社 2019 年版，第 472 – 473 页。

赋予宽限期、认定根本不履行以及终止合同三者的关系上，同上文提及的补救权与后两者的关系类似，即宽限期与根本不履行的认定没有直接关联，根本不履行的认定在先，是否赋予当事人宽限期取决于当事人的选择，根本不履行的情形下赋予当事人宽限期会起到中止合同终止的效果。

从前述对 CISG 判例的分析中可以发现，不同国家对 CISG 第 47 条第（1）款和第 63 条第（1）款关于宽限期的规定的理解是不同的。德国倾向于严格解释，甚至有法院曾提出“不交货或迟延交货本身不构成根本违约”的观点，如前文所述，德国的宽限期机制只有在当事人违反的是合同明确约定的重要义务时或者完全没有补救可能时才不适用，因此通常在卖方不交货或迟延交货时，德国裁判者倾向于先赋予当事人宽限期。当然，大多数国家在处理迟延交货问题时会通过对时间是否重要进行判断，如果时间至关重要，卖方迟延交货会构成根本违约，进而买方可以直接解除合同，通常之后不会再赋予卖方宽限期进行补救。对于买方迟延付款或收货，大多数国家的裁判者都会认为此种情形不构成根本违约从而允许赋予买方宽限期。笔者认为，大多数国家适用 CISG 的判例法的总体趋势是先判断迟延履行是否是根本违约，构成根本违约的，直接解除合同；不构成根本违约的，赋予当事人宽限期。当然，CISG 第 47 条并未剥夺当事人在根本违约后赋予当事人宽限期履行的权利。德国国内法因其本身并没有根本违约的概念，故无须对此进行判断，其只涉及赋予当事人宽限期，当事人宽限期满仍不履行对方可以解除合同的问题。因此，在德国适用 CISG 时，裁判者会受到国内法的影响，进而对不履行或迟延履行构成根本违约做严格的限制。UPICC 在宽限期问题上似乎是 CISG 与德国法的融合，UPICC 明确了根本不履行、宽限期、合同终止的关系，从这一点来看，UPICC 有选择地吸收了德国法的规定，同时较周全和明确地规定了根本不履行时赋予当事人宽限期的问题，因此与 CISG 较为模糊与矛盾的条文相比，UPICC 的规定是更为清晰、合理的。

四、第 7.3.3 条和第 7.3.4 条对预期不履行问题的改进

关于预期不履行问题，UPICC 同 CISG 一样选择了单独予以规定的方式，而在对预期不履行的规定中同时会涉及根本不履行的问题。UPICC 关于预期不履行规定在第 7.3.3 条和第 7.3.4 条中。与 CISG 不同的是，从 UPICC 的两条规定中可见，其规定的预期不履行皆属于根本不履行，而 CISG 在第 71 条还规定

了一般预期违约制度，与第 72 条规定的预期根本违约制度相对应。然而，对于 CISG 对预期违约的分类，有学者认为根本性与非根本的预期违约是很难界定的。[①] UPICC 显然对预期不履行问题进行了简化处理。UPICC 第 7. 3. 3 条的规定相当于 CISG 第 72 条第（1）款和第 72 条第（3）款的规定，即一方不履行很明显时，另一方可以直接终止合同；UPICC 第 7. 3. 4 条的规定相当于 CISG 第 71 条和第 72 条第（2）款两种情况的合并，因为实践中有时很难区分 CISG 第 71 条一般预期违约和第 72 条第（2）款时间许可时违约方提供充分保证的情况，因此 UPICC 统一将这两种情况加以融合，如果当事人合理地预料到对方将根本不履行时，可以要求对方提供履行的担保，同时中止自己的履行，这是 CISG 第 71 条的处理方法，若另一方当事人没有提供保证，则要求提供保证的一方可以终止合同，这是 CISG 第 72 条的处理方法。相较于 CISG 的规定，UPICC 的规定显然更加简单明了，主要是对介于一般预期违约与预期根本违约之间不好判断的情形提供了更好的处理方式。同时，UPICC 对根本不履行的判断也更加清晰，即在 UPICC 的规定下，构成预期不履行必然会构成根本不履行，当事人或裁判者无须再考虑一般预期违约与预期根本违约的区别。

五、小结

从 UPICC 对根本不履行中"违约严重性"标准的规定来看，其在 CISG"违约严重性"标准的基础上有所发展。第一，第 7. 3. 1 条第（2）款（a）项前半段的规定保留了 CISG 第 25 条"违约严重性"标准的精髓，笔者认为，这种保留是非常必要的，其是根本不履行认定需考虑的核心因素；第二，第 7. 3. 1 条第（2）款（b）项与（d）项是对"违约严重性"标准的具体化，该两项囊括了诸多根本违约认定判例中的做法，然而，此两项对根本违约的认定并不能涵盖所有具体类型的违约判例，并非在每个判例中都会得到适用，因此该两项是认定根本违约时可供选择适用的具体判断标准；第三，第 7. 3. 1 条第（2）款（e）项的规定不是根本不履行的认定标准，其是对合同解除权的限制，而非对根本不履行构成的限制；第四，第 7. 1. 4 条明确了补救权、根本不履行认定以及合同解除权的关系，然而，从根本不履行的认定来看，根本不履行的认定在先，补救权不会对其是否构成产生影响；第五，第 7. 1. 5 条明确了宽限期、根

---

① 参见李政辉：《合同法定解除原因研究》，中国检察出版社 2006 年版，第 308 页。

本不履行认定以及合同解除权的关系，同第 7.1.4 条类似，宽限期也不会影响对根本不履行是否构成的判断；第六，第 7.3.3 条和第 7.3.4 条简化了预期不履行制度，在对根本不履行的判断上，只要构成预期不履行，则会构成根本不履行。总体而言，UPICC 明确了 CISG 理论与实践中遇到的诸多问题，但对于根本不履行的认定标准问题，UPICC 第 7.3.1 条第（2）款的规定也并不完善，而且从结构上看，有学者认为几项标准的划分并不具有逻辑性，从这一点上来说，UPICC 对根本不履行的规定仍有待完善。

第二节 适用 UPICC“违约严重性”标准的判例分析

作为法律重述，UPICC 在其序言中便阐明了它的功能。有学者认为，很显然 UPICC 的目的是与国际公约等具有法律约束力的国际立法相区别，它可以作为示范条款、示范合同、指导原则或者可供选择的法典为法官、仲裁员、律师、当事人提供帮助，虽然其本身不具有法律约束力，但如果选择适用了 UPICC 则其会对当事人形成自我约束力。① 因此，与适用 CISG 的判例不同，CISG 由于其公约性质，加之其缔约国众多，只要符合 CISG 适用范围，其在当事人没有约定时会自动适用。UPICC 有赖于当事人以及裁判者的选择，因此从目前的数量上来看，适用 UPICC 的判例远比不上 CISG。当然，本书收集的 UPICC 的判例完全来自 UPICC 的制定者 UNIDROIT 提供的 UNILEX 数据库，正如数据库官方网站提示中所言，由于大部分适用 UPICC 的判例来自仲裁庭，而诸多仲裁裁决并未公开，因此实际适用 UPICC 的判例会远多于网站数据库能够搜集到的判例。② 有学者指出，尽管如此，从可提供的数据中仍可以展开对 UPICC 相关问题的理论分析。③ 因此，本书也以 UNILEX 数据库提供的数据为基础展开论述。

---

① See Aldo Mascareño & Elina Mereminskaya, *The Making of World Society through Private Commercial Law: The Case of The UNIDROIT Principles*, Uniform Law Review, Vol. 18: 3 - 4, p. 447 - 472 (2013).

② 参见 UNILEX 数据库官网，http://www.unilex.info/dynasite.cfm?dssid=2377&dsmid=14311。

③ See Aldo Mascareño & Elina Mereminskaya, *The Making of World Society through Private Commercial Law: The Case of The UNIDROIT Principles*, Uniform Law Review, Vol. 18: 3 - 4, p. 447 - 472 (2013).

然而，由于部分案例仅提供了判例摘要或者提供的判例全文非英文表述，限于笔者能力，有时仅根据判例摘要对案例进行分析难免会有所疏漏。

从数据库对 UPICC 判例的分类来看，截至 2024 年 6 月，与根本不履行相关的判例中，适用 UPICC 第 7.3.1 条或者与该条相关的判例共计 29 个；适用第 7.1.4 条和第 7.1.5 条或与其相关的判例共计 3 个；适用第 7.3.3 条或与其相关判例共计 3 个，其中 2 个判例同时也涉及第 7.3.1 条；对于第 7.3.4 条，目前有 1 个相关判例。因此，总体来看，涉及 UPICC 根本不履行“违约严重性”的判例合计 34 个，以下对其进行分类分析。

一、对判例所涉合同性质的统计与分析

与 CISG 只适用于国际货物买卖合同不同，UPICC 在其序言中就表明了其适用范围的广泛性，UPICC 序言的注释中阐明，其可以适用于各种类型的国际商事合同，不仅包括货物贸易和服务贸易合同，而且包括投资、特许协议、专业服务合同，等等。不仅如此，UPICC 也不妨碍私人约定将其适用于纯国内合同。因此，实践中 UPICC 的判例种类繁多，性质各异。

首先，从合同是否涉外来看，在涉及“违约严重性”的 34 个判例中，有 16 个为涉外合同纠纷，剩余的 18 个皆为国内合同纠纷。在 16 个涉外合同纠纷案件中，12 起由仲裁机构处理，具体包括：ICC 审理 3 起；俄罗斯联邦工商会国际商事仲裁院审理 2 起；解决投资争端国际中心（以下简称 ICSID）审理 2 起；常设仲裁法院（Permanent Court of Arbitration，PCA）审理 1 起；墨西哥仲裁中心（以下简称 CAM）审理 1 起；意大利米兰国内国际仲裁院审理 1 起；CIETAC 审理 1 起，临时仲裁 1 起。剩余 4 起案件分别由荷兰最高法院、瑞士最高法院、俄罗斯秋明州仲裁法院①以及中国深圳市中级人民法院及广东省高级人民法院审理。在 18 个国内合同纠纷案件中，有 12 个判例来自西班牙，其余 6 个判例分别来自阿根廷、波兰、哥伦比亚、巴西、中国以及澳大利亚。从此数据来看，已经有国家开始在审理国内纠纷时关注 UPICC，而且大陆法系国家对其的关注度要明显高于英美法系国家。

其次，从所涉合同标的的种类来看，援引 UPICC 根本不履行相关条款的判例囊括了大部分常见的合同类别。在 34 个判例中涉及传统货物买卖合同的判例

---

① 俄罗斯仲裁法院虽冠以“仲裁”之名，但实质为审理商事纠纷的法院。

10 个；涉及不动产买卖或抵押合同的判例 10 个；涉及各类服务合同的判例 3 个；涉及个人与政府间投资协议的判例 2 个；涉及技术开发合同的判例 2 个；涉及合资开发土地资源、石油资源的判例 2 个；涉及运输合同的判例 1 个；涉及租赁合同的判例 1 个；涉及商业代理合同的判例 1 个；涉及建筑工程承包合同的判例 1 个；涉及企业成员间合作协议的判例 1 个。由此可见，正如 UPICC 序言中的规定，UPICC 的适用范围广泛，各类商事合同皆可适用。类型各异的判例中，裁判者皆可运用 UPICC 根本不履行的规则对“违约严重性”进行裁决，由此说明，根本违约规则不仅可以在传统的货物买卖合同中加以适用，随着 UPICC 影响力的扩大，其他类型的商事合同皆可运用这一标准对违约的严重程度加以判定，各种类型的国际商事合同在根本违约认定标准上存在统一的可能。以下具体分析各国法院及仲裁庭判例如何运用 UPICC 规则对“违约严重性”加以界定。

二、UPICC 判例对“违约严重性”标准具体适用的分析

鉴于 UPICC 判例数量较少，CISG 判例中所涉及的部分违约类型在此并未出现，因此本部分不再与 CISG 判例类型对应，而是按照 UPICC 对“违约严重性”标准的规定分别分析，主要分为对第 7.3.1 条根本不履行的一般问题，第 7.1.4 条补救权和第 7.1.5 条迟延履行的宽限期问题[①]以及第 7.3.3 条和第 7.3.4 条预期不履行的问题进行总结。

（一）UPICC 第 7.3.1 条根本不履行一般问题的判例分析

1. 适用 UPICC 第 7.3.1 条第（1）款的判例

根据 UPICC 第 7.3.1 条第（1）款的规定，一方构成根本不履行，另一方可以终止合同。涉及该款问题的判例共计 16 个，然而，由于该款是对根本不履行效果的规定，本身无关根本不履行的构成问题，且相关判例与之后关于根本不履行构成的判例重合，故不再专门就第 7.3.1 条第（1）款之下的判例展开分析。

2. 适用 UPICC 第 7.3.1 条第（2）款的判例

前文已述及，关于根本不履行的构成标准，主要规定在第 7.3.1 条第（2）

---

① 因判例重合，故将两条置于同一问题之下进行分析。

款，以下进行具体分析。

第一，综合适用 UPICC 第 7.3.1 条第（2）款各项标准的判例。在对根本不履行进行认定的判例中，有两个判例综合运用了第 7.3.1 条第（2）款的各项标准。一个判例是 ICC 2000 年 7 月 28 日审理的成员企业间的合同纠纷案①，ICC 分别根据 UPICC 第 7.3.1 条第（2）款的（a）（b）（d）（e）项对被告是否构成根本不履行进行了分析。该案中，A、C 是一家美国集团企业的两个成员单位，W 是瑞士的一家合作单位，W 与美国该集团企业签订了成员企业间合作协议，负责协调该企业集团各成员单位之间的经营与合作。由于 A 的业务不断扩展，C 认为这已经严重影响了 C 的业务发展，同时，W 未将 A 与 C 的业务协调好，因此 C 将 A 与 W 诉至 ICC，认为 W 构成了根本不履行，要求终止其与 W 之间的合作协议。ICC 审理认为，W 的行为因违反了合作协议而构成根本不履行。首先，根据 UPICC 第 7.3.1 条第（2）款（a）项，W 没有协调好企业成员间的关系，尤其是没有为各成员企业制订年度经营计划，也没有尽力协调处理各成员的经营范围等问题，W 的行为实质剥夺了 C 根据合作协议有权期待得到的东西。其次，根据（b）项的规定，协调 A、C 之间的业务是协议的重要内容，W 本应严格遵守，现 W 违反了该义务即构成对（b）项的违反。再次，根据（d）项的规定，W 的不履行行为使 C 有理由相信他将不再信赖 W 的未来履行。最后，根据（e）项的规定，C 终止合作协议，W 不会因已做的准备或履行而遭受不相称的损失。因此，仲裁庭综合上述各项因素最终判定 W 的行为构成根本不履行，C 可以终止其与 W 的合作协议。该判例是 UNILEX 数据库中唯一一个适用了（b）项与（e）项的判例。对于（e）项的适用，笔者认为，从判例来看，正如理论分析中所提及的，其并不会影响对根本不履行构成的判断，该项是判断是否可以终止合同的一个参考因素。

另一个判例是 CAM 2006 年 11 月 30 日审理的墨西哥卖方与美国买方的蔬菜买卖纠纷案②，该案中仲裁庭运用了第 7.3.1 条第（2）款的（a）、（c）、（d）项对卖方是否构成根本不履行进行了判断。卖方是蔬菜生产种植者，其与买方签订了一年的蔬菜独家销售合同，然而，后来却又将蔬菜转卖给第三人，并称

---

① 参见 ICC 2000 年 7 月 28 日裁决，载 UNILEX 数据库官网，https：//www. unilex. info/principles/case/668。

② 参见墨西哥仲裁中心 2006 年 11 月 30 日裁决，载 UNILEX 数据库官网，https：//www. unilex. info/principles/case/1149。

无法交货是因不可抗力造成蔬菜受损所致。仲裁庭审理认为，卖方的行为符合第7.3.1条第（2）款的至少三个标准：首先，根据（a）项，卖方不交货剥夺了买方的合同期待；其次，根据（c）项，卖方违反独家销售条款是故意的；最后，根据（d）项，上述情形使买方有理由相信他将无法信赖卖方的未来履行。由此，仲裁庭认为卖方构成了根本不履行，买方有权解除合同。该案是数据库中唯一一个适用了（c）项进行判断的判例。

综合上述两个判例来看，笔者认为，仲裁庭对于第7.3.1条第（2）款的运用印证了上述理论分析所得出的结论，（a）项是最重要的判断违约严重性的标准，后面几项是否适用取决于判例具体的违约类型，从目前的判例来看，在根本不履行的认定中，（a）项是必不可少的判定因素。

第二，单独适用（a）项前半段的判例。根据数据库的统计，共有10个判例单独适用了（a）项前半段关于“违约严重性”的判断标准，即实质剥夺另一方合同期待的标准。其中澳大利亚最高法院审理的判例1起，剩余9起均为西班牙国内的判例。在澳大利亚最高法院2007年12月13日审理的合资开发土地合同纠纷案[①]中，法院并非依据UPICC第7.3.1条进行审判，而是就纠纷中出现的“中间”条款问题进行了分析，并将其与UPICC的相关规定进行了对比。法院认为，中间条款尽管在英国的判例中出现过，但其不构成澳大利亚法的一部分，其不仅与美国的UCC和《第二次合同法重述》不同，也与CISG和UPICC有很大区别。法院认为，无论是什么类型的条款，只要造成了对利益的实质损害或剥夺，都可以赋予当事人合同解除权。这正是UPICC第7.3.1条第（2）款（a）项所涉及的问题，法院暗示，对于在何种情况下赋予当事人合同解除权的问题，澳大利亚法与UPICC的规定是相一致的。

西班牙国内单独适用（a）项的判例众多，以下就适用的具体情形加以分析。在西班牙单独适用（a）项的9个判例中，有4个是西班牙最高法院审理的案件，其中在2007年7月9日审理的不动产买卖纠纷案[②]和2008年12月3日审理的葡萄酒买卖纠纷案[③]影响颇大，为之后的判例提供了有益的参考。在2007

---

① 参见澳大利亚最高法院2007年12月13日裁决，载UNILEX数据库官网，https://www.unilex.info/principles/case/1232。

② 参见西班牙最高法院2007年7月9日裁决，载UNILEX数据库官网，https://www.unilex.info/principles/ case/1216。

③ 参见西班牙最高法院2008年12月3日裁决，载UNILEX数据库官网，https://www.unilex.info/principles/ case/1467。

年 7 月 9 日审理的不动产买卖纠纷案中，买方购买了几间带储藏室的公寓，因储藏室太过潮湿无法使用，买方起诉要求弥补房屋缺陷并赔偿损失。西班牙最高法院审理认为，就受害方要求损害赔偿的诉求来讲，不履行无须达到根本性的程度，单就储藏室来说，储藏室的缺陷妨碍了买方对其进行使用的意愿，根据 UPICC 第 7. 3. 1 条第（2）款（a）项，该缺陷已经足够符合“实质剥夺受害方合同期待”的标准了。该案成为西班牙审理后续类似案件的先例，在之后的三起不动产买卖纠纷[①]以及一起安保服务合同纠纷[②]中，地方法院通过援引最高法院的此次判决，根据 UPICC 第 7. 3. 1 条第（2）款（a）项对特征性履行一方（即非付款方）何种缺陷构成根本不履行进行了判断。在 2008 年 12 月 3 日西班牙最高法院审理的葡萄酒纠纷案中，因买方未付款，卖方诉请解除合同，法院认为，根据 UPICC 第 7. 3. 1 条第（2）款（a）项、PECL 第 8：101 条和第 8：103 条以及 CISG 第 49 条第（1）款对根本违约的界定，买方未付款实质上剥夺了受害方的合同期待，因此买方行为构成根本违约。之后，就付款方未付款的判例，地方法院通常会援引此案进行判断。至此，特征性履行一方（非付款方）与付款方根本不履行均有了最高法院的判例作为指导。总之，在西班牙的判例中，所涉判例不仅包括传统的货物买卖纠纷，还包括大量的不动产纠纷、服务合同纠纷等，由此可见，运用 UPICC 第 7. 3. 1 条第（2）款（a）项对各类商事合同是否构成根本违约进行裁定在西班牙的法院已经非常普遍。

此外，数据库还收录了一起单独援引（d）项的判例，即 2001 年 12 月 4 日由临时仲裁庭审理的房屋修缮服务合同纠纷案[③]，然而，该案对 UPICC 第 7. 3. 1 条第（2）款（d）项的援引是为了对合同条款进行解释，并非单独依据（d）项对根本不履行进行判断。

总结适用 UPICC 第 7. 3. 1 条第（2）款的判例，在判断“违约严重性”时，

---

① 包括 2007 年 11 月 12 日马德里省法院审理的不动产纠纷案，参见西班牙马德里省法院 2008 年 12 月 3 日裁决，载 UNILEX 数据库官网，https：//www. unilex. info/principles/case/1361；2007 年 11 月 26 日塔拉戈纳省法院审理的不动产纠纷案，参见西班牙塔拉戈纳省法院 2007 年 11 月 26 日裁决，载 UNILEX 数据库官网，https：//www. unilex. info/principles/case/1359；2009 年 1 月 19 日加的斯省法院审理的不动产纠纷案，参见西班牙加的斯省法院 2009 年 1 月 19 日裁决，载 UNILEX 数据库官网，https：//www. unilex. info/principles/case/1469。

② 2008 年 5 月 27 日马德里省法院审理的安保服务合同纠纷案，参见西班牙马德里省法院 2008 年 5 月 27 日裁决，载 UNILEX 数据库官网，https：//www. unilex. info/principles/case/1358。

③ 参见临时仲裁庭 2001 年 12 月 4 日裁决，载 UNILEX 数据库官网，https：//www. unilex. info/principles/case/1880。

裁判者普遍适用的标准是（a）项前半段即“实质剥夺受害方合同期待”的标准，（b）、（c）、（d）、（e）项并非每个案件均需符合的标准，需要根据具体案件的类型综合加以适用。

3. 适用 UPICC 第 7.3.1 条第（3）款的判例

UPICC 第 7.3.1 条第（3）款专门规定了迟延履行一方在宽限期内未履行时另一方终止合同的问题。UNILEX 数据库对此收录的判例只有一个，即 2005 年由中国广东省深圳市中级人民法院一审，广东省高级人民法院二审的中国受方与美国供方技术开发合同纠纷案①。该案中，美国技术供方大大推迟了合同约定的试点试验的时间，一审法院认为，试点试验是合同义务的实质部分，对该义务的迟延构成了根本违约。法院依据中国 1999 年《合同法》第 94 条第 4 项认为若一方迟延履行破坏了合同目的，则另一方有权解除合同。二审法院维持了一审法院的判决。该案审理过程中并未适用 UPICC 的相关规定，然而，该案一审法官选取该案作为经典案例并进行了评述。在评述中，法官引用了 2004 年版 UPICC 第 7.3.1 条以及 CISG 第 25 条的规定支持其判决结果。UNILEX 数据库的说明指出，该案中，UPICC 和 CISG 的条款并未在法院的判决书中出现，也不清楚法官在做出裁决时是否考虑了这些条款，或者法官仅仅是为了在案例评述中增加其论述的说服力才引用了这些条款。但是无论如何，在案例评述中提及 UPICC 说明 UPICC 已经引起了法官的注意。然而，尽管这类案例评述会在法院间传阅，并时常作为法官在审理类似案件时的指导（尤其是作为下级法院的指导），但应注意到这类案例评述本身目前在中国法上是不具有法律约束力的。

笔者认为，从该案的案情来看，该案虽然为技术开发合同，无法适用 CISG 的规定，但属于 UPICC 的调整范围，而且判断根本违约的基本原理与 CISG 是相同的。由于违约方迟延履行的是合同的实质义务，实质剥夺了对方的合同期待，因此直接认定违约方迟延履行构成根本违约与 CISG 第 25 条以及 UPICC 第 7.3.1 条第（2）款的规定是相符的。法官并没有再赋予当事人宽限期履行，而是直接允许当事人解除合同，这也进一步印证了 UPICC 第 7.3.1 条第（3）款的规定，即迟延履行时，先根据 UPICC 第 7.3.1 条第（2）款的标准认定当事人是否构成根本违约，进而根据案情判断是否需要赋予当事人宽限期，不需要

① 参见中国广东省高级人民法院 2005 年裁决，载 UNILEX 数据库官网，https：//www.unilex.info/principles/case/1445。

的，直接根据第7.3.1条第（1）款解除合同；需要的，可以根据第7.3.1条第（3）款的规定赋予当事人宽限期，若宽限期届满仍未履行的，非违约方可以解除合同。该案虽未适用UPICC进行审理，但笔者认为，法官的判案思路与UPICC的规定是相符的。UPICC第7.3.1条第（3）款对CISG相关条款的进一步梳理使在迟延履行中，根本违约的认定、宽限期的赋予以及合同的解除三者关系更加明确。

（二）UPICC第7.1.4条补救权和第7.1.5条迟延履行宽限期问题的判例分析

由于对UPICC第7.3.1条第（3）款的理解需要以对第7.1.5条的理解为前提，因此笔者将涉及第7.1.5条的判例一并进行分析。理论分析中已阐明，第7.1.4条补救权和第7.1.5条迟延履行宽限期均是与根本不履行判断相分离的两个问题，在判例中该观点也得到了进一步印证。UNILEX数据库收录的涉及第7.1.4条的有3个判例，适用第7.1.5条的有2个判例，这两个判例同时也适用了第7.1.4条，因此适用上述两条的判例合计为3个。

单独涉及UPICC第7.1.4条的判例为1995年9月22日由荷兰最高法院审理的不动产抵押纠纷案①。该案援引UPICC第7.1.4条用来解释1992年《荷兰民法典》。《荷兰民法典》明确区分了合同的无效与终止，UPICC第7.1.4条第（2）款规定“补救的权利并不因终止合同的通知被排除”，法院认为，UPICC的该条规定显然是为了澄清一点：一方当事人提出的履行义务的建议是否有效，取决于哪一方首先将其意图通知对方当事人，是宣布终止合同的债权人还是准备补救的债务人。若债务人先提出补救，则合同不会被终止。法院的分析再次印证了前文的理论分析，即仅因为不履行构成根本不履行，并不能排除补救，因此，补救权与根本不履行的构成完全是两个问题。

适用UPICC第7.1.4条的另外两个判例也同时适用了第7.1.5条，因此这里将两条的适用情形合并分析。值得注意的是，适用这两条的判例皆来自ICSID，因此涉及的纠纷皆为私人投资者与东道国政府之间的投资争端。在2000

---

① 参见荷兰最高法院1995年9月22日裁决，载UNILEX数据库官网，https：//www. unilex. info/principles/case/1127。

年3月20日ICSID审理的美国投资者诉乌克兰政府投资争端案①中，仲裁庭在审理过程中并未使用UPICC进行裁决，而是通过协调促使纠纷双方达成了一致，同意重新制订投资协议。在新的投资协议中，双方参考了UPICC第7.1.4条和第7.1.5条的内容，将其规定纳入到了新的协议条款中，因此UPICC在此案中的作用是充当了合同的示范条款。在另一起ICSID的判例中，仲裁庭涉及了两个法条适用的问题。在2008年7月29日审理的美国投资者诉刚果政府投资争端案②中，一家美国公司在对一家刚果公司控股前，刚果政府违反了与该刚果公司的投资协议，出资没有到位。仲裁庭认为，ICSID对此案没有管辖权，因为刚果政府未出资时针对的是刚果本国公司，故该案不属于ICSID的管辖范围。但其中一位仲裁员表达了不同的观点，其认为，根据UPICC第7.1.5条第（1）款的规定，当出现不履行的情况时，受损害方可以通知对方，允许其有一段额外期间去履行付款义务，同样，根据第7.1.4条，不履行的一方享有补救权，因此该案应赋予刚果政府一段宽限期履行其付款义务，只有当刚果政府明示拒绝付款时才视其为不付款。从赋予宽限期之后的时间点来看，此时刚果公司已经由美国公司控股，因此仲裁庭对该案是享有管辖权的。当然，最终仲裁庭并未采纳此仲裁员的意见，仲裁员的观点与德国法对宽限期的规定较为类似，而从仲裁庭的反对意见中可以反推仲裁庭对不付款的判断，即不付款是严重的不履行行为，可以不考虑赋予当事人宽限期的补救措施。

由上述判例可见，ICSID已经注意到了UPICC的影响力，并已经开始将其适用于解决投资合同争议或者将其作为示范纳入当事人的合同条款。从最后一个判例中可见，ICSID对不付款或迟延付款是否直接构成根本违约的问题也存在不同的理解，宽限期的补救措施在实践认定中会对其形成一定干扰。但总体来看，UPICC关于补救权和宽限期的规定在适用时较CISG更为清晰。

（三）UPICC第7.3.3条和第7.3.4条预期不履行问题的判例分析

UPICC第7.3.3条和第7.3.4条是关于预期不履行问题的规定，前文已述及，UPICC的规定相较CISG对预期违约的规定分类更加清晰合理。实践中，

---

① 参见ICSID 2000年3月20日裁决，载UNILEX数据库官网，https://www.unilex.info/principles/case/962。

② 参见ICSID 2008年7月29日裁决，载UNILEX数据库官网，https://www.unilex.info/principles/case/1349。

涉及第 7. 3. 3 条的判例有 3 个，涉及第 7. 3. 4 条的判例有 1 个。首先，适用第 7. 3. 3 条的 3 个判例皆是国内纠纷，涉及运输合同、合资开发土地合同以及服务合同，然而，3 个判例中法院并未直接适用 UPICC 第 7. 3. 3 条进行审判，主要是借 UPICC 的规定解释或补充国内法。其中一例是前文提及的澳大利亚最高法院 2007 年 12 月 13 日审理的合资开发土地合同纠纷案，该案合同中提及了“中间条款”，法院因此援引 UPICC 第 7. 3. 1 条和第 7. 3. 3 条对澳大利亚国内法进行了解释，详情见前文对第 7. 3. 1 条适用判例的分析，此处不再赘述。

第二起案件是哥伦比亚最高法院 2011 年 8 月 30 日审理的运输合同纠纷案①，该案中，两家运输公司 A 和 B 签订了一份不定期的客运合同，合同约定每年合同会自动更新一次，除非当事人双方同意终止该合同。合同终止前，一方当事人需提前 30 日通知另一方当事人，并获得其同意。合同履行了一段时间后，A 不满 B 的履行，遂提前 30 日向 B 发出了通知，称 30 日后 A 将单方面终止合同履行，而无须得到 B 的同意。B 将该案诉至法院认为哥伦比亚法律没有单方终止合同的规定，因此 A 无权单方终止合同。一审法院支持了 B 的诉求，然而，该判决被上诉法院推翻，最终哥伦比亚最高法院支持了上诉法院的观点。哥伦比亚最高法院认为，尽管《哥伦比亚民法典》没有规定单方解除合同的条款，但是单方解除合同在实践中是非常普遍的做法，因此可以将其作为哥伦比亚法律中不成文的规则加以承认。为支持这一观点，法院援引了国内和国际判例以及学者的观点，同时也明确指出，根据 CISG 第 49 条和第 64 条，以及 UPICC 第 7. 3. 1 条第（1）款、第 7. 3. 3 条和第 7. 3. 2 条第（1）款的规定，所有条款都对特定情况下单方解除合同提供了支持。UNILEX 数据库对该案做出了说明，指出哥伦比亚最高法院没有援引 UPICC 第 5. 1. 8 条关于无固定期限合同的专门规定，该规定赋予了合同的任何一方通过一段合理时间的预先通知可以终止一个无固定期限合同的权利。笔者同意 UNILEX 的观点，显然 UPICC 第 5. 1. 8 条更适合解决该案所涉及的问题。尽管该案主要涉及的是单方是否有权解除合同的问题，但从哥伦比亚最高法院对 UPICC 第 7. 3. 3 条的援引来看，法院可能将该案的问题识别成了预期根本违约的问题，即根据 UPICC 第 7. 3. 3 条的规定，A 提前 30 日通知 B 30 日后将解除合同属于明显的将在未来不履行的情

① 参见哥伦比亚最高法院 2011 年 8 月 30 日裁决，载 UNILEX 数据库官网，https：//www.unilex.info/principles/case/1657。

形，因此A的宣告构成预期根本不履行，但此时合同的解除权只能赋予B，A根据第7.3.3条作为预期根本违约的一方是无权解除合同的。由此可见，A的单方合同解除权不能通过第7.3.3条获得，只能通过第5.1.8条享有。当然，最高法院对单方解除权本身的分析是没有问题的，在根本违约以及预期根本违约的情况下，非违约方享有单方解除合同的权利。该案中，UPICC的作用仍然是解释和补充国内法的空白，只是法院援引的具体法条似乎存在一定问题。①

第三起判例是典型的预期根本违约问题，即2008年由中国北京市海淀区人民法院一审，北京市第一中级人民法院二审的宾馆服务合同纠纷案②。该案中当事人在2月向某宾馆预定了一个房间并支付了订金，准备8月入住该宾馆，然而5月宾馆通知该当事人说8月整个宾馆的房间被其他人预定，因此无法再履行之前的合同，该当事人因此诉至法院。一审、二审法院皆认为宾馆的行为构成预期违约。UNILEX对该案的说明指出，该案被媒体进行了广泛报道，二审法官对该案进行了评述，在评述中援引了2004年版UPICC关于预期违约的规定，用以支持法院的观点。笔者认为，从案情来看，该案属于典型的预期根本违约的情形，在履行期到来前，宾馆宣布其将不履行合同义务，属于UPICC第7.3.3条注释中特别提到的典型做法，符合第7.3.3条的必要条件，即将会发生不履行是很明显的，因此宾馆的行为构成预期根本违约，对方可以终止合同。同前一个中国法院审理的判例类似，该案虽然在审判时未提及UPICC第7.3.3条，但法官在之后的案例评述中对该条进行了援引，说明法官在审理国内服务合同纠纷时，也会考虑UPICC的相关规定。

其次，目前适用UPICC第7.3.4条的案例是一则国际纠纷，即2011年ICC审理的中国公司与美国公司设计开发制造特定产品案③。该案中，美国当事人设计的产品不符合同约定，存在严重缺陷，中国当事人因此扣留了一张发票的付款，美国当事人认为中方行为构成违约。仲裁庭审理认为，根据UPICC第

---

① 因该案在UNILEX数据库中仅提供了英文摘要，判例全文为西班牙语，故笔者仅对英文摘要提供的情况进行了分析。摘要中仅阐明了哥伦比亚最高法院的确援引了UPICC第7.3.3条用以说明单方解除权的问题，但并未展开论述，因此关于法院援引第7.3.3条的理由是笔者的推断，可能与实际情况有所偏差。

② 参见中国北京市第一中级人民法院2008年裁决，载UNILEX数据库官网，https：//www. unilex. info/principles/case/1754。

③ 参见ICC2011年裁决，载UNILEX数据库官网，https：//www. unilex. info/principles/case/2306。

7.3.4 条，由于美国当事人的不履行，中国当事人有权在美国当事人提供充分的履约保证之前，不在到期日付款，最终还可终止合同。该案中，当事人未选择应适用的法律，仲裁员经分析认为，因当事人来自不同的司法管辖区，可适用商人法，故最终选择适用了2004 年版 UPICC。由此可见，该案是对 UPICC 规则的直接适用，具有典型意义和参考价值。该案涉及的问题是较为典型的预期不履行问题，美国当事人提供的产品存在严重缺陷，而根据约定，中国当事人需使用产品的某些单元，连续三个赛季参加某些活动，美国当事人保证会解决问题，但之后的测试中该产品仍存在严重缺陷，因此中国当事人决定暂停付款。根据 UPICC 第 7.3.4 条，当事人有理由相信对方将根本不履行，因此可以要求对方提供充分保证，美国当事人虽提出了保证，但之后产品仍存在严重缺陷，中国当事人可以暂停履行合同义务，若美国当事人未能提供充分保证，中国当事人可以终止合同。该案的审理思路清晰，认定责任明确，相较于 CISG 关于预期违约的规定，UPICC 的规定显然更加简单明了。

总体而言，从涉及 UPICC 第 7.3.3 条的判例来看，目前还没有适用该条进行预期违约认定的判例，各国法院援引该条基本是为了对国内法空白进行解释补充，但从我国判例所涉及的案情来看，该案是代表了第 7.3.3 条所规定问题的典型案例，毫无疑问会构成预期根本违约。从第 7.3.4 条适用的判例来看，已经有裁判者直接适用 UPICC 对案件进行审理，且结果清晰明确，是对 CISG 预期违约制度的改进。由此可见，除了在传统的货物买卖合同领域之外，裁判者也会借鉴 UPICC 的规定对预期违约问题进行判断。

本章小结

通过对 UPICC 相关规定的理论及判例分析，笔者认为，UPICC 在对 CISG 第 25 条“违约严重性”标准的继承和发展方面起到了很好的推动作用。通过 UPICC 的规定及其适用判例，我们可以更清晰地梳理国际商事合同根本违约之“违约严重性”标准的发展趋势。

第一，尽管 UPICC 判例数量明显少于 CISG，但涉及 UPICC 的判例无疑在适用范围的广度上有了很大的突破。仅仅是 UPICC 涉及“违约严重性”判断的 34 个判例中，就包括了涉外和国内各种类型的判例，满足了 UPICC 序言中对

“商事”合同的宽泛理解，不仅包括传统的货物买卖合同还包括投资、技术开发、服务、代理合同等各种类型的商事合同。整体而言，可以看出这样一种趋势，即 UPICC 通过对 CISG 第 25 条的继承和发展，将根本违约的认定标准扩展适用到了各种类型的商事合同中。由此可见，在国际商事合同领域，根本违约的认定问题具有统一化的可能，并且统一化的趋势愈加明显。

第二，通过分析 UPICC 的规定和判例，笔者发现，裁判者在适用 UPICC 对不履行的严重性进行判断时，都会适用 UPICC 第 7.3.1 条第（2）款（a）项的前半段，因此，在每个案件中，当裁判者在对根本违约是否构成进行判断时，始终思考着同样的问题：违约方的行为是否实质剥夺了非违约方的合同期待。这与适用 CISG 第 25 条对“违约严重性”进行判断时的情况完全相同。因此，笔者认为，在国际商事合同领域，根本违约之“违约严重性”标准无论在 CISG 的判例，还是在 UPICC 的判例中，都存在统一化的趋势，即“违约严重性”标准就是判断违约方的违约行为是否“实质剥夺了对方的合同期待”。不同类型的违约行为还会存在各自不同的判断因素，但裁判者每次在遇到国际商事合同根本违约认定问题时，“实质剥夺合同期待”是无论何种类型的判例都需要考量的认定违约严重性的核心问题。

第三，UPICC 其他有关根本不履行规定的条款对 CISG 在理解和适用过程中存在的问题进行了进一步的明确，规定更加清晰合理。首先，UPICC 第 7.3.1 条第（2）款的（b）（d）两项是对违约严重性标准的细化，是实践中认定根本违约的两项重要的标准。（e）项不属于根本不履行的认定标准，但是会限制对合同解除权的赋予，更好地平衡合同双方当事人的利益。其次，UPICC 第 7.1.4 条更加明确地规定了补救权、根本不履行与合同解除的关系，第 7.1.5 条更加明确了宽限期、根本不履行与合同解除的关系，UPICC 的规定倾向于认为对根本不履行的判断在先，补救权和宽限期原则上对根本不履行的认定没有影响。CISG 的判例在补救权问题上更倾向于认为可补救且补救成功即不会构成根本违约；宽限期问题上受德国法影响，也出现了若赋予当事人宽限期能解决问题，则不轻易认定其构成根本违约的趋势。总体上，CISG 与 UPICC 尽力拯救合同的理念是一脉相承的。最后，UPICC 第 7.3.3 条与第 7.3.4 条对预期不履行的规定较 CISG 第 71 条和第 72 条对预期违约的分类更加清晰和明确，UPICC 直接认定预期不履行皆属于根本不履行，因此对根本违约的认定会更加简单。

总之，作为有着 97 个缔约国的国际公约，CISG 在调整国际货物买卖合同中的地位是不可撼动的，就 CISG 第 25 条的“违约严重性”标准而言，适用 CISG 的判例法正在逐渐形成统一的趋势。正如有学者所言，CISG 第 25 条与第 49 条中大部分关于合同解除的不确定性和不可预知性的概念已经随着从业者的使用而移除。[①] 同时，UPICC 作为国际法律重述，其对 CISG 不确定问题的解释和补充也在日益发挥其更重要的作用。比较 UPICC 的判例与 CISG 的判例，在对“违约严重性”进行判断时，裁判者的思路是一致的，都是对“实质剥夺非违约方合同期待”进行考量，且严格解释的趋势也愈加明显。由于 UPICC 适用范围的广泛性，相信随着 UPICC 影响的日益扩大，当事人或裁判者对其的适用和援引会越来越多，CISG 所确立的“违约严重性”标准会随着 UPICC 的适用扩展至更广泛的国际商事合同领域。

---

① See Bruno Zeller, *The Remedy of Fundamental Breach and the United Nations Convention on the International Sale of Goods* (*CISG*) *—A Principle Lacking Certainty*? Vindobona Journal of International Commercial Law & Arbitration, Vol. 11：2, p. 219 – 236 (2007).

第四章　CISG 及 UPICC 之“可预见性”标准分析

“可预见性”是国际商事合同根本违约认定中除“违约严重性”标准之外的另一个标准，也是学者争议较多的一个标准。从立法史来看，“可预见性”标准自 ULIS 诞生，CISG 对其加以修改，形成了一个各国妥协的版本，至 UPICC 时该标准仍有变化。“可预见性”与归责原则有何关系；“可预见性”是不是构成根本违约的基本标准；“可预见性”的时间如何确定……种种问题引发了学者热议。然而，适用 CISG 以及 UPICC 的司法实践中对“可预见性”标准的适用情况到底如何，学者关注较少。因此，本部分首先就“可预见性”标准的理论问题加以探讨，进而通过对 CISG 以及 UPICC 判例的分析，对“可预见性”标准的争议问题在司法实践中的发展趋势加以总结。

第一节　CISG“可预见性”标准的理论分析

根据 CISG 第 25 条的规定，当事人违约具有严重性时会构成根本违约，“除非违反合同一方并不预知并且一个同等资格、通情达理的人处于相同情况中也没有理由预知会发生这种结果”。后半段的规定学者通常称为“可预见性”标准。从 CISG 的立法史来看，在维也纳外交会议上各国代表就对“可预见性”的规定有着诸多建议和意见，提出了各种修正案。最终 CISG 才形成了目前的版本。CISG 第 25 条关于“可预见性”的规定得来不易，在维也纳外交会议上几经修改，其中的用词甚至是连词的运用都几经推敲。即便如此，学界对“可预见性”标准的争议仍然不断，以下首先对“可预见性”标准的结构进行分析，进而对存在争议的问题加以剖析。

一、“可预见性”标准的结构分析

（一）“除非”一词的引入对可预见性举证责任的影响

关于“可预见性”的举证责任，部分反对“可预见性”标准的学者①认为，根据举证规则，如果认为违约方具有“可预见性”，则应由非违约方证明，学者由此认为 CISG 根本违约在认定上对非违约方要求过高。笔者认为，此种观点有待商榷。其实“可预见性”举证责任的问题已经在立法史上得到了澄清。前已述及，早在 1978 年公约草案第 23 条制定时，菲律宾代表就提出用连词“除非”（unless）引导“可预见性”的规定，将之前由非违约方负担的“可预见性”的举证责任转移至违约方。正如德国著名学者 Michael Will 教授的评价所言：对英文“unless”一词的使用是一种术语运用上的艺术，它同法语中的“à moins que”以及西班牙语中的“salvo que”一词都是一种毫不含糊的表达，该词非常明确地将“可预见性”的举证责任转移给了违约方。②“可预见性”由违约方负举证责任对双方来讲是较为公平的，因违约方是否可预见是主观性较强的问题，本身在举证时就有难度，若再将该责任赋予非违约方，无疑大大加重了非违约方的负担，不利于对非违约方利益的保护。

（二）“违反合同一方并不预知”与“过错”的关系问题

对于“违反合同一方并不预知”，有学者认为，可以将其视为可预见性的主观标准，③ 其会涉及违约方是否可以预见到其违约行为会严重剥夺非违约方的合同期待这种结果，因此是对违约方主观意图的判断。同时，有学者认为，违约

---

① 例如，刘金根：《国际货物贸易中的根本违约探讨》，载《对外经贸实务》2000 年第 6 期；周新军：《关于根本违约及其与大陆法系相关违约形态的比较研究和思考》，载《河北法学》2004 年第 7 期，等等。

② Michael Will, *Comments on Article* 25 *CISG*, in Cesare Massimo Bianca and Michael Joachim Bonell, eds. , Commentary on the International Sales Law: the 1980 Vienna Sales Convention, Giuffre, 1987, p. 216.

③ 参见焦津洪：《论根本违约》，载《中外法学》1993 年第 1 期。

方并不预知表明了违约方并未有故意或恶意。① 由于大陆法系将过错作为构成违约的必要条件，而 CISG 对于违约方采取的是无过错责任，因此学者认为根本违约规则吸收了大陆法系的过错原则，② 与 CISG 中一般违约的无过错原则是相区别的。

对此，德国学者 Peter Schlechtriem 教授认为将可预见性理解为主观归责因素是一个错误，他认为这与对 CISG 立法史的误解有关。③ 在 ULIS 草案的制定阶段，即 ULIS 第 10 条正式制定之前，制定者对根本违约最初考虑的是“当事人认为什么是根本性的，是否考虑了当事人的想法”，然而，就这个标准是主观性的还是客观性的在对 ULIS 的讨论中已经是一个有争议的问题。④ 笔者认为，对“当事人认为什么是根本性的”这一标准的判断，其实“当事人的可预见性”问题就隐含其中。ULIS 第 10 条⑤最终将这一意图予以表达，笔者认为，这涉及了对双方当事人意图的判断，第一，“一个与另一方当事人同等情况的合理人”（a reasonable person）的表达是站在非违约方的角度去考虑的，如果合理的人能够预见到违约方会违约并且违约有如此的影响，那么他就不会再与违约方订立合同了。因此，做出可预见行为的是代表非违约方的合理的人。第二，是对违约方意图的判断，如果违约方在订立合同时知道或理应知道对方会因为他严重的违约行为而不与其订立合同，但是违约方依然违约了，则这样的违约就被认为是根本性的违约。由此可见，最初“可预见性”的表达是合理的人站在非违约方的角度去审视违约的严重性。只不过 ULIS 第 10 条的规定的确拗口，且在实践中是缺乏可操作性的，因为这会涉及对合理的人如何预见的举证问题，代表们认为这样的规定主观性太强了，而且从条款表达来看其更倾向于是由非

---

① 参见王利明：《论根本违约与合同解除的关系》，载《中国法学》1995 年第 3 期。

② 参见焦津洪：《论根本违约》，载《中外法学》1993 年第 1 期。

③ 参见［德］彼得·施莱希特里姆：《〈联合国国际货物销售合同公约〉评释》（第 3 版），李慧妮编译，北京大学出版社 2006 年版，第 88 页。

④ See Ingeborg Schwenzer. *Commentary on The UN Convention on The International Sale of Goods* (*CISG*), 5th edition, Oxford University Press, 2022, p. 546.

⑤ See ULIS Article 10: For the purposes of the present Law, a breach of contract shall be deemed to be fundamental wherever a party in breach knew, or ought to have known, at the time of the conclusion of the contract, that a reasonable person in the same situation as the other party would not have entered into the contract if he had foreseen the breach and its effects. 中文翻译为：为本法之目的，一项违约应视为根本性的，如果违约方在订立合同时知道或理应知道，一个与另一方当事人同等情况的合理人要是预见到这种违约及其后果就不会与之订立合同。

违约方来举证。这也是学者对后来的CISG可预见性举证责任存在争议的根源，因为最初，可预见性的确是由非违约方来举证的。正是因为ULIS第10条存在的问题，所以才会有1978年草案中“实质损害”（substantial detriment）的出现。“实质损害”比起对合理的人的可预见性的判断要客观很多，尽管最终CISG第25条也放弃了对“实质损害”程度的判断，将其修改为对非违约方“合同期待”是否被“实质剥夺”的判断。① 但可预见性的规定被保留了下来，基于代表们的建议，进行了几番修改之后，可预见性已经丧失了它最初的功能。虽然“unless”的加入明确了违约方的举证责任，但是可预见性最初是与判断违约的严重性相关联的。德国学者Ulrich Schroeter教授认为，事实上现在CISG第25条中“unless”引导的后半段话就变成了多余的——这是一个有些不幸的历史性错误。② 由此可见，是公约草案不断修改造成的妥协性导致了之后对CISG第25条可预见性理解上的各种争议。

澄清了可预见性最初的来源，再来审视可预见性与违约方过错以及根本违约归责原则的关系，笔者认为，可预见性的规定并非根本违约规则吸收了大陆法系的过错原则，“违反合同一方并不预知”可能是主观故意造成的，也可能是客观原因造成的，CISG无过错责任的归责原则是适用于根本违约规则的。正如Michael Will教授总结的那样，违约方并不预知可能是由违约方的疏忽、认知的缺失、经验的缺乏或者第三人甚至是非违约方的原因等造成的。无论什么原因，无论是谁的过错——都仅仅是因为违约方不知道，所以他并不预知。③ 我国国内审理的一起汽车买卖纠纷案④就很好地说明了这个问题。该案中，买方与卖方约定购买大众甲壳虫汽车一辆，约定合同生效之日起20个工作日交货，卖方迟延数日交货，买方将其诉至法院称卖方迟延履行合同导致其丈夫欲将该车作为

---

① 从1978年公约草案第23条与CISG第25条“实质”一词词性的变化就可以看出这一点，在公约草案第23条中所用的表达是“substantial detriment”，CISG第25条的表达是“substantially to deprive”。

② See Ingeborg Schwenzer. *Commentary on The UN Convention on The International Sale of Goods* (*CISG*), 5th edition, Oxford University Press, 2022, p. 547.

③ See Michael Will, *Comments on Article* 25 *CISG*, in Cesare Massimo Bianca and Michael Joachim Bonell, eds., Commentary on the International Sales Law: the 1980 Vienna Sales Convention, Giuffre, 1987, p. 217.

④ 该案分析参见赵慧琳:《正确理解和适用合同目的及根本违约规则》，载《政治与法律》2003年第5期。

“相识十周年纪念礼物”这一合同目的无法实现，因此构成违约，要求解除合同。该案中，买方自始至终并未向卖方提及交货时间的重要性，这一情形是卖方一直不知道的，因而无法预知，可见该案中违约方不预知并非违约方的过错所致，反而非违约方存在未将时间重要性告知的过错。此外，由于个体的差异性，不同的人对同一问题的认知不同，这些都会影响其对同一问题可预见的程度。CISG 出于同样的考虑，认为仅凭对“违反合同一方并不预知”的判断是不充分的，因此又提出了如下的合理人的标准。

（三）对“而且一个同等资格、通情达理的人处于相同情况中也没有理由预知”的理解

对于“一个同等资格、通情达理的人处于相同情况中也没有理由预知”的标准，学者认为其是可预见性的客观标准。如前文所述，该标准的出现是为平衡主观标准的差异。关于如何理解此项标准，CISG 立法史中有代表曾明确指出，CISG 第 8 条第（2）款采用了同样的表述，因此可以做同样的理解。学者认为，CISG 提出的虚拟的“合理人”标准并不是高度抽象的标准，[①] 该“合理人”是在国际贸易中熟知某一贸易部门做法的专业人士。[②] 对该标准前的“而且”一词也需加以重视，该词的使用表明违约方在举证证明可预见性时，不仅应证明其本身不可预知，同时还需要证明“合理人”同样不可预知，二者是并列关系，并非择一即可。

二、“可预见性”标准存在争议的问题

从对“可预见性”标准的结构分析来看，“可预见性”标准是一个自产生时起便存在争议的问题，几经修改后，问题变得越发复杂，以下就学者争议较大的问题进行剖析。

（一）“可预见性”标准在根本违约认定中的作用

关于“可预见性”在根本违约认定中的作用，有学者认为，其是判定根本违约构成的一个要件，作为主观标准，其是与“违约严重性”客观标准相并列

---

① 参见李巍：《联合国国际货物销售合同公约评释》（第 3 版），法律出版社 2023 年版，第 67 页。

② See Werner Junger & Peter Schlechtriem, *Commentary on the UN Convention on the International Sale of Goods*, Oxford: Clarendon Press, 1998, p. 72.

的一个重要标准。[①] 另有学者认为，CISG 第 25 条的“可预见性”规则与第 74 条损害赔偿的“可预见性”规则在作用上有相似之处，它们都是对受害方权利的限制。因此，可以认为只有实质剥夺当事人合同期待才会构成根本违约，而“可预见性”因素只是违约方承担违约责任的豁免条件。[②] 也就是说，“违约严重性”标准是根本违约的唯一判定因素，“可预见性”标准则是根本违约的豁免因素，如果违约方能够证明其不可预见，则可以认为其不构成根本违约，无须承担违约责任。学者的争论大可分为上述两种，通过对“可预见性”规则立法史的考察，笔者更倾向于认同第二种观点。可预见性作为根本违约的构成要件已经随着 ULIS 第 10 条的修改而发生改变，它因历史的错误被保留，因为“实质剥夺合同期待”标准的出现，已经无法再发挥其原有的决定性作用。笔者认为，目前在 CISG 第 25 条中，“可预见性”标准的作用是作为根本违约的例外情形而存在。因此，并非在判断根本违约时一定要援引此项标准，而一旦援引此项标准并且证明违约方并不预知且“合理人”也不预知，则违约方的违约行为不会构成根本违约。这是 CISG 在保护非违约方利益的同时，将非违约方利益限制在合理限度内的体现。

（二）“可预见性”的适用范围问题

明确了“可预见性”标准的作用之后，再来理解为何诸多学者提出“可预见性”的适用范围能够做到事半功倍。因为即便是认为“可预见性”标准是与“违约严重性”标准并列的共同构成根本违约判定标准的学者也会认为，在某些情况下，违约方是不得以不可预见为由阻止对方宣告根本违约的。从另一个角度来理解，即有些违约行为是违约方必然会预见的，因此，在此种情况下，“可预见性”标准是失灵的、不能适用的，这也印证了“可预见性”标准仅是根本违约豁免条件的观点。

关于在何种情况下“可预见性”标准失灵，学者的观点较为一致。第一，是当事人明确约定了一项义务的重要性时。如当事人对交货时间进行明确约定，

---

① See Fritz Enderlein & Dietrich Maskow, *International Sales Law*, Oceana Publications, 1992, p. 115.

② See Robert Koch, *The Concept of Fundamental Breach of Contract under the United Nations Convention on Contracts for the International Sale of Goods* (*CISG*), in Review of the Convention on Contracts for the International Sale of Goods (CISG) 1998, Kluwer Law International, 1999, p. 264 – 265.

且强调时间是合同的重要因素，此时违约方的迟延履行必然会构成根本违约。从前文对 CISG 迟延履行的判例分析中也可以发现，司法实践中裁判者在此种情况下也会直接认定违约方构成根本违约，因为此时时间的重要性是显而易见的。第二，是从谈判中可以发现一项义务的重要性时。[①] 在谈判缔结合同的过程中，当事人讨论了一项义务的重要性，在合同文本中没有明确的表述，但是当事人有证据证明这是一项重要义务，则此种情况下“可预见性”规则也不可适用，因为此种义务的重要性是很容易被证明的，也是当事人必然会预见到的。由此可见，只有在合同义务的重要性未在合同中明确约定以及在谈判中也没有明确表明的情况下，即确实存在违约方不知道的可能性的情况下，“可预见性”规则才能够得到适用。

（三）“可预见性”时间的确定问题

由上述第二个问题引申，会涉及本部分的问题，即当事人何时对相关情况不可预见才不构成根本违约。这是学者在可预见性问题中争议最大的问题。一部分学者认为，这一时间点应该是在合同订立时，因为从立法史来看，这是一个在 ULIS 中便已经言明的问题。而且在 CISG 第 25 条的表述中，违约方实质剥夺的非违约方期待是“在合同项下的”（under the contract），由此可以认为，违约方可以预见的时间应该是在订立合同时。德国学者 Peter Schlechtriem 教授认为，当事人在他们之间的合同中特别是订立合同之时就应当已经确定了他们所期待的利益，也同时确定了每一项特定义务所维护的特定利益的重要性，如果从这个基本思想出发，那么可预见性的时间点应当只跟合同订立的时间有关。[②] 这也是大多数德国学者的观点。

然而，另一部分学者认为，CISG 第 25 条前半句的英文表述采用了现在时态，表明法官应该置身于合同违约发生时对根本违约进行判断，而第 25 条后半句采用过去时态也表明违约方是在违约时没有预见。[③] 然而，在法语、西班牙语

---

① See Ingeborg Schwenzer, *Commentary on The UN Convention on The International Sale of Goods (CISG)*, 5th edition, Oxford University Press, 2022, p. 579.

② 参见［德］彼得·施莱希特里姆：《〈联合国国际货物销售合同公约〉评释》（第 3 版），李慧妮编译，北京大学出版社 2006 年版，第 88 页。

③ See Alain A. Levasseur, *The Civil Code of Quebec and the Vienna Convention on International Contracts for the Sale of Goods: some Comments*, in Canadian Institute for Advanced Legal Studies, 1992, p. 269, 282.

和俄语的 CISG 文本中，结论却正好相反。① 三个文本中均用过去时替代了现在时，从表述中可以推断出可预见性的时间点是在合同订立时。由此可见，由于 CISG 不同语言文本的差异，用 CISG 文本的时态去推断可预见性时间点的做法不具有说服力。从 CISG 的立法史中可以发现，虽然 ULIS 中明确规定了可预见性是在合同订立时，但 CISG 第 25 条对此进行了删除。前文已述及，UNCITRAL 秘书处在对 1978 年公约草案第 23 条的解释中说明了这一变化的原因："是在订立合同之时，还是在违反合同之时，如有争议发生，应由法庭裁定。"因此，从 CISG 立法史来看，可预见性的时间是有争议的问题，具体如何确定，需结合具体案情由裁判者认定。对此问题，以下结合对 CISG 可预见性判例的分析进行总结。

三、小结

综上所述，CISG"可预见性"标准是一个极具争议的标准。从对 CISG 立法史以及学者观点的分析中，笔者认为，可预见性需由违约方来举证证明，违约方不仅要证明其本身并不预见，还需要证明"合理人"同样不预见；可预见性并不等同于"过错"，根本违约并非以过错责任为其归责原则；从作用上来讲，可预见性是根本违约的豁免条件，因而并非适用于所有的根本违约情形；对于可预见性的时间点，需要在案例中进行具体分析。因此，本书拟通过分析 CISG 适用可预见性的判例来进一步阐明目前存在争议的问题。

第二节　CISG"可预见性"标准的判例分析

根据笔者的搜集，在 CISG 根本违约认定的判例中，提及"可预见性"标准的判例在整个根本违约认定判例中占比不足 10%。② 这也从一个侧面说明

---

① See Robert Koch, *The Concept of Fundamental Breach of Contract under the United Nations Convention on Contracts for the International Sale of Goods* (*CISG*), in Review of the Convention on Contracts for the International Sale of Goods (CISG) 1998, Kluwer Law International, 1999, p. 266.

② 笔者的分类有赖于佩斯大学数据库对可预见性问题的标注，通常对于涉及 CISG 第 25 条可预见性问题的判例，佩斯大学数据库会以 25B1［Exception: Foreseeability test (see art. 25)］的字样标出，但可能由于判例来源、原文语言以及判例整理者理解的不同，在很多提及可预见性的判例中并未以上述方式标明。因此笔者主要通过阅读原文判决书的方式予以总结，限于笔者能力，因佩斯大学数据库近些年的判例部分未提供英文翻译，故统计可能存在疏漏。

“可预见性”标准在根本违约认定中所占的分量相较于违约严重性标准要逊色很多。适用“可预见性”标准的国家或国际组织主要包括 ICC、奥地利、德国、俄罗斯、芬兰、荷兰、美国、墨西哥、瑞士、西班牙、希腊、中国等。以下通过对可预见性判例的研究，对上一节中提及的理论争议问题加以剖析。

一、判例中“可预见性”标准在根本违约认定中的作用分析

在适用 CISG 第 25 条的判例中，不同国家的裁判者对“可预见性”标准的作用在认识上存在差异，主要分为如下类型。

（一）“可预见性”与“违约严重性”是共同判断根本违约的标准

部分国家的法院认为，“可预见性”与“违约严重性”在判定根本违约时是需要共同考虑的两个标准。在奥地利最高法院 2005 年 6 月 21 日审理的德国卖方与奥地利买方软件纠纷案①中，法院首先考察了违约方是否剥夺了非违约方的合同期待，之后法院通过援引德国学者的学说分析认为，对于合同的根本违约的认定还需要考虑实质剥夺合同期待是否是可以预见的。根本违约的构成有两个要求，出于完整性（for the sake of completeness），法院又分析了违约方的可预见性问题，尽管违约方并未专门举证证明其是否可预见。此外，在中国广东省高级人民法院 2005 年审理的中国内地卖方与中国香港买方锰铁和硅锰合金纠纷案②中，法院并未适用 CISG，而是适用了中国 1999 年《合同法》对案件进行审理。然而，在分析的过程中，法院详细比较了 CISG 第 25 条与中国 1999 年《合同法》的区别，认为 CISG 的根本违约有两个要求：一是违约的实质性；二是当事人以及“合理人”是否可以预见。中国 1999 年《合同法》只有一个标准，即第一个标准，因此最终该案并未审查违约方的可预见性问题，但由此也可见法院对 CISG 根本违约构成要件的认识。这是裁判者对“可预见性”作用的第一种理解。

笔者认为，适用“可预见性”的判例中有很多是出于“完整性”考虑对

① 参见奥地利最高法院 2005 年 6 月 21 日裁决，载美国佩斯大学 CISG 数据库官网，https：// iicl. law. pace. edu/cisg/case/austria – june – 21 – 2005 – oberster – gerichtshof – supreme – court – austrian – case – citations – do – not。

② 参见中国广东省高级人民法院 2005 年裁决，载美国佩斯大学 CISG 数据库官网，https：// iicl. law. pace. edu/cisg/case/china – 2005 – high – peoples – court – possehl – hk – limited – v – china – metals – minerals – import – export。

“可预见性”进行的分析，大多数裁判者并未在裁决中指明其对“可预见性”作用的认识，通常是在阐述完“违约严重性”标准之后，顺便提及“可预见性”。其中大部分判例不是由违约方举证提起，而是由裁判者直接根据当事人双方关于违约严重性的举证对可预见性进行分析，这类案件通常将“违约严重性”作为核心的判断标准，对“可预见性”的分析通常不会改变根本违约认定的结果。由此看来，裁判者仅仅是出于对 CISG 第 25 条适用完整性的考虑适用了“可预见性”标准，该标准本身并未取得与“违约严重性”标准相并列的地位。

（二）“可预见性”作为根本违约认定的例外

在适用“可预见性”标准的判例中，有些裁判者对于可预见性的作用提出了另一种观点，即“可预见性”标准是构成根本违约的例外。如在瑞士最高法院 1998 年 10 月 28 日审理的德国卖方与瑞士买方冻肉纠纷案①中，法院在对 CISG 第 25 条进行分析时认为，第 25 条的核心问题是判断违约方是否实质性地剥夺了对方的合同期待，对于这个问题，主观判断不是决定性的，必须采用客观的标准。可预见性障碍（foreseeability barrier）可以使违约方免于构成根本违约。从法院的分析来看，可预见性并非根本违约构成的核心，它是一种障碍，这是针对非违约方而言的，因为一旦可预见性举证成功，违约方就不会构成根本违约。由此可见，瑞士最高法院将可预见性视为一种违约方根本违约构成的豁免条件。此后，在瑞士地方法院的判例中，如瑞士沙夫豪森地方法院 2004 年 1 月 27 日审理的德国卖方与瑞士买方中型机车模型纠纷案②中，法院也表达了类似的观点，该法院认为，可预见性是 CISG 第 25 条根本违约构成的“例外”（exception）。

其他国家如西班牙最高法院也曾表达过相似的观点，在西班牙最高法院 2008 年 1 月 17 日审理的西班牙卖方与德国买方汽车纠纷案③中，法院对 CISG

---

① 参见瑞士最高法院 1998 年 10 月 28 日裁决，载美国佩斯大学 CISG 数据库官网，https：//iicl. law. pace. edu/cisg/case/switzerland – october – 28 – 1998 – bundesgericht – federal – supreme – court – ek – l – und – v – f – translation。

② 参见瑞士沙夫豪森地方法院 2004 年 1 月 27 日裁决，载美国佩斯大学 CISG 数据库，https：//iicl. law. pace. edu/cisg/case/switzerland – bg – arbon – bg – bezirksgericht – district – court – 8。

③ 参见西班牙最高法院 2008 年 1 月 17 日裁决，载美国佩斯大学 CISG 数据库官网，https：//iicl. law. pace. edu/cisg/case/spain – january – 17 – 2008 – tribunal – supremo – supreme – court – improgess – gmbh – v – canary – islands – car。

第 25 条根本违约在何种情况下可以减轻责任进行了阐述。法院承认，第 25 条意味着，有一个以客观推定标准为依据的合同责任制度，但可以根据除外情况——类似于国内法关于偶发事故和不可抗力的假设以及合理性因素减轻责任。前文曾就不可抗力免责问题援引该判例进行过分析，从西班牙地方法院对该案的数次援引中可以发现，法院将可预见性也作为一种可以豁免的情形。例如，在西班牙纳瓦拉省高级法院 2010 年 7 月 30 日审理的英国卖方与西班牙买方钢条纠纷案①中，法院通过援引上述西班牙最高法院的判决认为，货物不适合于既定用途，就缺陷的性质和货物预期所用于的行业而言，卖方已经根本违约，对于买方的合同期待，即获得适合于生产车轴轴颈的无瑕疵钢条，卖方只要了解买方的活动，就可以预见到这种结果，因此没有任何理由给予卖方豁免。法院比较了西班牙最高法院判例的案情后认为，该案中，任何的结果可预见性如此缺乏似乎都不会造成一种可将其视为偶然事件或不可抗力的情况。当然，该案中因“可预见性”是显而易见的，故违约方的不预见无法成为豁免的理由。西班牙拉斯帕尔马斯省法院 2012 年 2 月 16 日审理的意大利卖方与西班牙买方面包和甜点用人工黄油纠纷案②同样援引了西班牙最高法院的判例并表达了相同观点，由此可见，在西班牙，可预见性作为根本违约豁免条件的观点已经日渐普及。

（三）根本违约认定未依据“可预见性”标准

在司法实践中，最为常见的情况是裁判者直接根据“违约严重性”标准对根本违约构成问题进行判断，根本不会提及“可预见性”标准。根据之前的统计，这一做法已经占到整个根本违约判例的 90% 以上。如有学者在评论希腊萨罗尼基初审法院 2003 年审理的法国卖方与希腊买方减震器纠纷案时指出，法院在判断违约是否是 CISG 第 25 条规定的根本违约时，若违约方满足了第 25 条的第一个标准，即违约严重性标准，则法院直接依此认为违约方构成根本违约。“需要引起注意的是，法院并没有审查第 25 条的第二个标准即可预见性标准是

---

① 参见西班牙纳瓦拉省高级法院 2010 年 7 月 30 日裁决，载美国佩斯大学 CISG 数据库官网，https：//iicl. law. pace. edu/cisg/case/spain – july – 30 – 2010 – audiencias – provinciales – court – appeal。

② 参见西班牙拉斯帕尔马斯省法院 2012 年 2 月 16 日裁决，载美国佩斯大学 CISG 数据库官网，https：//iicl. law. pace. edu/cisg/case/spain – february – 16 – 2012 – audiencias – provinciales – court – appeal – canadire – sl – v – ipsa – industry。

否满足。”[①] 从各国对 CISG 第 25 条适用的判例来看，这种做法已经成为常态，“可预见性”标准很少引发裁判者的关注。这更加印证了一个观点，即“可预见性”标准不是根本违约认定的构成要件。

（四）小结

从上述情况可以看出，在适用了“可预见性”标准的判例中，“可预见性”标准并未成为与“违约严重性”标准同等重要的认定根本违约构成的标准。没有适用“可预见性”标准的判例更充分地证明了可预见性不是根本违约的构成要件。作为根本违约的例外，是“可预见性”标准最恰当的定位。而且，从佩斯大学数据库对根本违约判例的分类来看，其直接将涉及 CISG 第 25 条可预见性考察的问题标注为“例外：可预见性考察”（Exception：Foreseeability test）。这充分说明佩斯大学的研究者已经将“可预见性”标准视为了根本违约的例外问题。因此，无论根据前文的理论分析还是根据对司法实践的考察，笔者认为，“可预见性”标准并非根本违约的构成要件，其并没有适用于所有的根本违约认定案例，“可预见性”标准是根本违约构成的例外。从理论上来看，违约方若举证充分，可以因对“违约严重性”的不可预见而避免构成根本违约。

二、判例中“可预见性”的适用范围总结

从适用“可预见性”标准的判例类型可见，当事人或者裁判者通常是在瑕疵履行以及迟延履行时对卖方的可预见性进行举证或者考察，或者在买方不付款、迟延付款、部分付款等类型的判例中对买方的可预见性进行考察。然而，通过对上一个问题的分析可知，部分判例并未发挥其作为根本违约豁免条件的作用，仅仅是对根据“违约严重性”所做的认定结果的再次肯定。当然，违约方举证证明不可预见的判例也开始出现，但通常情况下，还是裁判者主动审查可预见性的情况居多，以下具体进行分析。

（一）明确约定合同重要义务的情形

在适用了“可预见性”标准的判例中，相当数量的判例是裁判者主动提及

---

① 参见希腊萨罗尼基初审法院 2003 年裁决，载美国佩斯大学 CISG 数据库官网，https：//iicl. law. pace. edu/cisg/case/greece - single - member - court - first - instance - athens - monomeles - protodikio - athinon - 3。

违约方可预见性问题并直接根据当事人对“违约严重性”的证据加以判断的。这类判例通常是合同明确约定了当事人的重要义务，若一方违反则必然会剥夺另一方合同期待，因此可预见性是显而易见、不证自明的。具体有如下几类的典型判例。

第一，在瑕疵履行的判例中，合同明确约定交付货物的具体规格、要求等重要事项，卖方违反约定，对买方合同期待的剥夺必然是可以预见的。如在 CIETAC 1991 年 10 月 30 日审理的美国卖方与中国买方卷铝和铝制零件纠纷案[①]中，买方举证证明签合同之前就两次通知卖方卷铝的质量和厚度非常重要，如果不合规格，买方客户的工厂就无法使用该货物。双方在合同中明确约定了卷铝厚度为 0. 0125 英尺，然而，卖方交付的货物厚度为 0. 0118 英尺。仲裁庭根据买方提供的证据对卖方的可预见性进行了分析，认为在签订合同时，卖方已经知道如果货物不符合同约定，买方的客户将无法使用该货物，这种可预见性是显而易见的，因此卖方构成根本违约。在荷兰的一起判例中，违约方的行为不仅违反合同约定，更违反了法律，因此可预见性更容易判断。该案即荷兰海牙上诉法院 2003 年 4 月 24 日审理的荷兰卖方与比利时、莫桑比克买方小麦面粉纠纷案[②]，该案中，合同约定小麦质量是重要的合同条款，卖方违约向面粉中添加了非法物质以延长面粉的保质期，这不仅违反了荷兰法律，而且违反了国际标准，法院依此判断，卖方对于面粉不可修复的缺陷对买方合同期待的剥夺是可以预见的，而且荷兰政府依法对货物进出口的干预卖方也是可以预见的，因此卖方构成根本违约。此外，在一些判例中，裁判者会通过事实推断分析当事人约定的重要性，进而对可预见性做出判断。例如，在芬兰赫尔辛基上诉法院 2004 年 5 月31 日审理的芬兰卖方与瑞士买方苯酚纠纷案[③]中，合同约定货物为无色苯酚，但卖方交付的是彩色苯酚，法院在分析卖方的可预见性时认为，卖方应意识到买方购买无色苯酚的意图，这一点以无色苯酚价格更高为证据。由

---

① 参见 CIETAC 1991 年 10 月 30 日裁决，载美国佩斯大学 CISG 数据库官网，https：//iicl. law. pace. edu/cisg/case/china – international – economic – and – trade – arbitration – commission – cietac – prc – 22。

② 参见荷兰海牙上诉法院 2003 年 4 月 24 日裁决，载美国佩斯大学 CISG 数据库官网，https：//iicl. law. pace. edu/cisg/case/netherlands – april – 24 – 2003 – gerechtshof – appellate – court – rynpoort – trading – transport – nv – et – al。

③ 参见芬兰赫尔辛基上诉法院 2004 年 5 月 31 日裁决，载美国佩斯大学 CISG 数据库官网，https：//iicl. law. pace. edu/cisg/case/finland – may – 31 – 2004 – hovioikeus – court – appeals – crudex – chemicals – oy – v – landmark – chemicals – sa。

此可见，对于卖方的可预见性，法院通过对无色苯酚价格高的事实推断买方必然想购买的是无色苯酚，以此判断合同约定无色苯酚是重要的合同义务，卖方对此义务的违反必然会造成买方的损失，卖方对此是可以预见的，因此卖方违反合同会构成根本违约。

第二，在迟延履行的判例中，也存在与上述瑕疵履行的判例类似的情形，即约定了合同交付的时间，且该时间非常重要时，迟延交付对买方合同期待的剥夺对卖方来讲也是容易预见的。德国多家法院的判决曾表达过相同的观点，如德国汉堡高等地方法院 1997 年 2 月 28 日审理的德国卖方与英国买方铁钼纠纷案①中，法院认为，虽然一般不认为迟延是根本违约，但如果在特定时间交货对买方有特别利益，而且这一点是在缔结合同时可以预见的，则卖方迟延交货构成根本违约。如该案中约定了 CIF 条件，该术语的使用就表明了时间的重要性，因此在缔结合同时卖方可以预见到时间是买方的特别利益，迟延履行对于买方而言必然会剥夺其合同期待。之后德国杜塞尔多夫高等地方法院在 1997 年 4 月 24 日审理的意大利卖方与德国买方鞋子纠纷案②以及 2004 年 4 月 21 日审理的德国卖方与以色列买方移动车载电话纠纷案③中就迟延履行中的可预见性问题表达过同样的观点。

第三，买方不付款的判例中包括完全不付款、部分不付款、分批履行以及预期违约等各种类型，付款是买方最重要的合同义务，因此裁判者普遍认为，买方会很容易预见不付款对卖方合同期待的剥夺。如德国柏林地区法院 1992 年 9 月 30 日审理的意大利卖方与德国买方鞋纠纷案④中，法院认为，很显然买方会因为不付款而构成根本违约，不付款会剥夺卖方主要的合同期待，对于买方来讲这是很容易预见的。在 ICC 1999 年 3 月 5 日审理的丹麦卖方与埃及买方家

---

① 参见德国汉堡高等地方法院 1997 年 2 月 28 日裁决，载美国佩斯大学 CISG 数据库官网，https：//iicl. law. pace. edu/cisg/case/germany – february – 28 – 1997 – oberlandesgericht – court – appeal – german – case – citations – do – not。

② 参见德国杜塞尔多夫高等地方法院 1997 年 4 月 24 日裁决，载美国佩斯大学 CISG 数据库官网，https：//iicl. law. pace. edu/cisg/case/germany – oberlandesgericht – hamburg – oberlandesgericht – olg – provincial – court – appeal – german – 202。

③ 参见德国杜塞尔多夫高等地方法院 2004 年 4 月 21 日裁决，美国佩斯大学 CISG 数据库官网，https：//iicl. law. pace. edu/cisg/case/germany – oberlandesgericht – hamburg – oberlandesgericht – olg – provincial – court – appeal – german – 140。

④ 参见德国柏林地区法院 1992 年 9 月 30 日裁决，载美国佩斯大学 CISG 数据库官网，https：//iicl. law. pace. edu/cisg/case/germany – lg – aachen – lg – landgericht – district – court – german – case – citations – do – not – identify – 22。

禽饲料纠纷案[①]中，买方拒绝开立第二批货物的信用证，拒收之后的货物，仲裁庭分析认为，买方能够预见到其拒绝付款和收货的违约行为会严重剥夺卖方的合同期待，而且任何理性的人在同样情况下都会预见到此结果，因此买方构成根本违约。此外，在另一起案例中，买方的违约行为不仅符合可预见性标准，而且已经构成了故意违约，因此更加容易判断其可预见性。该判例即墨西哥保护对外贸易委员会仲裁庭 1998 年 11 月 30 日审理的墨西哥卖方与韩国买方糖果纠纷案[②]，该案中买方信用证与合同约定的关于食用期限的要求不同，导致卖方标注与信用证不同，仲裁庭认为，买方不但可以预见卖方收不到钱，而且实际上他们还特地要求卖方以不同于信用证规定的方式在货物上标记以实现该结果，因此可见，买方已经构成了故意不付款，此种情况下，买方对违约严重性的可预见性也是显而易见的。

综合上述几种典型的判例，从裁判的结果来看，对于合同约定的重要义务，无论是货物质量、交货时间还是付款义务，违约方是很容易预见违约严重性的，因此这类判例中违约方都会构成根本违约。“可预见性”标准在判例中所起的作用其实并不关键，裁判者主要通过对“违约严重性”的判断得出结论，“可预见性”起到辅助说明的作用。违约方在这类判例中通常并未专门举证证明其是否可以预见，都是裁判者自行对可预见性进行的审查。

（二）未明确约定合同重要义务的情形

除上述类型的判例之外，还有一类判例是真正发挥可预见性豁免作用的判例。即从合同条款以及当事人谈判等环节无法推断某项义务是合同的重要义务时，违约方对此类义务的违反不具有可预见性，违约方的违约行为可以因此不构成根本违约。相较于第一类判例，此类判例的数量寥寥无几，而且从结果来看，违约方成功举证证明其不可预见从而不构成根本违约的判例几乎没有，成功运用可预见性豁免作用的判例不是由违约方专门对不可预见举证得来的，而是法院通过对已有证据的分析推断得出的。以下进行具体分析。

---

① 参见 ICC 1999 年 3 月 5 日裁决，载美国佩斯大学 CISG 数据库官网，https：//iicl. law. pace. edu/cisg/case/court – arbitration – international – chamber – commerce – 12。

② 参见墨西哥保护对外贸易委员会仲裁庭 1998 年 11 月 30 日裁决，载美国佩斯大学 CISG 数据库官网，https：//iicl. law. pace. edu/cisg/case/mexico – november – 30 – 1998 – dulces – luisi – sa – de – cv – v – seoul – international – co – ltd – y – seoulia。

1. 违约方举证证明其不可预见的情形

笔者搜集到的违约方专门举证证明其对违约严重性不可预见的判例极少，在整个根本违约认定判例中占比不足1%。而且在寥寥数个判例中，未见违约方举证成功的判例。例如，在瑞士巴塞尔城市州上诉法院2003年8月22日审理的比利时卖方与瑞士买方食品模具纠纷案①中，买方认为卖方违反了合同的保证条款，货物含有转基因成分，卖方构成根本违约。卖方举证认为，货物含有少量的转基因成分是不可避免的，含量如此小的转基因成分是不值一提的，卖方在签订合同时不可能预见如此小的问题会剥夺买方的合同期待。然而，法院认为卖方的证明是不够充分的，因为法律规定，尽管在1999年之后转基因被允许，仅仅是次要的保证利益，但在1999年之前，其却是重要的根本的保证，合同是在1996年签订的，在当时，卖方是可以预见到非转基因产品的重要特性的，因此，卖方的违约行为是根本性的。在另一起判例中，即俄罗斯联邦工商会国际商事仲裁庭2004年11月2日审理的俄罗斯卖方与美国买方货物纠纷案②中，卖方举证认为他没有在约定的时间交货是因为他在合同订立时没有预见到生产商会重新调整货物分配，因此卖方未交货不构成根本违约。仲裁庭审理认为，卖方的举证是没有根据的，与CISG第25条是根本无关的，最终判定卖方不交货构成根本违约。从上述判例可见，违约方欲证明其不可预见是较为困难的，很容易被对方及裁判者驳倒，因此实践中鲜见违约方成功举证证明不可预见的判例。

2. 裁判者直接认定违约方不可预见的情形

尽管违约方成功举证证明不可预见的判例较为罕见，但裁判者直接根据已有证据认定违约方不可预见的判例早已出现。如德国法兰克福地区法院1991年9月16日审理的意大利卖方与德国买方鞋子纠纷案③，该案中德国买方通过商业代理人向意大利卖方订购120双特制B号鞋子，1990年3月供货，在售出20

---

① 参见瑞士巴塞尔城市州上诉法院2003年8月22日裁决，载美国佩斯大学CISG数据库官网，https：//iicl. law. pace. edu/cisg/case/switzerland – august – 22 – 2003 – appellationsgericht – appellate – court – translation – available。

② 参见俄罗斯联邦工商会国际商事仲裁庭2004年11月2日裁决，载美国佩斯大学CISG数据库官网，https：//iicl. law. pace. edu/cisg/case/russian – federation – november – 2 – 2004 – translation – available。

③ 参见德国法兰克福地区法院1991年9月16日裁决，载美国佩斯大学CISG数据库官网，https：//iicl. law. pace. edu/cisg/case/germany – lg – aachen – lg – landgericht – district – court – german – case – citations – do – not – identify – 66。

双之后，买方得知，另一零售商以相当低的标价出售该意大利卖方供应的同款鞋子，由于发出责令但竞争零售商不予理睬，买方欲退还未出售的100双鞋子。就意大利卖方是否构成根本违约的问题，法院认为，卖方通过德国的代理商给德国买方供货，因此卖方不会清楚德国潜在的商业伙伴分支机构的所作所为，而且只有当该代理商作为终端代理人行事时，才可以认定卖方知道该代理商的行为。由此可见，法院认为卖方在排他性销售的问题上对买方造成的损害是不具有可预见性的，因此法院最终认为卖方行为不构成根本违约。在另一起案件中，法院就当事人未明确约定问题的可预见性进行了判断。如上文提及的中国浙江省高级人民法院2008年12月24日审理的中国卖方与澳大利亚买方厨具纠纷案①中，法院认为，买方在合同中并未言明塑料盘上印刷图案的重要性，因此即使因印刷图案的质量瑕疵给买方造成了损失也是卖方无法预见的，这不应成为卖方根本违约的理由。该案中，法院根据当事人对违约严重性的举证材料，同时对卖方是否可以预见的问题进行了考察，虽然卖方并未提及可预见性问题，但法院最终认定卖方对损害是不可预见的，因此卖方不构成根本违约。

从对上述两种判例的分析可见，违约方通过举证证明其不可预见是较为困难的，相反，裁判者有时会根据案情主动对违约方可预见性的问题进行分析判断，尽管此种类型的判例数量也较少，但已有的判例可以说明，违约方若对违约的严重性不可预见，则是可以不被认定为根本违约的。而这正是“可预见性”标准存在的意义所在。

（三）对“合理人”标准的适用情形总结

在对上述各类判例分析的过程中，还有一个问题是值得关注的，即CISG第25条的“可预见性”标准有两项要求：一是违约方的不可预见；二是合理人的不可预见（以下简称“合理人”标准）。实践中，对于“合理人”标准的适用似乎并未达到立法者的预期。

首先，在大部分适用了“可预见性”标准的判例中，违约方或裁判者只提及了违约方是否可预见的问题，对于“合理人”标准根本未加以分析。如前文提及的瑞士巴塞尔城市州上诉法院2003年8月22日审理的比利时卖方与瑞士买方食品模具纠纷案、俄罗斯联邦工商会国际商事仲裁庭2004年11月2日审理的

---

① 参见浙江省杭州市中级人民法院民事判决书，（2007）杭民三初字第45号。

俄罗斯卖方与美国买方货物纠纷案、中国浙江省高级人民法院 2008 年 12 月 24 日审理的中国卖方与澳大利亚买方厨具纠纷案等诸多案例都未提及“合理人”标准。违约方或裁判者只是就违约方是否可以预见的问题进行了判断，这反而成为适用“可预见性”标准进行判断的常态。

其次，在提及了“合理人”标准的判例中，“合理人”“相同情况”等问题也缺乏详细的分析，通常是引用 CISG 第 25 条的规定后对“合理人”标准一带而过。最常见的表述是认为违约方是可预见的，“合理人”通常也是可预见的，鲜见两者预见结果相反的情况。例如，在美国联邦第二巡回上诉法院 1995 年 12 月 6 日审理的美国卖方与意大利买方空调压缩机案①中，卖方交付的货物存在严重的质量问题，法院就此分析了卖方的可预见性问题，认为“毫无疑问买方不会实质性接受货物，任何理性的人也能预见到买方不会接受与合同约定如此不符的货物”。再如，中国广东省深圳前海合作区人民法院 2018 年 12 月 10 日审理的中国卖方与美国买方电动平衡车纠纷案②中，卖方交付的货物侵犯了他人知识产权被海关扣留，法院分析认为，卖方未提交相关证据证明其在订立合同时存在主观不能预见违约损害后果的情形，且根据一般第三人标准，从事国际货物买卖的一般当事人应当可预见交付侵犯他人知识产权产品可能会遭受被他人侵权追诉或海关扣留、没收货物的后果，符合根本违约的主观要件。寥寥数语就完成了对“合理人”标准的分析，前文已经分析过的 ICC 1999 年 3 月 5 日审理的丹麦卖方与埃及买方家禽饲料纠纷案③中，仲裁庭也作出了类似的分析。

由此可见，裁判者以及违约方并未如维也纳外交会议的代表们所期待的那样，对新增加的“合理人”标准有更多的重视，与对违约方可预见性的判断相比，对“合理人”标准进行判断的判例数量更少，分析也更简略，这从一个侧面也印证了某些学者的观点，即“合理人”标准同违约方可预见性标准一样，在实践中是很难举证予以证明的标准。

---

① 参见美国联邦第二巡回上诉法院 1995 年 12 月 6 日裁决，载美国佩斯大学 CISG 数据库官网，https：//iicl. law. pace. edu/cisg/case/united – states – december – 6 – 1995 – circuit – court – delchi – carrier – spa – v – rotorex – corp。

② 参见广东省深圳前海合作区人民法院民事判决书，（2016）粤 0391 民初 2049 号。

③ 参见 ICC 1999 年 3 月 5 日裁决，载美国佩斯大学 CISG 数据库官网，https：//iicl. law. pace. edu/cisg/case/court – arbitration – international – chamber – commerce – 12。

（四）小结

从本部分对“可预见性”判例适用范围的分析可见，尽管这是一个对违约方非常有利的要素，但实践中，违约方很难就其不可预见性予以成功举证，而裁判者有时会在无须采用该标准时即必然存在可预见性时对“可预见性”进行判断。当然，真正利用“可预见性”标准对违约方根本违约予以豁免的判例已经存在，但数量较少，且皆是裁判者主动进行的审查，尚不存在违约方举证成功的判例。在判断“可预见性”问题时，违约方的可预见性与“合理人”的可预见性并不像 CISG 第 25 条规定的那样完全处于并列地位，实践中对“合理人”标准进行判断分析的判例并不多见。

三、判例中“可预见性”时间的确定问题总结

对于理论中关于“可预见性”时间问题的争议，在实践中裁判者的判断较为统一。在提及这一问题的判例中，裁判者普遍认为对违约方可预见性的判断应该是在合同订立时。多个国家的判例提到过这个问题，如前文提及的 CIETAC 1991 年 10 月 30 日审理的美国卖方与中国买方卷铝和铝制零件纠纷案①，仲裁庭明确指出，对违约方可预见性的判断是在合同签订时。德国汉堡上诉法院 1997 年 2 月 28 日审理的德国卖方与英国买方铁钼纠纷案②中，法院也明确指出如果在特定时间交货对买方有特别利益，而且这一点是在缔结合同时可以预见的，卖方迟延交货即为根本违约。奥地利最高法院 1999 年 3 月 11 日审理的奥地利卖方与德国买方山地车车架纠纷案③中，法院认为，如果买方在订立合同时预见到这种违约就不会订立合同，则此种违约属于根本违约。奥地利法院的判断似乎与 ULIS 第 10 条的可预见性更加类似，但无论如何，从时间上来看，可预见性的时间点是合同订立时。

---

① 参见 CIETAC 1991 年 10 月 30 日裁决，载美国佩斯大学 CISG 数据库官网，https：//iicl. law. pace. edu/cisg/case/china – international – economic – and – trade – arbitration – commission – cietac – prc – 22。

② 参见德国汉堡上诉法院 1997 年 2 月 28 日裁决，载美国佩斯大学 CISG 数据库官网，https：//iicl. law. pace. edu/cisg/case/germany – february – 28 – 1997 – oberlandesgericht – court – appeal – german – case – citations – do – not。

③ 参见奥地利最高法院 1999 年 3 月 11 日裁决，载美国佩斯大学 CISG 数据库官网，https：//iicl. law. pace. edu/cisg/case/austria – march – 11 – 1999 – oberster – gerichtshof – supreme – court – austrian – cases – do – not – generally。

此外，在另一起判例中，尽管裁判者与当事人都未提及可预见性的问题，但笔者认为，该案是可预见性出现在订立合同之后的一个典型判例。该案即ICC 1995年审理的奥地利卖方与瑞士买方化肥纠纷案①，订立合同时卖方并未意识到时间的重要性，但之后买方的信中说明货物将于某一时间转卖给他的客户，买方若迟延交付需要赔偿客户的损失。仲裁庭认为，自接到这封信时起，卖方已经知道了交货时间的重要性，因此卖方迟延交货会构成根本违约。仲裁庭并未分析卖方的可预见性问题，但笔者认为，卖方在该案中对迟延履行剥夺买方合同期待的可预见的时间点应该是在合同签订后接到买方的信件时。

总结可预见性时间点的问题，司法实践中对此争议不大，几乎涉及此问题的判例都认为可预见性的时间点应为缔结合同时。然而，笔者认为，也存在特殊情况下违约方可预见的时间点后移的情况，该问题主要是看对合同重要义务进行明确的时间点在何时，如果发生上述ICC判例的情况，可预见性时间点后移至卖方明确时间重要性时似乎并无不可。或者在订立合同之后，又发生了影响合同履行的重要情形，如果当事人知情，则仍可认为其是可以预见的。因不可预见的举证责任在违约方，如果此种情况下以合同订立时为违约方不可预见的时间点，在合同订立时，违约方的确是不可预见的，若违约方举证成功，则显然会对非违约方不利。因此，笔者认为，对可预见性的判断，至少是在当事人明确了合同重要义务的时刻，因该情况多数发生在合同订立时，故判例中在合同订立时判断可预见性的情况居多，但如果订立合同后又出现了双方对重要事项的修改或补充，则应以该时间点来判断违约方的可预见性。

四、小结

总结CISG适用“可预见性”标准的判例，第一，适用“可预见性”的判例在整个根本违约认定判例中所占的比重不到10%，说明“可预见性”标准不是根本违约认定的构成要件，而是根本违约构成的豁免条件，因此在判例中只在必要时才予以适用；第二，违约方利用“可预见性”标准举证成功的判例尚不存在，只有少数成功豁免构成根本违约的判例是裁判者主动审查的结果，可见违约方举证证明其不可预见具有较大的困难；第三，“合理人”标准在“可预

---

① 参见ICC 1995年裁决，载美国佩斯大学CISG数据库，https：//iicl. law. pace. edu/cisg/case/case－report－does－not－identify－parties－proceedings－1。

见性”标准中的地位并非如立法者所愿，裁判者和当事人很少运用“合理人”标准对可预见性加以分析，这从一定程度也说明“合理人”标准缺乏实际可操作性；第四，“可预见性”的时间在判例中皆为合同订立时，然而，笔者认为，可预见性真正的界定时间实际上应该是当事人明确了合同重要义务之时，此情形大多发生在合同订立时，但也有可能是在合同订立后的某个时间。

第三节　UPICC“可预见性”标准分析
——兼论对 CISG 第 25 条的变化

UPICC 第 7. 3. 1 条第（2）款是对 CISG 第 25 条的发展，在可预见性问题上，UPICC 的变化也预示了 CISG 可预见性问题的发展方向。以下从对 UPICC“可预见性”标准的理论与司法实践分析中阐明 UPICC“可预见性”标准的变化。

一、UPICC“可预见性”标准的理论分析

UPICC 第 7. 3. 1 条第（2）款（a）项的后半段对“可预见性”问题进行了规定，同时（c）项提到了不履行是故意或是疏忽的问题，笔者认为，这是一个与可预见性有些关联的问题，因此在可预见性问题之下一并分析。

（一）UPICC 第 7. 3. 1 条第（2）款（a）项后半段的变化

UPICC 对“可预见性”的规定是在第 7. 3. 1 条第（2）款（a）项的后半段，违约方不履行实质剥夺了非违约方的合同期待则构成根本违约，除非违约方“并未预见而且也不可能合理地预见到此结果”。从 UPICC 的规定来看，UPICC 的“可预见性”标准相较于 CISG 是有所变化的，UPICC 并未引入“合理人”的判断标准，仅规定了违约方可预见性的问题。对此，有学者认为，应将“合理人”的客观标准删除，其存在可预见性的主观标准不确定性之缺陷。[①] 然而，笔者认为，这一变化是与 CISG 判例中“合理人”标准运用的实际情况相

---

① 参见伍治良：《根本违约判定标准功能之回归研究——兼评我国合同法相关规定之不足》，载《法律科学（西北政法学院学报）》2002 年第 3 期。

符的。从 CISG 的判例来看，“合理人”标准在“可预见性”标准适用判例中并未发挥实际作用，违约方很少举证证明“合理人”不可预见，裁判者也很少考虑“合理人”是否可以预见，因此，从一定程度上看，“合理人”标准在司法实践中是形同虚设的。这大概与其模糊性和证明的难度也有关联。总之，尽管 CISG 的制定者用了“并且”一词强调“合理人”标准的重要性，但因整个“可预见性”标准适用的判例就不多（不足 10%），适用“合理人”标准的判例就更少（不足 1%），UPICC 对该标准予以抛弃是符合司法实践发展需要的。而且从 CISG 的判例来看，通过对违约方可预见性的判断，足以证明相关问题。因此，笔者认为，UPICC 对“合理人”标准的删除，并不像学者担心的那样会出现“可预见性”标准主观性过强的问题，UPICC 第 7. 3. 1 条第（2）款（a）项的规定是符合司法实践发展要求的规则。

（二）UPICC 第 7. 3. 1 条第（2）款（c）项规定的意义

UPICC 第 7. 3. 1 条第（2）款（c）项规定不履行是故意或疏忽的时候也可以考虑违约方构成根本不履行。有学者认为这一项规定与 CISG 第 25 条差别较大,[①] 是不能作为认定 CISG 根本违约的参照的。[②] 笔者认为，此项规定的出现有很大的意义，以下具体分析。

首先，UPICC 的此项规定从一定程度上澄清了 CISG 根本违约可预见性与“过错”的关系问题。前文已述及，有些学者认为 CISG 根本违约的可预见性是根本违约采取“过错责任”的体现。通过之前的分析，笔者的结论为：可预见性与“过错”以及“过错责任”是没有关系的两个问题，违约方可以预见违约严重性并不一定代表违约方有过错。UPICC 将故意与过失专门进行了规定更有力地证明了笔者之前的观点。同样，（c）项的出现在 UPICC 中也证明了（a）项的“可预见性”标准与（c）项的过错标准是有区别的两个问题。UPICC 规定的根本不履行也不是有些学者理解的基于过错责任进行判断的违约行为，同 CISG 一样，UPICC 规定的根本不履行的归责原则依然是无过错责任。

---

① See Robert Koch, *The Concept of Fundamental Breach of Contract under the United Nations Convention on Contracts for the International Sale of Goods*（*CISG*）, in Review of the Convention on Contracts for the International Sale of Goods（CISG）1998, Kluwer Law International, 1999, p. 233.

② 参见宋杰、张志彦：《论〈国际商事合同通则〉在 CISG 解释中的运用——以根本违约的解释为例》，载《黑龙江对外经贸》2008 年第 6 期。

其次，就（c）项本身的作用而言，有学者认为，（c）项的过错标准只适用于一些特别的合同类型，不具有普遍性。① 笔者认为，这恰好与（b）、（d）等项的情况类似，此两项也不是适用于所有情形的普遍标准，都是在特定情形下才予以适用的标准，同时（e）项形成对合同解除的限制。UPICC 对（c）项的注释规定，不履行如果很轻微，则即便是故意的，终止合同也可能会违背诚信原则。注释更清晰地表明（c）项与违约严重性的判断相关，并非所有的故意违约均构成根本违约，还须根据违约严重程度综合判断。UPICC 对（d）项的注释恰好印证了这一点，其认为有时候故意违约可能表明违约方不值得信赖，因此在运用（c）项标准时，可能经常会结合（d）项进行综合判断。

因此，笔者认为，（c）项在根本不履行认定上的作用是，当违约方的违约行为是由故意或疏忽造成时，可以根据（c）项更确切地判定违约方的行为构成根本不履行。其与（b）、（d）等项的作用相同，都是在特定情况下判断根本违约构成的具体因素，（c）项与可预见性是两个问题，这与 UPICC 无过错责任的归责原则也并无冲突。

（三）小结

从 UPICC 第 7.3.1 条第（2）款（a）项以及（c）项的规定来看，UPICC 的“可预见性”标准是对 CISG“可预见性”标准的简化，去掉“合理人”标准并没有对司法实践造成多大的冲击，反而会更有利于裁判者对“可预见性”标准的适用。同时（c）项过错标准的出现澄清了 CISG 可预见性与“过错”的关系问题，其规定本身也有助于裁判者更好地判定根本不履行，因此总体来看，UPICC 对 CISG“可预见性”标准的变化是合理的，是符合判例发展总体趋势的。

二、适用 UPICC“可预见性”标准的判例分析

根据前文的分析，UPICC 与“可预见性”标准相关的规定为第 7.3.1 条第（2）款的（a）项后半段，（c）项虽与可预见性不直接相关，但也是对当事人主观意图的考察，因此也一并分析。以下就判例的适用情况进行具体剖析。

① 参见伍治良：《根本违约判定标准功能之回归研究——兼评我国合同法相关规定之不足》，载《法律科学（西北政法学院学报）》2002 年第 3 期。

（一）UPICC 第 7.3.1 条第（2）款（a）项后半段的适用情况分析

在对 UPICC 适用“违约严重性”标准的判例进行分析时可知，所有判断是否构成根本不履行的判例中都适用了（a）项前半段的规定。然而，根据 UNILEX 网站提供的英文资料，① 笔者并未发现有判例在适用（a）项规定时提及后半段的可预见性问题。裁判者在判断违约方是否实质剥夺了非违约方合同期待后，没有继续就可预见性问题展开分析。由此可见，适用 UPICC 的裁判者与适用 CISG 的裁判者在认定根本违约时的做法是一致的，裁判者对“可预见性”标准的关注程度颇低，这又一次证明了“可预见性”标准的确不是根本违约的构成要件，它仅在必要时才被援引，被用以豁免违约方构成根本违约。

（二）UPICC 第 7.3.1 条第（2）款（c）项的适用情况分析

通过前文的分析，其实（c）项与可预见性是两个问题，二者没有必然联系。UPICC 判例中适用（c）项的判例也更加印证了这一观点。在分析 UPICC“违约严重性”标准的判例中，其实已经提到了适用（c）项的判例，目前为止，仅有一个判例适用了（c）项的规定，即 CAM 2006 年 11 月 30 日审理的墨西哥卖方与美国买方的蔬菜买卖纠纷案②，该案对（c）项的适用结合了对（d）项的判断，违约方故意违反独家销售条款，因此仲裁庭认为这表明违约方是不值得信赖的，结合（a）项前半段的规定，违约方不交货剥夺了非违约方的合同期待，最终仲裁庭认为违约方构成根本违约。由此可见，该案中对（c）项的认定强化了仲裁庭对根本违约的判断，然而，仲裁庭并未分析（a）项后半段的可预见性问题，因此也可以说明，主观过错与可预见性在裁判者看来的确是两个独立的问题。

此外，从西班牙最高法院审理的国内纠纷案件来看，尽管其未直接适用 UPICC，但法院通过 UPICC 等国际规则对国内法进行了解释，从中也可以发现故意标准的发展趋势。当然，西班牙最高法院对根本违约的理解在不同阶段的观点是有所不同的。例如，在 2006 年 7 月 20 日西班牙最高法院审理的国内房地

---

① 在 UNILEX 数据库中，因部分判例全文并未译为英文，另有部分判例没有附全文，笔者仅对判例摘要和提供了英文译文的判例全文进行了分析，故结果可能与实际会有出入。

② 参见墨西哥仲裁中心 2006 年 11 月 30 日裁决，载 UNILEX 数据库官网，https：//www.unilex.info/principles/case/1149。

产纠纷案[①]中，法院认为，“根本违反合同必须是故意而为，而且这一定义已经在其判例中逐步得到详细阐述，即必须是严重违反合同致使合同的另一方当事人的合法期望落空”。法院还称，“这一演变符合CISG第25条所载的对根本违反合同的要求。”由此可见，当时最高法院认为故意是根本违约的构成要件。在2015年6月15日西班牙最高法院审理国内一起房地产纠纷案[②]时指出，根据最近的西班牙判例法，判断是否违反合同已经较少关注主观因素。法院援引了2008年12月3日西班牙最高法院关于根本违约的判例，认为根据CISG第49条第（1）款，UPICC第7.3.1条以及PECL第8：101条、第8：103条的规定，根本违约即严重剥夺了非违约方的合同期待。由此可见，西班牙最高法院对根本违约构成要件的认识发生了变化，对于主观因素已经不再强调，这与笔者对“可预见性”标准以及UPICC第7.3.1条第（2）款（c）项的故意标准发展趋势的分析是一致的。

（三）小结

从UPICC的判例来看，真正适用“可预见性”标准的判例还没有出现，适用第7.3.1条第（2）款（c）项的判例说明主观过错与可预见性是两个问题。西班牙国内法的判例发展也印证了故意标准的发展趋势。由此可见，可预见性在判断根本违约时不是必要条件，实践中，裁判者并未关注此问题，“合理人”标准存在与否影响甚微。

本章小结

从对CISG以及UPICC可预见性标准的理论与判例分析可见，CISG“可预见性”标准尽管在理论上存在诸多争议，但实践中裁判者的做法已经形成了一种趋势，即“可预见性”标准不是根本违约的构成要件，只有在当事人没有明确约定或通过谈判等其他环节无法确定当事人是否约定时才会涉及可预见性的

---

① 参见西班牙最高法院2006年7月20日裁决，载美国佩斯大学CISG数据库官网，https：//iicl. law. pace. edu/cisg/case/spain – july – 20 – 2006 – tribunal – supremo – supreme – court。

② 参见西班牙最高法院2015年6月15日裁决，载UNILEX数据库官网，https：//www. unilex. info/principles/case/1935。

适用问题，“可预见性”标准的作用是对违约方根本违约构成的例外或称豁免。此外，可预见性与过错是两个独立的问题，根本违约并非以过错责任作为其归责原则。实践中，裁判者通常认定 CISG “可预见性”标准的时间为合同订立时，笔者认为，更确切的时间点应为当事人明确其合同重要义务时。此外，对于 CISG “合理人”标准，从判例来看，裁判者对其关注甚少，几乎是弃之不用。

从 UPICC 对 CISG “可预见性”标准的变化来看，UPICC 对“合理人”标准的抛弃，与 CISG 判例的趋势相呼应，因此是合乎实践发展的做法。UPICC 过错标准的单独出现，也进一步印证可预见性与过错是有区别的，不能将两者混同。UPICC 判例对“可预见性”标准的忽视，也进一步印证了可预见性的例外作用。

总结对 CISG 和 UPICC “违约严重性”标准以及“可预见性”标准的分析，笔者认为，可以得出一个结论，即 CISG 及 UPICC 判例的发展趋势表明，首先，“违约严重性”是认定根本违约的核心标准，虽然不同类型的根本违约可能会考虑具体不同的因素，但“实质剥夺非违约方的合同期待”是在每一个根本违约认定判例中裁判者都需要判断的关键问题。而且，裁判者逐渐显现出一种趋势，即对根本违约构成进行严格解释，进而严格限制合同解除，尽量维护合同的履行。其次，“可预见性”标准是根本违约构成的例外，若违约方举证成功，其违约行为可以不被认定为构成根本违约。

第五章　CISG 第 25 条判例之解释方法分析

从前文的分析中可以发现，国际商事合同根本违约的认定标准正在随着各国在实践中的不断适用而逐渐显现出统一化的趋势。这也正是 CISG、UPICC 等国际商事规则所追求的目标，即减少国际商事合同法律制度的障碍，最终实现国际商事合同法的统一化。然而，从各国司法实践来看，统一化的趋势下仍存在诸多的不统一，如上文分析中，不同国家对卖方完全不履行、迟延履行中根本违约构成与宽限期问题的争议，以及不同国家对“可预见性”标准作用的不同理解，等等。澳大利亚学者 Bruno Zeller 教授在对 CISG 根本违约缺乏结果统一性的观点进行批判时曾指出，统一可以包括两层含义：第一，结果的统一；第二，也是更为重要的，是解决纠纷或称救济过程的统一。[①] 笔者认为，对于国际商事合同根本违约认定问题而言，前文第二章至第四章分析的认定标准的统一化趋势实际上指向的是结果的统一，而 Bruno Zeller 教授提到的过程的统一，这其实是裁判者对国际商事合同根本违约认定规则解释方法的统一。结果的统一是在过程的统一中逐渐形成的，结果的统一是一种表象，过程的差异性必然会对结果的统一造成影响，真正做到

---

① See Bruno Zeller, *The Remedy of Fundamental Breach and the United Nations Convention on the International Sale of Goods (CISG) —A Principle Lacking Certainty?* Vindobona Journal of International Commercial Law & Arbitration, Vol. 11: 2, p. 219 - 236 (2007).

过程的统一才能够使一项国际商事合同制度达到真正意义上的统一，因此，对规则的解释是否统一对结果的统一影响深远。从司法实践来看，各国对CISG根本违约规则的解释方法，仍或多或少存在差异，即结果统一化的趋势下仍存在过程上的不统一，而各国解释方法上的差异到底如何，如何减少差异促进解释方法的统一，是本章欲加以探讨的问题。

总体上，从笔者总结的适用过CISG第25条进行裁判的国家来看，在97个CISG的缔约国中，至少有27个国家以及ICC适用过第25条，当然，这27个国家已经包括了大多数重要的贸易大国，如欧洲的大部分国家；北美洲的美国、加拿大、墨西哥；亚洲的中国、韩国；大洋洲的澳大利亚等。但仍有很多重要的国家尚未依据过第25条进行裁判，如南美洲多国如阿根廷、巴西等[①]；非洲多国等。此外，仍有诸多国家尚未加入CISG，如英国、亚洲多国、非洲多国等。随着全球化步伐的加快以及CISG影响力的不断提升，相信今后会有更多的国家加入CISG。从微观层面来讲，今后也会有更多的国家在国际商事交往中遇到根本违约的问题，在CISG的缔约国间如何进一步统一解释第25条，是值得思考的问题。当然，CISG本身已经提供了统一解释CISG条款的基本准则，因此，本部分首先就CISG提供的解释方法进行理论分析，其次总结适用过CISG第25条的国家在解释方法上的差异，对影响结果统一性的解释方法进行系统分析，以便为CISG各缔约国今后统一解释根本违约提供指引。

第一节 CISG解释方法的理论分析

关于法律解释，有学者认为，根据解释者身份的不同，可以将其分为三种，即裁判的解释、学说的解释以及当事人的解释，其中前两者是法解释学上所指的典型的法律解释。[②] 本书涉及的对CISG的解释，主要侧重于第一种解释，即法院和仲裁庭在具体CISG判例中对第25条的解释。关于CISG条款解释的规则，CISG第7条对此进行了集中规定。其中第7条第（1）款规定，对于CISG

① 南美洲的阿根廷、巴西、哥伦比亚等国有适用UPICC的判例，但没有适用CISG的判例，但其都是CISG的缔约国。

② 参见梁慧星：《民法解释学》（第4版），法律出版社2015年版，第196页。

条款的解释，应考虑到 CISG 的国际性质和促进其适用的统一以及在国际贸易上遵守诚信的需要。第 7 条第（2）款针对 CISG 未明确解决的问题提出了解释的规则。有学者认为，对于根本违约问题，因 CISG 第 25 条对此进行了明确规定，因此对根本违约的解释应限制在第 7 条第（1）款之下进行。[①] 从第 7 条第（1）款的规定来看，该条包含了三个要素，即"国际性质"、"促进公约适用的统一"以及"遵守诚信"。[②] 这三个要素为裁判者解释 CISG 提供了指引。

首先，对于"国际性质"学界已经形成了较为统一的认识，即认为 CISG 是一个自治性的法律体系，对其国际性质的考虑要求尽量避免采用国内法的方法、规则对 CISG 进行解释。[③] 因为根据国内法进行解释不会促进 CISG 适用的统一，还会促使当事人去挑选法院，[④] 这与 CISG 追求的统一化的宗旨是背道而驰的。因此，用国内法对 CISG 进行解释的方法，是学者公认的阻碍 CISG 统一化发展的一种方法。

其次，"促进公约适用的统一"也是对 CISG 进行解释的目的之所在。有学者认为，当 CISG 解释出现分歧时，有四种方法可以补救，包括参考外国判例、引证法律学说、查究立法历史以及寻求顾问意见，[⑤] 如 UNCITRAL 以及 CISG 顾问委员会等。

最后，是对诚信原则的遵守。在对 CISG 研究的过程中，学者对诚信原则的适用存在诸多争议。有学者认为诚信原则仅是 CISG 的解释原则；也有学者认为

---

① See Andrew Babiak, *Defining "Fundamental Breach" under the United Nations Convention on Contracts for the International Sale of Goods*, Temple International and Comparative Law Journal, Vol. 6: 1, p. 113 - 144 (1992); Robert Koch, *The Concept of Fundamental Breach of Contract under the United Nations Convention on Contracts for the International Sale of Goods (CISG)*, in Review of the Convention on Contracts for the International Sale of Goods (CISG) 1998, Kluwer Law International, 1999, p. 211.

② 参见刘瑛：《〈联合国国际货物销售合同公约〉解释问题研究》，法律出版社 2009 年版，第 9 页。

③ See Fritz Enderlein & Dietrich Maskow, *International Sales Law*, Oceana Publications, 1992, p. 55 - 56; Herbert Bernstein & Joseph Lookofsky, *Understanding the CISG in Europe: a Compact Guide to the* 1980 *United Nation Convention on Contracts for the International Sale of Goods*, Kluwer Law International, 1991, p. 20 - 22; Robert Koch, *The Concept of Fundamental Breach of Contract under the United Nations Convention on Contracts for the International Sale of Goods (CISG)*, in Review of the Convention on Contracts for the International Sale of Goods (CISG) 1998, Kluwer Law International, 1999, p. 190.

④ See Franco Ferarri, *Uniform Interpretation of the* 1980 *Uniform Sales Law*, Georgia Journal of International and Comparative Law, Vol. 24: 2, p. 183 - 228 (1994).

⑤ 参见梁茜琪：《〈联合国国际货物销售合同公约〉解释及实施问题之研究》，中国政法大学出版社 2012 年版，第 82 - 92 页。

诚信原则也适用于合同的履行与缔结；还有学者认为诚信原则是 CISG 第 7 条第（2）款中所指的 CISG 依据的一般原则。① 然而，从 UPICC 对诚信原则的界定来看，诚信原则在 UPICC 中已经成为当事人在国际贸易中行事的基本原则。当然，无论分歧如何，在解释 CISG 规则时适用诚信原则是最狭义的理解，也是必然要遵守的原则。就 CISG 的解释方法曾有学者进行过专门研究。如有学者认为，CISG 解释应以文本为首要依据，以立法史为补充，国际法律统一文件如 UPICC 和学者学说是可以考虑的资源，外国判例法是保证 CISG 统一解释的最后一步，诚信是 CISG 解释的价值判断标准，国内法是不得以时才适用的解释手段。②

总结 CISG 第 7 条第（1）款解释 CISG 条款的规则，笔者认为，促进 CISG 适用的统一是其核心问题，避免适用国内法以及遵循诚信原则是统一适用的保障。从前文的分析中可以发现，对于 CISG 第 25 条各国判例中的观点在逐渐由不统一而趋于统一，以下，本书将通过对适用 CISG 第 25 条的判例进行国别差异性研究，进而分析各国法院及仲裁庭在适用 CISG 第 25 条时运用了哪些解释方法，这些方法对于 CISG 适用的统一性有何影响。

第二节　CISG 第 25 条判例之解释方法分析

根据笔者的统计，适用 CISG 第 25 条进行裁判的法院或仲裁庭至少分布于 27 个国家，此外，还包括国际商会仲裁院。总体来看，在适用 CISG 第 25 条的国家中，英美法系国家仅有 3 个，即美国、加拿大、澳大利亚，笔者认为，这大概与英美法系自身有根本违约的规定以及英国未加入 CISG 对英联邦国家的影

---

① See Paul J. Powers, *Defining the Undefinable: Good Faith and the United Nations Convention on the Cotracts for the International Sale of Goods*, Journal of Law and Commerce, Vol. 18: 2, p. 333 – 354 (1999).

② 参见刘瑛：《〈联合国国际货物销售合同公约〉解释问题研究》，法律出版社 2009 年版，第 178 – 184 页。

响有关；除此之外，还有 22 个适用 CISG 第 25 条的国家为大陆法系国家。[①] 受不同法律传统的影响，英美法系与大陆法系国家在 CISG 解释方法上既有差异，又有融合。对于 CISG 适用统一性的要求，各国在逐渐通过参考外国判例、学者学说等方法来促进统一，然而，目前仍有诸多国家通过国内法对根本违约规则加以解释，因此统一的趋势中仍存在不统一的情形。以下就各种方法加以具体分析。

一、各国参考外国判例的解释方法分析

有学者认为，在对 CISG 进行解释的诸多方法中，引用外国判例是实现 CISG 统一适用最直接、最有效的方法。[②] CISG 根本违约认定标准的趋同性也说明，参考外国判例会进一步促进统一化的发展。实践中已有多国开始重视引用外国判例的解释方法，当然，各国在具体援引时仍有差异，以下具体分析。

（一）英美法系国家参考外国判例的解释方法分析

英美法系国家中共有三个国家适用过 CISG 第 25 条，包括美国、加拿大和澳大利亚，在对第 25 条的解释中，三国均有对外国判例的参考，然而，参考的程度却大有不同。

1. 积极参考外国判例的国家

三个英美法系国家中，只有美国无论是法院还是仲裁庭皆对外国判例抱以积极参考的态度。例如，在 1999 年 5 月 17 日路易斯安那州联邦地方法院审理的意大利卖方与美国买方乳腺 X 射线摄影设备纠纷案[③]中，法院援引了德国联邦最高法院的判例用以说明违反进口国标准是否构成根本违约的问题，该案也是 UNCITRAL 法规判例法摘要中解释 CISG 第 25 条的经典案例。在 2004 年 5 月 21

---

① 具体包括，欧洲国家：法国、比利时、荷兰、意大利、西班牙、德国、瑞士、奥地利、丹麦、芬兰、瑞典、俄罗斯、乌克兰、塞尔维亚、拉脱维亚、波兰、斯洛伐克、斯洛文尼亚、匈牙利、希腊；美洲国家：墨西哥；亚洲国家：韩国。上述 27 个国家还包括古巴与中国。古巴的实体法与程序法以西班牙民法为基础，接近大陆法系，并受到马列主义原则的影响。中国已形成与西方国家的大陆法系、英美法系等资本主义法系完全不同的当代中国法系。因此本文将古巴与中国的解释方法单独进行论述。

② 参见刘瑛：《〈联合国国际货物销售合同公约〉解释问题研究》，法律出版社 2009 年版，第 181 页。

③ 参见美国路易斯安那州联邦地方法院 1999 年 5 月 17 日裁决，载美国佩斯大学 CISG 数据库官网，https：//iicl. law. pace. edu/cisg/case/united – states – may – 17 – 1999 – district – court – medical – marketing – international – inc – v。

日伊利诺伊州联邦地方法院审理的美国卖方与加拿大买方猪排纠纷案①中，法院除援引本国判例外，还援引了多个国家如意大利、德国、荷兰等国适用 CISG 的判例，法官在注释中还说明，对外国法院判例的援引有时因其未提供英文翻译，故法院参考了 UNILEX 数据库中对外国法院判例的摘要。同国内法院相比，美国仲裁协会在裁决中对各国判例的援引更加广泛。在 2007 年 10 月 23 日该仲裁庭审理的美国卖方与罗马尼亚买方冻鸡肉纠纷案②中，仲裁庭援引了美国佩斯大学 CISG 数据库中多个国家如美国、德国、比利时、匈牙利等国的判例，对迟延履行是否构成根本违约进行判断，受德国等国判例的影响，美国仲裁机构对此问题的判断更加谨慎，总结了迟延履行构成根本违约的若干限制。

由此可见，美国法院及仲裁机构在参考外国判例方面较为积极，而且从参考判例的国家来看，其大部分来自大陆法系国家，这样会使美国裁判者的观点与大陆法系裁判者的观点更加融合、统一。

2. 参考外国判例较少的国家

同美国相比，加拿大和澳大利亚显然在参考外国判例方面较为消极，笔者认为，两国应该是受英国未加入 CISG 的影响。加拿大仅有一起判例参考了外国判例，即 2003 年 10 月 6 日安大略省高等法院审理的美国卖方与加拿大买方卫星和地面通信设备纠纷案③，该案是加拿大法院首次考虑参照他国适用 CISG 的判例来解释 CISG 条款。法院认为外国判例是具有指导性的，但是外国判例并没有降低普通法证明根本违约的条件。最终法院认定该案违约方构成根本违约，但法院认为其并没有依据 CISG 第 49 条，而是以普通法为基础进行裁决。该案开始出现对外国判例的关注，这对于加拿大来讲是一个很大的突破，但最终，法院仍依据了普通法规则对案件进行了审理。可见，在对 CISG 统一解释方面，加拿大的态度仍较为保守。

同为英联邦国家，澳大利亚对 CISG 的态度相较加拿大要更加开放。例如，

---

① 参见美国伊利诺伊州联邦地方法院 2004 年 5 月 21 日裁决，载美国佩斯大学 CISG 数据库官网，https：//iicl. law. pace. edu/cisg/case/united – states – state – minnesota – county – hennepin – district – court – fourth – judicial – district – 17。

② 参见美国仲裁协会 2007 年 10 月 23 日裁决，载美国佩斯大学 CISG 数据库官网，https：//iicl. law. pace. edu/cisg/case/october – 23 – 2007 – macromex – srl – v – globex – international – inc。

③ 参见加拿大安大略省高等法院 2003 年 10 月 6 日裁决，载美国佩斯大学 CISG 数据库官网，https：//iicl. law. pace. edu/cisg/case/canada – october – 6 – 2003 – superior – court – justice – diversitel – communications – inc – v – glacier – bay。

在2000年11月17日昆士兰州最高法院审理的澳大利亚卖方与马来西亚买方废钢纠纷案[①]中，在参照外国判例方面，法院援引了美国法院的判决来解释拒绝及时开立信用证会构成根本违约的问题，有学者评价认为该案在引用外国判例方面在正确的方向上前进了一大步。[②] 当然，从该案来看，同美国相比，澳大利亚援引的仅仅为英美法系国家的判例，并未对大量的大陆法系国家判例加以参考。

3. 小结

总体而言，美国在援引外国判例方面较为积极。法官对大陆法系国家判例，尤其是对UNCITRAL的判例摘要、UNILEX数据库的判例摘要较为关注。相较于法院，仲裁庭在对CISG统一解释方面显然更进一步，美国仲裁协会对美国佩斯大学CISG数据库提供的各国判例的援引使其对CISG第25条的解释与大陆法系国家的认识更趋于一致。

其他两个英联邦国家普遍受到了英国未加入CISG的影响，对CISG持较为排斥的态度。加拿大的一个判例中参考了外国判例，但最终仍然是依据国内法规则进行了裁判。澳大利亚也出现了援引外国判例的情况，但更倾向于对英美法系国家判例的关注。总之，两国在参考外国判例方面远没有美国那么开放与积极。

（二）大陆法系国家参考外国判例的解释方法分析

在大陆法系国家中，部分国家的法院或仲裁庭开始出现参考外国判例对CISG第25条进行解释的情形，其中以意大利、西班牙最为积极，荷兰、瑞士、波兰的法院以及瑞典的仲裁庭也采用过参考外国判例的解释方法。

1. 积极参考外国判例的国家

积极参考外国判例的国家包括意大利和西班牙，以下进行具体分析。

首先，意大利法院的判决极具特色，如在帕多瓦地区法院以及弗利地区法

---

① 参见澳大利亚昆士兰州最高法院2000年11月17日裁决，载美国佩斯大学CISG数据库官网，https：//iicl. law. pace. edu/cisg/case/australia – november – 17 – 2000 – supreme – court – downs – investments – pty – ltd – acn – 010 – 729 – 567。

② See Lisa Spagnolo, *Analysis of Australian Case Law on the CISG*, Melbourne Journal of International Law, Vol. 10, p. 176 – 184 (2009).

院审理的多个案件[①]中，法院援引了法国、德国、奥地利、瑞士等多个国家的判例对 CISG 根本违约规则进行了解释。意大利法院援引的外国判例主要集中于罗马法系与德意志法系[②]的国家，这也是对大陆法系不同特色国家观点的融合。有学者对弗利地区法院 2008 年 12 月 11 日审理的意大利卖方与斯洛文尼亚买方鞋纠纷案做出了很高的评价，认为弗利地区法院清晰地界定了根本违约概念，该案因此在解释 CISG 的重要条款上做出了有益的贡献。[③] 总之，意大利在统一解释适用 CISG 第 25 条方面的做法较为积极。意大利法院在多个判例中对外国判例进行了援引，虽然大多参考的是大陆法系国家的判例，但对大陆法系国家来讲，这已是很大的突破。

其次，西班牙法院在参考外国判例方面的做法也值得称道。有学者认为，西班牙法院近年来存在国内法偏见的判例越来越少，法院对 CISG 国际性解释的

① 例如，帕多瓦地区法院 2004 年 2 月 25 日审理的奥地利卖方与意大利买方农产品纠纷案，参见意大利帕多瓦地区法院 2004 年 2 月 25 日裁决，载美国佩斯大学 CISG 数据库官网，https：//iicl. law. pace. edu/cisg/case/italy – february – 25 – 2004 – tribunale – district – court – so – m – agri – sas – di – ardina – alessandro – c – v；帕多瓦地区法院 2004 年 3 月 31 日审理的意大利卖方与德国买方匹萨盒纠纷案，参见意大利帕多瓦地区法院 2004 年 3 月 31 日裁决，载美国佩斯大学 CISG 数据库官网，https：//iicl. law. pace. edu/cisg/case/italy – march – 31 – 2004 – tribunale – district – court – scatolificio – la – perla – snc – di – aldrigo – stefano；帕多瓦地区法院 2005 年 1 月 11 日审理的斯洛文尼亚卖方与意大利买方兔子纠纷案，参见意大利帕多瓦地区法院 2005 年 1 月 11 日裁决，载美国佩斯大学 CISG 数据库官网，https：//iicl. law. pace. edu/cisg/case/italy – january – 11 – 2005 – tribunale – district – court – ostroznik – savo – v – la – faraona – soc – coop – arl；弗利地区法院 2008 年 12 月 11 日审理的意大利卖方与斯洛文尼亚买方鞋纠纷案，参见意大利弗利地区法院 2008 年 12 月 11 日裁决，载美国佩斯大学 CISG 数据库官网，https：//iicl. law. pace. edu/cisg/case/italy – december – 11 – 2008 – tribunale – district – court – mitias – v – solidea – srl – translation – available。

② 由于大陆法系不同国家受历史、政治、社会发展、地域等综合因素的影响，其法律制度并非完全相同，因此大陆法系受不同法律传统影响的国家在解释适用公约时呈现出了不同的特点，而法律传统相似的国家在适用公约时又存在共性，因此笔者参考德国学者茨威格特与克茨教授在《比较法总论》中对法系的分类，对大陆法系国家又做了细分。茨威格特与克茨教授将世界上的法系分为了罗马法系、德意志法系、英美法系、北欧法系、社会主义法系、远东法系、伊斯兰法系以及印度教法。据此，本书对 22 个大陆法系国家进行了分类，主要包括：受罗马法以及之后的法国法影响较大的罗马法系国家，即欧洲地区的法国、比利时、荷兰、意大利、西班牙以及拉丁美洲的墨西哥；受日耳曼法以及之后的德国法影响较大的德意志法系国家，即德国、瑞士、奥地利；受斯堪的纳维亚民族历史文化影响的北欧法系国家，即丹麦、芬兰、瑞典；一些由于历史原因不同阶段受不同法律传统影响，较难归入上述某一法律体系的国家，包括欧洲的俄罗斯、乌克兰、拉脱维亚、波兰、塞尔维亚、斯洛伐克、斯洛文尼亚、匈牙利、希腊，亚洲的韩国。参见［德］K. 茨威格特、［德］H. 克茨：《比较法总论》，潘汉典、米健等译，法律出版社 2003 年版，第 99 – 116 页。

③ 详见 Francesco A. Schurr 教授对该案的评价，参见意大利弗利地区法院 2008 年 12 月 11 日裁决，载美国佩斯大学 CISG 数据库官网，https：//iicl. law. pace. edu/cisg/case/italy – december – 11 – 2008 – tribunale – district – court – mitias – v – solidea – srl – translation – available。

要求越来越重视。[①] 例如，2012 年 5 月 11 日丰拉夫拉达第一初审法院在审理意大利卖方与西班牙买方空调管道生产线纠纷案[②]时曾指出，国内法不适用于 CISG 规定的情形，也不能用于解释 CISG，否则就将违反 CISG 第 7 条第（1）款统一适用的原则。法院认为，为达到解释的目的，UNCITRAL 推出的《法规判例法》是“特别有效的借鉴工具，实际上就是一本销售方面的《法规汇编》”。法院还指出，任何国家的法律法规如果可以援引但并不是为适用 CISG 而发布的，都将具有理论价值，但并不是对 CISG 的补充。该案的法官参考了《法规判例法》中的多个判例，包括德国、意大利、美国、法国的判例，用以确定瑕疵发现的时间，进而判定违约方是否构成根本违约。笔者认为，该案在 CISG 条款的解释方法方面有着重要意义，对外国判例尤其是对 UNCITRAL《法规判例法》经典案例的参照，会促进 CISG 适用的统一。

由此可见，意大利法院已经多次参照外国判例对根本违约规则进行解释，参考的国家主要包括罗马法系和德意志法系国家，而西班牙又将参考范围扩展至了美国等英美法系国家，参考 UNCITRAL《法规判例法》经典案例，必然会促进 CISG 适用统一化的发展。

2. 其他参考过外国判例的国家

除意大利和西班牙外，越来越多的大陆法系国家开始采用参考外国判例的做法对 CISG 根本违约认定规则加以解释，具体包括荷兰、瑞士、瑞典、波兰，以下分别分析。

第一，荷兰参考外国判例的情况。荷兰仅有一例参考外国判例解释根本违约规则的案件，但该案对荷兰法院具有重大意义。在 2009 年 7 月 29 日阿纳姆地区法院审理的荷兰卖方与德国买方小巴车纠纷案[③]中，荷兰出现了参考外国法院判例对 CISG 进行解释的情形，但未言明是何国的判例，有评论认为，虽然这种做法在荷兰地方法院中并不常见，但这一做法体现了法院对 CISG 第 7 条第（1）

---

① See Pilar Perales Viscasillas & Javier Solana Alvarez, *Spain*, in International Sales Law: a Global Challenge, edited by Larry A. DiMatteo, New York: Cambridge University Press, 2014, p. 460.

② 参见西班牙丰拉夫拉达第一初审法院 2012 年 5 月 11 日裁决，载美国佩斯大学 CISG 数据库官网，https://iicl. law. pace. edu/cisg/case/spain – may – 11 – 2012 – juzgado – de – primera – instancia – court – first – instance – infasa – v – piemme。

③ 参见荷兰阿纳姆地区法院 2009 年 7 月 29 日裁决，载美国佩斯大学 CISG 数据库官网，https://iicl. law. pace. edu/cisg/case/netherlands – july – 29 – 2009 – rechtbank – district – court – x – v – omnibus – trading – bv。

款公约国际性要求的考虑。

第二，瑞士参考外国判例的情况。瑞士作为德意志法系国家，深受德国法影响，在参考外国判例方面，主要通过援引德国判例对根本违约进行解释。例如，在瑞士最高法院 1998 年 10 月 28 日审理的德国卖方与瑞士买方冻肉纠纷案①中，法院通过援引德国联邦最高法院的判例对根本违约规则进行了解释。

第三，瑞典参考外国判例的情况。笔者未搜集到瑞典法院适用 CISG 第 25 条的判例，仅有一起斯德哥尔摩商会仲裁院的判例适用了 CISG 第 25 条，即 2007 年 4 月 5 日该仲裁院审理的巴西卖方与中国买方压力传感器纠纷案②。该案中，仲裁庭参考了瑞士、德国等多个国家的判例，对“实质性剥夺”等根本违约构成的关键性问题进行了分析，最终仲裁庭认为该案中因缺陷易修复而卖方不构成根本违约。由此可见，仲裁庭主要参考了德意志法系国家的判例，对是否构成根本违约进行了判断。

第四，波兰参考外国判例的情况。在 2007 年 5 月 11 日波兰最高法院审理的波兰卖方与德国买方制鞋皮革纠纷案③中，最高法院援引了奥地利最高法院的判例，对根本违约及预期违约问题进行了解释。由此可见，波兰法院已经开始重视外国法院判例的作用。

从上述大陆法系国家对外国判例的参考情况来看，德意志法系国家中德国、瑞士、奥地利的判例对大陆法系国家的影响较大。

3. 尚未参考过外国判例的国家

除上述七国外，笔者尚未搜集到其余的 15 个大陆法系国家在解释 CISG 第 25 条时参考外国判例的案件。因此，从数量上来看，未参考过外国判例的国家仍占了大多数。这些国家又可以分为两类：一类是本国判例对其他国家影响较大的国家，如德国、奥地利和法国。此类国家针对 CISG 第 25 条解释适用的判例众多，如德国已经多达 80 个判例，奥地利有 19 个判例，法国有 23 个判例。

---

① 参见瑞士最高法院 1998 年 10 月 28 日裁决，载美国佩斯大学 CISG 数据库官网，https：//iicl. law. pace. edu/cisg/case/switzerland – october – 28 – 1998 – bundesgericht – federal – supreme – court – ek – l – und – v – f – translation。

② 参见瑞典斯德哥尔摩商会仲裁院 2007 年 4 月 5 日裁决，载美国佩斯大学 CISG 数据库官网，https：//iicl. law. pace. edu/cisg/case/5 – april – 2007 – arbitral – institute – stockholm – chamber – commerce。

③ 参见波兰最高法院 2007 年 5 月 11 日裁决，载美国佩斯大学 CISG 数据库官网，https：//iicl. law. pace. edu/cisg/case/poland – may – 11 – 2007 – supreme – court – spoldzielnia – pracy – n – v – gmbh – co – kg – b – translation – available。

这些判例主要依据传统大陆法系文义解释或参考本国学者学说等解释方法做出裁决，有时还会受到本国法的影响，如德国的宽限期机制等。然而，由于其制度在宗旨上强调尽量挽救合同，在功能上严格限制合同解除，其与 CISG 第 25 条的宗旨和功能是相协调的，因此德国、奥地利和法国判例中关于第 25 条的解释被多国认可和援引。可以说，尽管这些国家本身并未参考外国判例，但这些国家的判例是其他国家参考的判例来源。然而，从另一个角度来看，尽管其本国判例的影响力较大，但适当参考别国判例，尤其是不同法系国家的判例，会更有助于 CISG 在不同国家适用上的统一。

除上述三国外，剩余的 12 个国家则是真正的在 CISG 根本违约问题上对待外国判例态度较为保守的国家。大部分此类国家的判例数量较少，受传统大陆法系法律传统的影响，这些国家更倾向于采用文义解释等传统方法而非参考外国判例的方法解释 CISG 第 25 条。此外，古巴也未出现参考外国判例对 CISG 第 25 条进行解释的案例。因此，在 CISG 统一适用问题上，这些国家需要作出更多努力。

（三）我国参考外国判例的解释方法分析

近年来，我国在 CISG 适用的统一性方面迈进了很大一步，在前文分析过的一起最高人民法院审理的案件即 2014 年 6 月 30 日德国卖方与我国买方石油焦纠纷案①中，最高人民法院虽未言明其参考的具体判例，但在判决书中写道：法院“综合考量了其他国家裁判对 CISG 根本违约条款的理解”，最终认定瑕疵履行若可补救且补救不给非违约方带来不便则不构成根本违约。可见我国最高人民法院也开始重视外国判例的参考价值。此外，在广东省深圳市前海合作区人民法院 2019 年 4 月 24 日审理的我国卖方与美国买方电动平衡车纠纷案②中，法院参考了 UNCITRAL 提供的典型案例对瑕疵履行根本违约认定进行分析，再次提及可补救的瑕疵履行不会构成根本违约。可见，在最高人民法院指导性判例的影响下，我国法院越发重视国外典型案例的参考价值。

（四）小结

总体而言，各国在参考外国判例对 CISG 根本违约规则进行解释时仍存在诸

---

① 参见最高人民法院民事判决书，（2013）民四终字第 35 号。

② 参见广东省深圳市前海合作区人民法院民事判决书，（2018）粤 0391 民初 2728 号。

多差异。从目前已有案例来看，只有美国和西班牙做到了综合参考大陆法系与英美法系国家判例进行解释的程度，其余参考过外国判例的国家较侧重于参考本法系国家的判例进行解释。未参考过外国判例的国家超过了60%，当然，这其中包括自身对他国判例影响较大的国家，然而，无论本国判例的影响如何，适当参考外国判例，无疑是促进CISG统一解释的有效途径。由此可见，在参考外国判例方面，已经有国家做出了表率，越来越多的国家已经开始采用此方法对CISG根本违约规则加以解释，但仍有更多国家需要以更开放的态度关注外国判例尤其是经典判例的指导作用。

二、各国引证法律学说的解释方法分析

CISG的自治性解释要求解释者调动尽可能多的解释资源，其中学者学说在实践中也发挥了较大的作用。无论大陆法系还是英美法系国家均出现过通过援引学者学说对CISG根本违约规则加以解释的情形，然而，由于学者学说对根本违约规则的认识本身并不统一，因此，有学者认为，学者学说只能作为解释的辅助资源，有利于促进但不一定能够保证统一解释。类似CISG咨询委员会之类的国际研究机构的研究更具有代表性，在促进CISG统一解释方面可能会更加有效。① 鉴于各国对法律学说引证情况的不同，以下进行具体分析。

（一）积极引证各国法律学说的国家

对于法律学说的援引，部分国家裁判者已经注意到了其对CISG统一解释的促进作用，因此较为注重对不同法系或权威研究机构学说的援引。在此方面较为积极的国家包括美国、俄罗斯、波兰等国。

首先，在美国无论是法院还是仲裁机构均出现过参考多国学者学说和权威机构学说的判例。例如，在2001年12月17日密歇根州联邦地方法院审理的希腊卖方与美国买方设备纠纷案②中，法院援引了美国学者Michael Van Alstine教

---

① 参见刘瑛：《〈联合国国际货物销售合同公约〉解释问题研究》，法律出版社2009年版，第181页。

② 参见美国密歇根州联邦地方法院2001年12月17日裁决，载美国佩斯大学CISG数据库官网，https：//iicl. law. pace. edu/cisg/case/united – states – december – 17 – 2001 – district – court – shuttle – packaging – systems – llc – v – jacob。

授一篇论文[①]中的观点以及 UNCITRAL 秘书处对公约草案的评注对 CISG 加以解释。同国内法院相比，美国仲裁协会在裁决中对各国学者学说的援引更加广泛。在 2007 年 10 月 23 日该仲裁庭审理的美国卖方与罗马尼亚买方冻鸡肉纠纷案[②]中，仲裁庭参考了荷兰学者 Evelien Visser 教授、法国学者 Catherine Kessedjian 教授、意大利学者 Cesare Massimo Bianca 教授[③]以及 Micheal Joachim Bonell 教授[④]、中国学者 Liu Chengwei 教授在论文或者 CISG 评述中的观点。由此可见，美国裁判者对学者学说的援引不限于本国，更注重参考不同大陆法系国家学者的观点以及 UNCITRAL 秘书处对 CISG 的解释，这些方法无疑会促进 CISG 的统一解释。

其次，俄罗斯的仲裁机构在解释 CISG 第 25 条时也开始参考外国学者学说的判例。例如，1998 年 10 月 22 日俄罗斯联邦工商会国际商事仲裁庭审理的塞浦路斯卖方与俄罗斯买方货物纠纷案[⑤]，仲裁庭援引了俄罗斯学者对 CISG 的评述以及美国学者 Honnold 教授的观点对 CISG 第 25 条根本违约认定问题进行了解释。由此可见，英美法系学者的观点也会引发大陆法系裁判者的关注。

最后，波兰最高法院近年来也开始关注著名研究机构学说的指导作用。例如，在 2007 年 5 月 11 日波兰最高法院审理的波兰卖方与德国买方制鞋皮革纠纷案[⑥]中，波兰最高法院援引了 CISG 咨询委员会的第 5 号意见等作为参考，对根本违约及预期违约问题进行了解释。

三个国家引证的学说各有特点，但均视野开阔，不局限于本法系内部，其在促进 CISG 统一解释方面的目标是一致的。

---

① Michael Van Alstine, *Consensus, Dissensus, and Contractual Obligation through the Prism of Uniform Internation Sales Law*, Virginia Journal of International Law, Vol. 37: 1, p. 1 – 106 (1996).

② 参见美国仲裁协会 2007 年 10 月 23 日裁决，载美国佩斯大学 CISG 数据库官网，https://iicl. law. pace. edu/cisg/case/october – 23 – 2007 – macromex – srl – v – globex – international – inc。

③ Cesare Massimo Bianca 教授曾参与 UPICC、PECL 的制订工作。

④ Micheal Joachim Bonell 教授曾任维也纳外交会议谈判代表、制订 UPICC 工作组主席并参与制订 PECL。

⑤ 参见俄罗斯联邦工商会国际商事仲裁庭 1998 年 10 月 22 日裁决，载美国佩斯大学 CISG 数据库官网，https://iicl. law. pace. edu/cisg/case/russian – federation – october – 22 – 1998 – translation – available。

⑥ 参见波兰最高法院 2007 年 5 月 11 日裁决，载美国佩斯大学 CISG 数据库官网，https://iicl. law. pace. edu/cisg/case/poland – may – 11 – 2007 – supreme – court – spoldzielnia – pracy – n – v – gmbh – co – kg – b – translation – available。

（二）引证本国或本法系法律学说的国家

除上述较为积极的三个国家之外，也有诸多国家在解释 CISG 根本违约认定规则时援引了本国或本法系的法律学说。其中仅援引本国学者学说的国家包括加拿大、比利时、德国，援引本法系学者学说的国家包括澳大利亚、瑞士、奥地利。从效果来看，各国的解释方法对 CISG 统一适用的影响大相径庭，有些甚至阻碍了统一解释的实现。以下分别加以分析。

1. 仅援引本国学者学说的国家

首先，英美法系国家中的加拿大曾援引本国学者学说对 CISG 根本违约规则进行过解释。如在 2004 年 5 月 4 日由马尼托巴上诉法院审理的加拿大卖方与美国买方军用帐篷加热器纠纷案①中，法院仅用一段话对 CISG 的规定表达了法院的观点，并且将其与国内销售法案进行了比较，佩斯大学数据库对此的评价认为，“很难说法院适用了 CISG”，法院通过援引加拿大学者 Fridman 教授关于加拿大国内销售问题的主张，② 对案件进行分析。由此可见，在该案中，法院援引本国学者学说强化了国内法对 CISG 的解释。该案中并未体现学者学说对 CISG 适用统一性方面的促进作用。

其次，比利时的一个判例中出现了对本国学者学说的援引，如科特赖克地区法院 2004 年 6 月 4 日审理的比利时卖方与冰岛买方叉车纠纷案③中，法官援引了本国学者 Van Houtte H. 教授、Erauw Johan 教授以及 Wautelet Patrick 教授对 CISG 的评注就根本违约的认定进行了判断，这在该国的其他判例中还不常见。

最后，频繁引证本国学者学说的判例来自德国。德国学者学说在判决中援引众多，如 Peter Schlechtriem 教授、Ingeborg Schwenzer 教授等多位著名学者对 CISG 的评述常被援引。由于德国适用 CISG 第 25 条的判例最多，德国著名学者对 CISG 的各种评注也众多，因此德国关于 CISG 根本违约认定标准的影响甚大，很多判例被 UNCITRAL 法规判例法收录，对其他国家法院判决产生了重大影响。

---

① 参见加拿大马尼托巴上诉法院 2004 年 5 月 4 日裁决，载美国佩斯大学 CISG 数据库官网，https://iicl.law.pace.edu/cisg/case/canada-may-4-2004-court-appeals-kellogg-brown-root-inc-v-aerotech-herman-nelson-inc-and。

② See Fridman, *Sale of Goods in Canada*, 4th ed., Toronto: Carswell, 1995.

③ 参见比利时科特赖克地区法院 2004 年 6 月 4 日裁决，载美国佩斯大学 CISG 数据库官网，https://iicl.law.pace.edu/cisg/case/belgium-june-4-2004-rechtbank-van-koophandel-district-court-steinbock-bjonustan-ehf-v-nv。

2. 援引本法系学者学说的国家

首先，英美法系的澳大利亚在 2000 年 11 月 17 日昆士兰州最高法院审理的澳大利亚卖方与马来西亚买方废钢纠纷案[①]中，法院除了援引美国法院、澳大利亚法院的判决来解释拒绝及时开立信用证会构成根本违约的问题，也对美国学者 Honnold 教授的观点进行了引证，该案对澳大利亚在引证外国判例和学说方面有重要的意义。[②]

其次，德意志法系的瑞士和奥地利在援引学者学说方面较为类似。两国的裁判者深受德意志学者学说，尤其是德国、瑞士和奥地利三国的学者学说的影响。例如，在瑞士阿尔高州商事法院 1997 年 9 月 26 日审理的德国卖方与瑞士买方餐具纠纷案[③]中，法院援引了瑞士学者 Heinrich Honsell 教授、德国学者 Peter Schlechtriem 教授、奥地利学者 Martin Karollus 教授等对 CISG 的评述对 CISG 第 25 条进行了解释；奥地利在最高法院 2005 年 6 月 21 日审理的德国卖方与奥地利买方软件纠纷案[④]中，参考了奥地利学者 Martin Karollus 教授、瑞士学者 Heinrich Honsell 教授、德国学者 Peter Schlechtriem 教授、Ingeborg Schwenzer 教授等多名德意志法系著名学者对 CISG 第 25 条的评注。由此可见，两国在引证学者学说方面深受德意志法系学者学说的影响。

总体而言，援引本国学者学说的判例更侧重于支持本国法在 CISG 解释中的作用，而参考本法系学者学说的判例在此方面显然更容易实现本法系内部对 CISG 统一解释的实现，然而，缺乏对其他法系学者学说的关注有时也会阻碍 CISG 在更广泛范围内的统一解释。

除上述 9 个国家外，尚未搜集到其余的 18 个国家通过学者学说对 CISG 根本违约规则加以解释的判例。上述九国的实践也为尚未采用此种解释方法的国

---

① 参见澳大利亚昆士兰州最高法院 2000 年 11 月 17 日裁决，载美国佩斯大学 CISG 数据库官网，https：//iicl. law. pace. edu/cisg/case/australia – november – 17 – 2000 – supreme – court – downs – investments – pty – ltd – acn – 010 – 729 – 567。

② See Lisa Spagnolo, *Analysis of Australian Case Law on the CISG*, Melbourne Journal of International Law, Vol. 10, p. 176 – 184 (2009).

③ 参见瑞士阿尔高州商事法院 1997 年 9 月 26 日裁决，载美国佩斯大学 CISG 数据库官网，https：//iicl. law. pace. edu/cisg/case/switzerland – september – 26 – 1997 – handelsgericht – commercial – court – translation – available。

④ 参见奥地利最高法院 2005 年 6 月 21 日裁决，载美国佩斯大学 CISG 数据库官网，https：//iicl. law. pace. edu/cisg/case/austria – june – 21 – 2005 – oberster – gerichtshof – supreme – court – austrian – case – citations – do – not。

家提供了参考，为促进 CISG 的统一解释，裁判者不能仅参考本国或本法系学者的学说，也可以参考更多法系学者对根本违约认定的研究成果，以及权威研究机构的专门研究，以促进对根本违约规则更全面更统一的理解。

三、各国根据国内法进行解释的方法分析

尽管 CISG 的自治性解释要求各国尽可能摆脱国内法的影响，但国内法律传统的影响有时不可避免，如英美法系的三个国家无一不通过援引本国判例对 CISG 根本违约规则加以解释，而大陆法系国家则均通过对 CISG 条文的文义解释等传统大陆法系解释方法对 CISG 根本违约规则进行解释。从判例中来看，各国受国内法影响的程度存在一定差异。有些国家直接用国内法对 CISG 根本违约规则进行了解释；有些国家的做法较为含蓄，裁判者会在判例中探讨国内法与 CISG 根本违约的关系问题，此类国家的国内法与 CISG 通常在某些方面有相似之处；同时，近年来，受两大法系相互融合的影响，大陆法系的不少国家开始出现以国内最高法院判例指导下级法院判例的情形，如此是否会影响 CISG 适用的统一性，以下分别加以分析。

（一）直接运用国内法解释 CISG 的国家

通过对判例的考察，有些国家直接运用国内法来解释 CISG，如加拿大、澳大利亚、俄罗斯等国。

首先，在加拿大 2002 年 9 月 20 日由马尼托巴女王法庭审理的加拿大卖方与美国买方军用帐篷加热器纠纷案①中，卖方根据 CISG 第 38 条和第 49 条认为买方没有在合理时间内提出根本违约的主张，然而，法院并未考虑当事人援引 CISG 条款的事实，直接运用加拿大国内的销售法案、国内判例以及普通法原则对该案进行了审判。

其次，在澳大利亚昆士兰州最高法院上诉法庭 2001 年 10 月 12 日审理的澳大利亚卖方与马来西亚买方废钢纠纷案②中，法院认为 CISG 第 25 条与普通法并

---

① 参见加拿大马尼托巴女王法庭 2002 年 9 月 20 日裁决，载美国佩斯大学 CISG 数据库官网，https：//iicl. law. pace. edu/cisg/case/canada – september – 20 – 2002 – court – queens – bench – brown – root – services – corp – v – aerotech – herman。

② 参见澳大利亚昆士兰州最高法院上诉法庭 2001 年 10 月 12 日美国佩斯大学 CISG 数据库官网，https：//iicl. law. pace. edu/cisg/case/australia – october – 12 – 2001 – supreme – court – downs – investments – pty – ltd – acn – 010 – 729 – 567。

没有实质上的区别，CISG 至少在一定程度上吸取了普通法“拒绝履行合同”（repudiation）的概念。对此，有学者认为，这样的观点非但不正确，而且其用国内法解释了 CISG，这是一个危险的例子。[①]

最后，在俄罗斯，俄罗斯联邦工商会国际商事仲裁庭在部分案件中呈现出用俄罗斯国内法解释 CISG 的情况。例如，该仲裁庭 2005 年 10 月 18 日审理的德国卖方与塞浦路斯买方印刷机纠纷案[②]中，仲裁庭认为 CISG 第 25 条是界定根本违约的一般性规则，因此 CISG 并没有就货物质量瑕疵问题在何种情况下构成根本违约进行详细说明，此种情况属于 CISG 第 7 条第（2）款未明确解决的问题，因此有必要适用《俄罗斯民法典》第 475. 2 条对此种情况下的根本违约进行解释。然而，通过前文的论述可知，学者对此问题已经基本达成一致，认为 CISG 第 25 条只能在第 7 条第（1）款的背景下加以解释，CISG 对根本违约是存在明确规定的。在该仲裁庭 2006 年 6 月 30 日审理的俄罗斯卖方与瑞士买方货物纠纷案[③]中，仲裁庭认为，该合同应适用 CISG 解决，但只有在 CISG 与《俄罗斯民法典》不一致时才适用 CISG。因此，在认定根本违约时，仲裁庭直接适用了《俄罗斯民法典》第 450. 2 条进行判断，只在最终结论处指出，违约方构成根本违约的结论也是以 CISG 第 25 条和第 64 条为基础得出的。笔者认为，两个判例中仲裁庭错误适用了 CISG 在解释和适用方面的规定，错误地依据国内法对根本违约进行了解释。由此可见，俄罗斯仲裁庭在认定根本违约问题时有时会受俄罗斯国内法的影响。

从上述国家的判例来看，直接用国内法解释 CISG 不利于 CISG 统一解释的形成，加拿大、澳大利亚等英美法系国家因普通法规则中存在类似制度而忽略 CISG 规定的做法以及俄罗斯错误适用 CISG 的问题应加以避免，否则会构成对根本违约统一解释的障碍。

（二）间接运用国内法解释 CISG 的国家

第一，在美国，由于 CISG 在很大程度上是以 UCC 为蓝本来制定的，因此

---

① See Lisa Spagnolo, *Analysis of Australian Case Law on the CISG*, Melbourne Journal of International Law, Vol. 10, p. 176 – 184 (2009).

② 参见俄罗斯联邦工商会国际商事仲裁庭 2005 年 10 月 18 日裁决，载美国佩斯大学 CISG 数据库官网，https://iicl. law. pace. edu/cisg/case/russian – federation – october – 18 – 2005 – translation – available。

③ 参见俄罗斯联邦工商会国际商事仲裁庭 2006 年 6 月 30 日裁决，载美国佩斯大学 CISG 数据库官网，https://iicl. law. pace. edu/cisg/case/russian – federation – june – 30 – 2006 – translation – available。

在提及国内法与 CISG 的关系问题时，美国有法官含蓄地指出了 UCC 对 CISG 的影响。例如，在美国纽约联邦地方法院 2008 年 8 月 20 日审理的西班牙卖方与伊拉克买方腈纶纱纠纷案[①]中，判决书中提到，法院经常会用 UCC 的类似条款去说明 CISG 的判例，判例法对 UCC 第 2 条相关条款的解释可能也会使法院发现 CISG 的条款表达与 UCC 是一脉相承的。然而，UCC 的判例本身是不能适用的。CISG 的根本违约概念与 UCC“合同条款……是合同的实质部分”的概念是相符的，因此在解决 CISG 替代履行问题时，UCC 第 2－614 条是一个有用的指引。由此可见，尽管法院并没有援引 UCC 的判例去解决适用 CISG 的问题，但仍然会有法官用 UCC 的条款来解释 CISG 的相关问题。UCC 在美国的巨大影响以及 UCC 本身存在对根本违约的类似规定可能在一定程度上导致了法院适用 CISG 第 25 条时更倾向于借助 UCC 去理解 CISG。

第二，在法国，有学者认为，由于法国法较侧重于保护弱势一方的利益，而 CISG 根本违约制度是对法国法这一倾向的平衡，因此在法国当事人涉诉的案件中，法国法院更多会适用 CISG 进行审理。而且由于法国法规定解除合同会受到法院干预，[②] 而 CISG 也以尽量维持合同存在为基本理念，对合同解除严格限制的理念使法国法官在适用 CISG 的判例中也受本国法影响而总结出了一些判断根本违约的客观性因素。[③] 其中一些经典案例被联合国判例法摘要汇编收录用以供各国参考解释 CISG 第 25 条。[④]

第三，在德国，同样也有法院在判决中对 CISG 第 25 条与德国国内法进行比较，如 1994 年 1 月 18 日法兰克福上诉法院审理的意大利卖方与德国买方鞋子

---

① 参见美国纽约联邦地方法院 2008 年 8 月 20 日裁决，载美国佩斯大学 CISG 数据库官网，https：//iicl. law. pace. edu/cisg/case/united－states－state－minnesota－county－hennepin－district－court－fourth－judicial－district－21。

② 即《法国民法典》第 1184 条的规定。

③ See Sylyaine Poillot－Peruzzetto，*French Perspective of the CISG*，in International Sales Law：a Global Challenge，edited by Larry A. DiMatteo，New York：Cambridge University Press，2014，p. 345－346.

④ 如法国格勒诺布尔上诉法院 1999 年 2 月 4 日审理的西班牙卖方与法国买方桔汁纠纷案，参见法国格勒诺布尔上诉法院 1999 年 2 月 4 日裁决，载美国佩斯大学 CISG 数据库官网，https：//iicl. law. pace. edu/cisg/case/france－ca－aix－en－provence－ca－cour－dappel－appeal－court－sarl－ego－fruits－v－st% C3% A9－la－verja，以及该法院 1999 年 10 月 21 日审理的西班牙卖方与法国买方皮鞋纠纷案，参见法国格勒诺布尔上诉法院 1999 年 10 月 21 日裁决，载美国佩斯大学 CISG 数据库官网，https：//iicl. law. pace. edu/cisg/case/france－ca－aix－en－provence－ca－cour－dappel－appeal－court－st% C3% A9－calzados－magnanni－v－sarl－shoes。

纠纷案①。从德国法院判决的总体情况来看，德国法院对根本违约构成的认定较为严格，受国内法宽限期机制以及学者学说的影响，一些在其他国家法院被判定构成根本违约的判例，如不付款、迟延履行的判例，德国法院不会直接判定构成根本违约，通常会赋予违约方宽限期，若宽限期满违约方仍不履行，才赋予当事人合同解除权。由此可见，德国法院受国内法以及国内学者学说的影响较大，在适用 CISG 第 25 条时，对根本违约构成的认定一直较为谨慎。德国仲裁机构同法院类似，在审判过程中也因为引用大量德国法院的判例以及德国学者的学说而深受德国国内法的影响。

第四，有些国家的裁判者会同时就国内法和 CISG 的规定进行分析，综合得出结论。例如，2000 年 7 月 14 日墨西哥下加利福尼亚州蒂华纳市民事法院审理的美国卖方与墨西哥买方木材纠纷案②，该案同时就 CISG 第 25 条、第 30 条以及第 53 条同墨西哥修订后的《商法典》的相关条款进行了分析。由此可见，法院在适用 CISG 时仍会受到国内法的影响。

此类国家对国内法的间接援引更多是因为其国内法与 CISG 存在相通之处，因此判例中会出现国内法与 CISG 的比较，甚至有时，美国、法国、德国国内法的解释会通过判例影响到其他国家。当然，此类判例中国内法的理念与 CISG 是协调一致的，因此才会起到对他国的借鉴作用。

（三）援引最高法院判例用以指导下级法院判例的大陆法系国家

英美法系国家将本国判例包括最高法院判例作为下级法院判例的先例的做法是其法律传统。近年来，不少大陆法系国家也开始出现参考本国法院判例尤其是最高法院判例的做法，其国内判例虽不具有像英美法系国家先例般的法律效力，但也成为一种有影响力的指导。在大陆法系国家适用 CISG 根本违约规则时，诸多国家出现了具有指导意义的判例尤其是最高法院的判例，以下进行具体分析。

第一，在德国。德国是 CISG 缔约国中法院适用 CISG 第 25 条判例最多的国

---

① 参见德国法兰克福上诉法院 1994 年 1 月 18 日裁决，载美国佩斯大学 CISG 数据库官网，https：//iicl. law. pace. edu/cisg/case/germany – oberlandesgericht – hamburg – oberlandesgericht – olg – provincial – court – appeal – german – 203。

② 参见墨西哥下加利福尼亚州蒂华纳市民事法院 2000 年 7 月 14 日裁决，载美国佩斯大学 CISG 数据库官网，https：//iicl. law. pace. edu/cisg/case/mexico – july – 14 – 2000 – juzgado – de – primera – instancia – state – courts – first – instance – translation。

家，共有80个法院判例适用了第25条，其中最高法院的判例为6起。在解释CISG第25条的方法上，德国法院除采用传统大陆法系的解释方法外，基本以本国判例与本国学者对CISG的评述为依据，本国判例中包括大量德国最高法院的判例。

第二，在奥地利，从对根本违约构成的认定来看，奥地利似乎没有德国法院严格。有学者认为，奥地利法院在处理根本违约构成问题时存在困惑，因为CISG的概念与奥地利国内法根本违约的概念不同，因此法官有时较难把握根本违约的认定标准。① 也因此，奥地利最高法院经常会就一些具体类型的根本违约做出裁决，以致奥地利最高法院适用CISG第25条的数量众多，这也为下级法院的裁决提供了参考。

第三，在法国，近年来，法院中出现了参考法国最高法院判决的案例，如2014年法国杜埃上诉法院审理的机器纠纷案②等。大陆法系国家国内判例尤其是最高法院判例对下级法院的参考作用在加强。

第四，在西班牙，有32个判例涉及CISG第25条，其中西班牙最高法院审理的案件6个，由于西班牙国内法缺乏根本违约概念，因此西班牙最高法院的判例时常会成为下级法院在审理根本违约问题时的参考。典型判例如西班牙最高法院2008年1月17日审理的西班牙卖方与德国买方汽车纠纷案③，该案对根本违约规则的规定成为2009年7月14日马德里上诉法院审理的中国卖方与西班牙买方国旗纠纷案④、2010年7月30日纳瓦拉省高级法院审理的英国卖方与西班牙买方钢条纠纷案⑤、2012年2月16日拉斯帕尔马斯省法院审理的意大利卖

---

① See Wolfgang Faber, *The CISG in Austria*, in International Sales Law: a Global Challenge, edited by Larry A. DiMatteo, New York: Cambridge University Press, 2014, p. 321 – 322.

② 参见法国杜埃上诉法院2014年判例摘要，载UNCITRAL官网，https://www.uncitral.org/clout/clout/data/fra/clout_case_1504_060214.html。

③ 参见西班牙最高法院2008年1月17日裁决，载美国佩斯大学CISG数据库官网，https://iicl.law.pace.edu/cisg/case/spain – january – 17 – 2008 – tribunal – supremo – supreme – court – improgess – gmbh – v – canary – islands – car。

④ 参见西班牙马德里上诉法院2009年7月14日裁决，载美国佩斯大学CISG数据库官网，https://iicl.law.pace.edu/cisg/case/spain – audiencias – provinciales – 34。

⑤ 参见西班牙纳瓦拉省高级法院2010年7月30日裁决，载美国佩斯大学CISG数据库官网，https://iicl.law.pace.edu/cisg/case/spain – july – 30 – 2010 – audiencias – provinciales – court – appeal。

方与西班牙买方面包和甜点用人工黄油纠纷案[①]的重要参考。由此可见，最高法院判例在西班牙根本违约认定中发挥了重要的作用。

此外，因古巴与中国的法律体系深受大陆法系影响，故在此一并讨论。古巴的法律体系主要融合了大陆法系和英美法系的特征。在古巴，2008 年 6 月 16 日古巴最高法院审理的南非卖方与古巴买方移动设备纠纷案[②]中，古巴最高法院适用了 CISG 第 25 条对案件进行审理。由于佩斯大学数据库提供的判例原文是西班牙语，笔者限于能力，无法对其展开具体分析，但从数据库提供的基本数据来看，该案的意义重大。根据《古巴宪法》的规定，古巴最高法院在法律解释方面可以发布强制性的指示，因此，笔者推断，古巴最高法院出现适用 CISG 第 25 条的判例将有助于古巴下级法院对该条解释的统一。

我国结合本土法律实践，已经形成了具有中国特色的社会主义法律体系，但诸多方面受到大陆法系的影响。我国适用 CISG 第 25 条的判例中法院的判例为 90 个，其中最高人民法院的判例为 5 个。前文多次提及的最高人民法院 2014 年 6 月 30 日审理的德国卖方与中国买方石油焦纠纷案[③]入选最高人民法院“为一带一路建设提供司法服务和保障的典型案例”。最高人民法院认为，此案明确了 CISG 认定根本违约的标准，增加了我国适用 CISG 的统一性、稳定性和可预见性。此后，在 2016 年 4 月 6 日浙江省杭州市中级人民法院审理的中国卖方与美国买方透明热熔胶棒纠纷案[④]中，法院参考了最高人民法院上述判例的观点，最终认定瑕疵履行不构成根本违约。由此可见，最高人民法院开始出现在根本违约判例中参考外国判例的情况，而一旦这样的判例入选指导性案例，下级法院在审理案件时会对其进行参考，这对于 CISG 根本违约规则适用的统一性来说无疑具有重要的意义。

---

① 参见西班牙拉斯帕尔马斯省法院 2012 年 2 月 16 日裁决，载美国佩斯大学 CISG 数据库官网，https：//iicl. law. pace. edu/cisg/case/spain – february – 16 – 2012 – audiencias – provinciales – court – appeal – canadire – sl – v – ipsa – industry。

② 参见古巴最高法院 2008 年 6 月 16 日裁决，载美国佩斯大学 CISG 数据库官网，https：//iicl. law. pace. edu/cisg/case/cuba – june – 16 – 2008 – tribunal – supremo – popular – sala – de – lo – economico – istatel – telecom – v – etecsa。

③ 最高人民法院民事判决书，（2013）民四终字第 35 号。

④ 参见浙江省杭州市中级人民法院民事判决书，（2014）浙杭商外初字第 41 号。

本章小结

总之，从适用 CISG 第 25 条判例中对 CISG 的解释方法来看，各国在逐渐统一根本违约认定规则的趋势中也存在较大的差异。

第一，对外国判例的援引不同。美国、西班牙积极援引各国判例用以解释 CISG 第 25 条，跨越了法系之间的界限，而澳大利亚、加拿大主要以援引英美法系判例为主。越来越多的大陆法系国家也开始关注外国判例中对 CISG 第 25 条的理解，甚至一些国家的最高法院都开始考量外国判例的影响。大陆法系国家援引最多的外国判例主要来源于德意志法系国家，如德国、奥地利和瑞士。此外，裁判者也会关注入选 UNCITRAL《法规判例法》的判例、UNILEX 数据库和佩斯大学数据库的经典判例。对外国判例的援引，尤其是对多国判例的同时参考，无疑会促进 CISG 第 25 条的统一解释。

第二，对学者学说的援引不同。美国、俄罗斯、波兰积极参考了两大法系学者学说以及权威研究机构的观点，有利于促进 CISG 的统一解释；而仅援引本国学者学说的判例有时会呈现出受国内法影响的倾向；援引本法系学者学说的判例，在本法系统一解释方面迈进了一步，但仍应注意对其他法系学者学说的参考。总体来看，大部分国家在解释 CISG 第 25 条时较少直接援引学者学说尤其是非本国或本法系学者的学说。

第三，国内法对各国在解释 CISG 第 25 条时的影响程度不同。英美法系国家受此影响较大，这大概是因为其国内法中有与根本违约类似的概念。传统的大陆法系的文义解释等方法在大陆法系国家法院和仲裁庭的适用都较为普遍，这与大陆法系的传统有关。大陆法系也有不少国家在解释 CISG 第 25 条时会受国内法影响，如德国在适用 CISG 第 25 条时也存在参考国内法的倾向，但其观点已经随着其判例与学者学说被他国的援引而变得更具影响力。此外，对国内判例的援引在英美法系是常态，大陆法系国家中也开始出现参考国内判例对 CISG 第 25 条进行解释的情况。其中最高法院判例的影响力较大，因此各国可以通过最高法院对 CISG 第 25 条适用的解释统一国内的认定标准，这对 CISG 统一适用的实现无疑会起到事半功倍的效果。

第四，大部分仲裁机构在促进 CISG 适用统一化方面较法院更加积极，在援引各国法院判例以及学者学说方面更具借鉴意义。

总之，在解释适用 CISG 第 25 条的法院和仲裁庭中，尽管各国仍然存在差异，但裁判者总体上注意到了 CISG 第 7 条第（1）款关于适用统一性的解释原则，在逐渐减少国内法对解释 CISG 第 25 条方面的影响。笔者认为，对外国法院判例以及本国最高法院判例的参考，是促进 CISG 统一解释较为有效的方法，包括我国在内的很多国家通过此种方法已经在 CISG 统一解释方面取得了较大进展。对各国学者学说的援引也成为越来越多国家的解释方法，尤其是对著名学者学说以及研究机构观点的参考，都可以促进各国对 CISG 第 25 条的统一解释。这些方法为今后解释 CISG 第 25 条的裁判者提供了有益的参考。

第六章　其他国际商事规则对 CISG 第 25 条统一化适用的影响

通过第一章对国际商事合同根本违约制度法律渊源的分析可知，目前除 CISG 对根本违约认定问题有所规定之外，前文分析的 UPICC 以及区域性统一合同法规则均对根本违约的认定标准有明确规定。这些规则会随着当事人或裁判者的选择，或者直接依据规则本身的规定得以适用，从而在一定程度上可能会排除 CISG 的适用。本章将分别探讨 UPICC 以及区域性统一合同法规则的适用对 CISG 根本违约认定标准统一化发展的影响。

第一节　UPICC 的功能分析及对 CISG 第 25 条认定标准统一化的影响

通过前文对根本违约构成要件的理论与判例的分析可知，UPICC 根本不履行规则是对 CISG 根本违约规则的继承与发展。由于 UPICC 的软法性质，从 UPICC 的判例来看，在不同案件中 UPICC 根本不履行规则发挥了不同作用。UPICC 在其序言中阐述了它的主要功能，有学者对其进行了概括，认为 UPICC 主要具有准据法功能、解释补充功能以及示范法功能。[①] 前文已述

① 参见左海聪：《试析〈国际统一私法协会国际商事合同通则〉的性质和功能》，载《现代法学》2005 年第 5 期。

及，UPICC 根本不履行规则涉及的判例在 UNILEX 数据库中共计 34 个，涉及阿根廷、澳大利亚、巴西、波兰、俄罗斯、哥伦比亚、荷兰、墨西哥、瑞士、西班牙、意大利、中国等 12 个国家的法院或仲裁庭以及 4 个国际性质的仲裁机构即 ICC、ICSID、PCA 和临时仲裁庭。以下就 UPICC 根本不履行规则在具体判例中的功能进行分析，进而剖析 UPICC 根本不履行规则在国际商事合同根本违约认定中所发挥的作用，探讨其对 CISG 根本违约认定标准的统一化发展会有何种影响。

一、UPICC 判例中根本不履行规则准据法功能及影响分析

（一）UPICC 根本不履行规则的准据法功能在判例中的体现

在 UPICC 的判例中，已经开始出现直接运用 UPICC 规则进行裁判的案例，而这种适用有些来自当事人的选择，但更多是基于裁判者的选择。将 UPICC 作为准据法加以适用的国家或国际组织包括意大利、墨西哥、俄罗斯、波兰、中国、ICC 以及 ICSID，以下分别加以分析。

第一，在意大利，适用 UPICC 根本不履行规则的判例是一起涉外商业代理合同纠纷，由意大利米兰国内国际仲裁院于 1996 年 12 月 1 日审理。[①] 该案中，当事人未就法律适用问题作出约定，在仲裁庭的建议下，双方同意适用 UPICC 解决纠纷。UPICC 根本不履行规则在该案中作为准据法得到了适用。众所周知，第一版的 UPICC 于 1994 年颁布，1996 年便在意大利的仲裁庭中作为准据法得以适用，这也是目前可查的适用 UPICC 第 7. 3. 1 条最早的一则判例，仲裁庭对推动 UPICC 的适用功不可没。

第二，在墨西哥，有 1 起判例涉及 UPICC 第 7. 3. 1 条，即 2006 年 11 月 30 日由 CAM 审理的墨西哥卖方与美国买方蔬菜纠纷案[②]，前文对此案进行过分析。该案也是为数不多的当事人直接约定适用 UPICC 的判例，因此仲裁庭依据 UPICC 规则对根本违约进行了详细地分析，为后续类似案件的审理提供了难得的参考。由此可见，在该案中，UPICC 根本不履行规则直接作为准据法得到了适用，UPICC 已经开始引起当事人的重视。

---

① 参见意大利米兰国内国际仲裁院 1996 年 12 月 1 日裁决，载 UNILEX 数据库官网，https：//www. unilex. info/principles/case/622。

② 参见墨西哥仲裁中心 2006 年 11 月 30 日裁决，载 UNILEX 数据库官网，https：//www. unilex. info/principles/case/1149。

第三，在俄罗斯，俄罗斯工商会国际商事仲裁庭有 2 起涉及 UPICC 根本不履行规则的判例，分别审理于 1997 年和 2009 年，类型为涉外买卖合同纠纷和涉外房屋租赁合同纠纷。两则判例中，仲裁庭经当事人同意，直接适用了 UPICC 第 7. 3. 1 条对案件进行了审理。由此可见，UPICC 在这两起判例中充当了准据法的作用。此外，在 2012 年 8 月 7 日由俄罗斯秋明地区仲裁法院审理的俄罗斯买方与中国香港卖方货物买卖合同纠纷案①中，当事人选择了 UPICC 作为合同的准据法，发生纠纷后，当事人根据第 7. 3. 1 条解除了合同。该判例为当事人直接选择 UPICC 为合同准据法的例子。

第四，在波兰，波兰最高法院 2014 年 6 月 24 日审理的一则判例②中，法院援引 UPICC 第 7. 1. 3 条来作为学者观点说明只有在基本合同义务的履行出现迟延的情况下，才允许撤销合同。但法院并未对该条进行详细讨论。可见该判例为法院援引 UPICC 作为合同准据法的例证。

第五，在中国，CIETAC 2016 年 10 月 31 日审理的中国公司与印度尼西亚公司工程采购施工分包合同纠纷案③中，当事人在合同中选择了新加坡法为准据法，但对于履行过程中印度尼西亚公司不履行义务的相关问题，双方都无法就新加坡法律中有关所涉问题的内容提供充分证据。鉴于这种情况，依据 2014 年修订的《中国国际经济贸易仲裁委员会仲裁规则》第 49 条第（1）款，仲裁庭应根据案件事实和合同条款，依据法律，并参照“国际惯例”，宣布它将通过国际惯例解决争端，更确切地说是按照 UPICC 作为“代表合同法的一般原则”的有关规定来解决纠纷，仲裁庭援引了 UPICC 第 7. 3. 1 条允许当事人终止合同。由此可见，该案中，仲裁庭在无其他规则规定的情形下，将 UPICC 作为合同法一般原则进行了援引，并将其作为解决纠纷的准据法。

第六，在 ICC，有三则判例适用了 UPICC 根本不履行规则。第一起判例是 2000 年 7 月 28 日 ICC 审理的成员企业间的涉外合同纠纷案④，该案中成员企业

---

① 参见俄罗斯秋明地区仲裁法院 2012 年 8 月 7 日裁决，载 UNILEX 数据库官网，https：//www. unilex. info/principles/case/2077。

② 参见波兰最高法院 2014 年 6 月 24 日裁决，载 UNILEX 数据库官网，https：//www. unilex. info/principles/case/2221。

③ 参见 CIETAC 2016 年 10 月 31 日裁决，载 UNILEX 数据库官网，https：//www. unilex. info/principles/case/2232。

④ 参见 ICC 2000 年 7 月 28 日裁决，载 UNILEX 数据库官网，https：//www. unilex. info/principles/case/668。

间约定合同纠纷不适用任何国家的实体法，应以合同本身所体现的政策和注意事项以及一般的公平原则为依据。仲裁庭因此适用了 UPICC 对该案进行审理，根据 UPICC 第 7. 3. 1 条对其中一家企业的根本违约问题进行了认定。第二起判例是 2001 年 ICC 审理的欧洲卖方与拉美买方合同纠纷案①，该案中当事人约定适用国际合同的一般原则和规则即商人法来解决合同纠纷，仲裁庭适用了 UPICC 对该案进行审理，就当事人根本违约问题进行了判断。第三起判例是 2011 年 ICC 审理的中国公司与美国公司设计开发制造特定产品案②。该案中，当事人未选择应适用的法律，仲裁员认为，当事人来自不同的司法管辖区，可以适用商人法解决此纠纷，最终仲裁庭选择适用了 2004 年版 UPICC。由此可见，ICC 审理的三起纠纷中，尽管当事人未直接选择适用 UPICC，但 ICC 认为 UPICC 作为国际商事合同的一般原则或商人法，可以作为合同准据法加以适用。

第七，在 ICSID，有一起判例涉及 UPICC 的适用，即 2008 年 7 月 29 日 ICSID 审理的美国公司诉刚果政府投资纠纷案③。该案的一个仲裁员依据 UPICC 第 7. 1. 4 条和第 7. 1. 5 条对 ICSID 是否对该案具有管辖权进行了分析，但最终其意见与仲裁庭意见相左，未被采纳。但该案中，UPICC 仍发挥了类似合同准据法的作用，仲裁员直接适用 UPICC 的规定用以确定不付款是否构成根本不履行以及是否可以赋予当事人宽限期的问题。

（二）UPICC 准据法功能对 CISG 根本违约认定标准统一化的影响

通过对上述判例的总结可以发现，越来越多国家的裁判者，尤其是仲裁庭在适用 UPICC 根本不履行规则时较为直接，通常是将其作为合同准据法加以适用，在当事人约定适用一般法律原则、商人法等的情况下，UPICC 成为了仲裁庭的首选。此外，也出现了当事人直接约定适用 UPICC 的情况，由此足见 UPICC 在国际仲裁机构以及商事主体间逐渐扩大的影响力。由于 UPICC 根本不履行规则是对 CISG 根本违约规则的继承与发展，两者在拯救合同、限制合同解除的理念上是一脉相承的，因此，直接适用 UPICC 不会对 CISG 根本违约认定标

---

① 参见 ICC 2001 年裁决，载 UNILEX 数据库官网，https：//www. unilex. info/principles/case/957。

② 参见 ICC 2011 年裁决，载 UNILEX 数据库官网，https：//www. unilex. info/principles/case/2306。

③ 参见 ICSID 2008 年 7 月 29 日裁决，载 UNILEX 数据库官网，https：//www. unilex. info/principles/case/1349。

准统一化造成阻碍，相反，会在更多的领域扩大该规则的统一化趋势，如目前的判例已经扩展到了代理合同、房屋租赁合同以及投资合同等领域。

二、UPICC 判例中根本不履行规则解释补充功能及影响分析

（一）UPICC 根本不履行规则的解释补充功能在判例中的体现

在 UPICC 根本不履行规则的判例中，除直接适用该规则的判例之外，更多数量的判例中 UPICC 发挥了解释补充 CISG 或国内法的功能。以下分别加以分析。

1. UPICC 根本不履行规则用于解释补充 CISG

UPICC 直接用于解释补充 CISG 的判例较少，目前笔者仅搜集到一例，即在前文分析过的佩斯大学数据库提供的墨西哥保护对外贸易委员会仲裁庭 1998 年 11 月 30 日审理的墨西哥卖方与韩国买方糖果纠纷案中，学者的分析表明该案的仲裁庭通过 UPICC 对 CISG 根本违约规则进行了解释，因此该案中，UPICC 发挥了解释国际统一法律文件的作用。

2. UPICC 根本不履行规则用于解释补充国内法

在大多数判例中，UPICC 根本不履行规则主要用来解释和补充国内法。诸多国家都出现过此类判例。

第一，西班牙是最为典型的用 UPICC 规则解释补充国内法的国家。西班牙有 12 个判例涉及 UPICC 根本不履行规则，其中包括 5 个西班牙最高法院的判例，最早的判例由西班牙最高法院审理于 2007 年 7 月 9 日并被后续多个判例援引，最新的判例截至 2015 年 6 月 15 日。从类型来看，12 个判例皆为国内纠纷，涉及货物买卖、不动产纠纷以及服务合同纠纷。之所以西班牙法院多次就根本违约的问题援引 UPICC，在西班牙最高法院 2008 年 12 月 3 日审理的葡萄酒纠纷案①中法院曾进行过说明，是因为《西班牙民法典》第 1124 条只是一般性地规定了违约的概念，对其构成条件没有做进一步的阐释，故根本违约的概念需要依靠法院来界定。因此，法院根据 UPICC 第 7.3.1 条，PECL 第 8:101 条和第 8:103 条以及 CISG 第 49 条第（1）款对国内法的空白进行了解释。在此，UPICC、PECL 以及 CISG 都发挥了解释与补充国内法的功能。鉴于西班牙最高

① 参见西班牙最高法院 2008 年 12 月 3 日裁决，载 UNILEX 数据库官网，https：//www.unilex.info/principles/case/1467。

法院判例的指导作用，西班牙下级法院的判例中时常提及西班牙最高法院对 UPICC 等国际规则进行援引用以解释补充国内法的做法，因此西班牙成为在国内根本违约纠纷中援引 UPICC 数量最多的国家。由此可见，在西班牙，UPICC 根本不履行规则的主要功能是解释和补充国内法。

第二，阿根廷作为西班牙的前殖民地国家，阿根廷法院显然受到了西班牙法院的影响。阿根廷法院有 1 起涉及 UPICC 根本不履行规则的国内房地产纠纷的判例，[①] 审理于 2008 年 3 月 14 日，该案中法院认为 UPICC 第 7. 3. 1 条是确定违反合同是否构成根本违约的有用的依据，UPICC 在该案中的作用同西班牙类似，仍然是解释和补充国内法。

第三，哥伦比亚同阿根廷类似，也属于西班牙的前殖民地国家，因此同样受到了西班牙法院的影响。哥伦比亚有 1 起判例涉及 UPICC 第 7. 3. 1 条，是由哥伦比亚最高法院在 2011 年 8 月 30 日审理的一起国内运输合同纠纷[②]。前文就该案展开过具体分析，虽然结论认为哥伦比亚最高法院援引 UPICC 法条出现了失误，主要是对第 7. 3. 3 条援引的失误，但法院通过援引 UPICC 第 7. 3. 1 条以及 CISG 第 49 条和第 64 条来说明单方解除合同条款的普遍性是具有说服力的。法院最终认为单方解除条款尽管在《哥伦比亚民法典》中没有规定，但可以作为哥伦比亚法律中不成文的规则加以承认，可见在该案中，UPICC 依然发挥了其解释补充国内法的作用，而且得到了最高法院的关注。

第四，在巴西，巴西法院在 2012 年 4 月 4 日审理一起国内买卖合同纠纷案[③]时提到过 UPICC 第 7. 3. 1 条。该案中法院通过援引 UPICC 第 7. 3. 1 条说明只有在根本违约时才能解除合同。由此可见，在该案中，UPICC 根本违约规则的作用依然是解释和补充国内法。

第五，在荷兰，前文已述及的 1995 年 9 月 22 日由荷兰最高法院审理的不动产抵押纠纷案[④]涉及 UPICC 第 7. 1. 4 条的问题。法院用该条来解释 1992 年《荷

---

① 参见阿根廷法院 2008 年 3 月 14 日裁决，载 UNILEX 数据库官网，https：//www. unilex. info/principles/case/1628。

② 参见哥伦比亚最高法院 2011 年 8 月 30 日裁决，载 UNILEX 数据库官网，https：//www. unilex. info/principles/case/1657。

③ 参见巴西法院 2012 年 4 月 4 日裁决，载 UNILEX 数据库官网，https：//www. unilex. info/principles/case/1681。

④ 参见荷兰最高法院 1995 年 9 月 22 日裁决，载 UNILEX 数据库官网，https：//www. unilex. info/principles/case/1127。

兰民法典》，用以说明补救权与根本不履行的构成是两个独立的问题。该案中，UPICC 的作用是解释澄清国内法的相关规定。

第六，在瑞士，有一个判例涉及 UPICC 根本不履行，即 2009 年 12 月 16 日由瑞士最高法院审理的南非卖方和美国买方货物买卖纠纷案①。该案是瑞士最高法院对一起已经仲裁过的案件进行的再次审理。当事人明示选择“适用于解决国内纠纷的瑞士法”作为合同准据法，仲裁庭认为这一表述默示排除了 CISG 的适用。但仲裁庭认为瑞士国内法没有合同中约定的“实质违约”（material breach）概念，按照瑞士法的规定，解释这个概念时，可以根据当事人的共同意图，如果没有共同意图，则可以根据“合理人”的理解，而 CISG 第 25 条和 UPICC 第 7.3.1 条就是从事国际贸易的“合理人”的解释。瑞士最高法院支持了仲裁庭的这一观点，最终用 CISG 和 UPICC 解释了“实质违约”的含义。由此可见，该案中，UPICC 根本不履行规则的作用主要是解释合同条款，补充国内法规则。

（二）UPICC 解释补充功能对 CISG 根本违约认定标准统一化的影响

由此类判例中 UPICC 发挥的作用可见，UPICC 直接解释 CISG 会对 CISG 根本违约认定标准的统一化产生促进作用。对各国国内法的解释和补充虽然不会直接对 CISG 根本违约认定标准统一化产生影响，但国内法对 UPICC 根本不履行规则的解释会对国内法的统一解释产生积极影响，而国内标准的统一无疑会对国际商事合同领域的统一起到推动作用。

三、UPICC 判例中根本不履行规则的其他功能及影响分析

（一）UPICC 根本不履行规则的其他功能在判例中的体现

UPICC 的判例中根本不履行规则主要发挥了准据法和解释补充 CISG 和国内法的作用，而在一些判例中，该规则的运用也发挥了其他的一些功能，具体分析如下。

第一，在 ICSID 2000 年 3 月 20 日审理的美国公民诉乌克兰政府投资纠纷

---

① 参见瑞士最高法院 2009 年 12 月 16 日裁决，载 UNILEX 数据库官网，https://www.unilex.info/principles/case/1513。

案[①]中，当事人在 ICSID 协调下达成了一致，在制定新的投资协议时，引用了 UPICC 第 7.1.4 条和第 7.1.5 条作为合同条款。由此可见，该案中，UPICC 成为起草合同的指导。

第二，在我国，有两起纠纷涉及 UPICC 根本不履行规则，包括 2005 年的一起涉外技术开发合同纠纷和 2008 年的一起国内服务合同纠纷。根据前文对两起案件的分析可知，审理两起案件的法官并未直接援引 UPICC 的规则进行案件审理，而是将两个案件作为典型案例进行了案例评述。在评论中，法官适用 UPICC 根本不履行的规定对法院的观点加以支持，UNILEX 数据库在对案件的注释中指出，此类案例评述尽管对法官尤其是下级法院的法官有指导作用，但在现行中国法中是不具有法律约束力的。由此可见，在我国，UPICC 根本违约规则的功能还未达到解释补充国内法的程度，其更多的是发挥了学术研究上的价值，成为法官进行案例评析的有说服力的依据。但法官已经开始关注 UPICC，并通过案例评析的方式使其间接起到了对类似判例的指导作用，这本身就具有很重大的意义。

（二）UPICC 其他功能对 CISG 根本违约认定标准统一化的影响

上述判例中 UPICC 分别体现了其作为示范条款的价值以及在学术研究上的影响。作为示范条款 UPICC 会直接影响当事人的权利义务关系，由于 UPICC 与 CISG 在根本违约认定标准问题上的一致性，若今后有更多的当事人直接将 UPICC 的规定作为合同条款，则此举对于 CISG 根本违约认定标准的统一化无疑会起到巨大的推动作用。对于我国法院来讲，虽然目前对于 UPICC 的援引仅停留在学术研究层面，但裁判者对 UPICC 的关注，无疑会影响其对根本违约认定规则的思考，而且通过案例评述的方式，UPICC 的规定已经间接影响到了法官的裁判，这些对于国际商事合同领域根本违约认定标准的统一化均会产生积极影响。

四、小结

总结法院与仲裁庭适用 UPICC 根本不履行规则的判例可见，无论是英美法

---

① 参见 ICSID 2000 年 3 月 20 日裁决，载 UNILEX 数据库官网，https：//www. unilex. info/principles/case/962。

系还是大陆法系国家，法院在适用 UPICC 根本不履行规则时，均以解释和补充国内法为主。之所以大陆法系国家适用该规则较多，与其本国缺乏根本违约规定有较大关系，也因此，大陆法系国家在审理国内纠纷时，也会提及 UPICC 根本不履行规则，由此足见 UPICC 对越来越多国家的影响力。

仲裁庭在适用 UPICC 根本不履行规则时更为直接，通常是将其作为合同准据法加以适用，在当事人约定适用一般法律原则、商人法或选择的法律对如何解决纠纷没有规定等情况下，UPICC 成为仲裁庭的首选。此外，也出现了当事人直接约定适用 UPICC 的情况，由此足见 UPICC 在国际仲裁机构以及商事主体间逐渐扩大的影响力。另外，有的判例中将 UPICC 条款直接作为合同条款，发挥了其对合同制定的指导作用；还有的判例中通过 UPICC 的规定来解释 CISG 根本违约规则，这又发挥了 UPICC 解释国际统一法律文件的功能。

总之，UPICC 根本不履行规则是对 CISG 根本违约规则的继承和发展，目前已经出现了直接运用 UPICC 根本不履行规则解释 CISG 第 25 条的判例，而且从法院和仲裁庭对 UPICC 根本不履行规则的适用情况来看，UPICC 也时常被视为是与 CISG 第 25 条、第 49 条等相并列的规则并与其共同出现，由此也能证明，UPICC 和 CISG 两者根本违约认定的核心标准是一致的。因此，UPICC 根本不履行规则作为准据法而直接适用是对 CISG 根本违约认定标准的推广，它使原本仅能适用于国际买卖合同领域的 CISG 根本违约认定规则能够在各类国际商事合同纠纷中得到实质运用。此外，UPICC 根本不履行规则在国内法院中的作用也不容小觑，其为法院审理涉外、国内合同纠纷提供了统一的可供参考的依据，为各国法院在国际甚至国内纠纷中统一解释根本违约认定标准起到了巨大的推动作用。

第二节　区域性统一合同法规则对 CISG 第 25 条认定标准统一化的影响

除 CISG、UPICC 作为国际商事合同法统一化发展的成果之外，从 20 世纪末开始，区域性合同法统一化的发展也取得了诸多成果，如前文提及的欧洲与非洲，统一合同法规则的出台应接不暇，而其中不乏对根本违约认定标准的规定。

一、欧洲统一合同法规则对 CISG 根本违约认定标准统一化的影响

前文已述及，欧洲目前有三个统一合同法规则对根本违约进行了规定，即 PECL、DCFR 以及 CESL，以下分别加以分析。

（一）PECL、DCFR 以及 CESL 根本违约规则分析

在欧洲，1998 年制定的 PECL 于 2001 年颁布最终版本，其中第 8：103 条是对根本不履行认定问题的规定，即："下列情况为根本不履行合同义务：（1）严格履行合同义务是该合同的实质性内容；或（2）不履行合同义务实质上剥夺了受到损害的一方当事人有权期待以此合同所得到的利益，除非对方当事人没有预见到和不能合理地预见到此项结果；或（3）不履行是有意的，且使受到损害的一方当事人有理由相信他不能指望前者在将来继续履行该合同。"

PECL 的规定借鉴了 CISG 和 UPICC 的规定，并对 UPICC 的规定进行了简化，在排序上有所调整，连词"或"的使用表明了三款之间的并列关系。其中第（1）款是对 UPICC 第 7. 3. 1 条第（2）款（b）项的借鉴；第（2）款沿袭了 CISG 的"违约严重性"和"可预见性"标准，当然"可预见性"标准与 UPICC 相同，没有引入"同等资格、通情达理的人"这一客观标准；第（3）款是对 UPICC 第 7. 3. 1 条第（2）款（c）、（d）两项的合并，同样引入主观故意的判定标准，不同的是，主观故意是在未来履行中对根本违约的判断，然而，合并之后，第（3）款的适用范围显然较 UPICC 的（c）、（d）两项要缩小了很多，该款需同时满足故意和不信赖未来履行两个条件；UPICC 第 7. 3. 1 条第（2）款（e）项的删除表明了该项的确不是根本违约构成的判断标准。然而，从 PECL 各款的排序来看，笔者认为，将"违约严重性"和"可预见性"标准放置在第（2）款似乎从重要性上来看其与 UPICC 略有差别。前文的分析表明 UPICC 第 7. 3. 1 条第（2）款（a）项是根本违约认定因素中最重要的情形。PECL 将严格履行合同义务是合同的实质性内容置于了第（1）款，并未凸显第（2）款的重要性，从对 CISG 和 UPICC 根本违约规则的继承和发展方面来讲，此种排序相较 UPICC 的规定似乎并未体现其进步性。同时，笔者认为，第（3）款适用范围的缩小大大减弱了该款的作用。当然，总体来看，PECL 根本不履行的认定标准深受 UPICC 的影响，对 UPICC 第 7. 3. 1 条核心标准的实质变化不大。从前文提及的适用 UPICC 的诸多判例中也可以发现，欧洲国家的部分法院

如包括西班牙最高法院在内的多家法院在解释国内法规则时，在援引 CISG 第 25 条、UPICC 第 7.3.1 条的同时，通常也会将 PECL 第 8：103 条的规定并列其中。这也证明了 PECL 与 CISG 和 UPICC 对于根本违约的认定仍是一脉相承的。

2009 年完成最终版本的 DCFR 在第 3－3：502 条中对根本不履行的认定标准进行了规定，即："（1）债务人不履行合同债务构成根本不履行的，债权人可以解除合同。（2）有以下情形之一的，合同债务的不履行构成根本不履行：（a）债务的不履行实质性地剥夺了债权人根据合同可能从合同的全部或相关部分的履行中得到的利益，但在合同成立时债务人没有预见并不应当预见这一结果的除外；（b）债务的不履行是故意的或轻率的，且债权人有理由相信债务人将不会履行将来的债务。"① DCFR 的认定标准对 PECL 又有所变动，删除了 PECL 中的第（1）款规定，仅保留了后两项标准，由此可见，PECL 第（1）款规定并非根本违约判定的必要条件。（a）项中"实质剥夺合同利益"的"违约严重性"标准并未有太多变动，而对于"可预见性"标准的认定，似乎又回到了 1980 年维也纳外交会议所争论的问题上。DCFR 最终将可预见性的时间问题进行了规定，即界定为合同成立时。而（b）项的规定与 PECL 第（3）款基本相同。总体而言，DCFR 根本不履行的认定标准相较于 PECL 变化不大。

2011 年的 CESL 虽已被撤回，但其作为近年来的较新立法文本，本书仍对其加以分析。CESL 同样规定了根本不履行的认定标准，具体规定在第 87 条第 2 款中，即："具有以下情形的，合同债务的不履行构成根本不履行：（a）债务的不履行实质性地剥夺了另一方当事人根据合同可得到的利益，除非不履行合同的那方当事人在合同成立时没有预见或并不应预见这一结果；或（b）其性质明显表明，另一方当事人无法信赖不履行债务的那方当事人将来会履行债务。"② 显然，CESL 在 DCFR 的基础上又做了调整，二者的（a）项基本相同，CESL 的（b）项删除了对当事人主观意愿的判断，重新回归了 UPICC 第 7.3.1 条第（2）款（d）项的规定，扩大了该项的适用范围。

综观欧洲区域性合同法统一化的几大成果对根本不履行的认定，尽管并不完全相同，但总体而言，首先，几大成果是以 CISG 的根本违约认定标准为蓝本

---

① 欧洲民法典研究组、欧盟现行私法研究组编著：《欧洲示范民法典草案：欧洲私法的原则、定义和示范规则》，高圣平译，中国人民大学出版社 2012 年版，第 200 页。

② 张彤、戎璐译：《欧洲共同买卖法》，载梁慧星主编：《民商法论丛》第 58 卷，法律出版社 2015 年版，第 624－691 页，译者按照 2014 年 2 月 26 日欧洲议会通过的版本翻译。

制定的，“违约严重性”标准变化不大，该标准的核心依然是“实质剥夺当事人的合同利益”；“可预见性”标准增加了判断的时间性，但这对于 CISG 来说并不是陌生的问题，CISG 将时间性问题交予裁判者自行判断；对于对不信赖未来履行的根本违约的引入，其实 CISG 判例中裁判者早已将该标准作为根本违约的认定的重要因素，因此该标准是对根本违约认定标准尤其是“违约严重性”标准的具体化，该标准的出现也体现了新古典契约法理论以及关系契约法理论对欧洲立法者的影响。其次，几大成果对根本违约的认定是对 UPICC 判定标准的简化。对当事人主观意图的判断先是限定在不能依赖未来履行的根本违约中，最后该标准在 CESL 中消失，似乎又可以看出欧洲学界对根本违约的认定标准重新回归客观化的发展倾向。最后，标准的简化也说明，UPICC 第 7.3.1 条第（2）款中的（b）项至（d）项规定的确是在具体违约类型中判断“违约严重性”标准的表现，（e）项对合同解除的限制对根本违约认定本身并无太大的影响，因此后几项标准的删除，不会影响裁判者对根本违约的认定。

总体来看，CISG 确立的根本违约认定规则的核心标准即“违约严重性”标准在欧洲区域性统一合同法规则中并未发生实质变化，“可预见性”标准明确了时间性有利于当事人的举证及裁判者的判断，而三项规则中对“不能依赖未来履行”问题的强调，笔者认为，这与前文提及的新古典契约法以及关系契约法理论对信赖利益以及长期合同的日渐关注不无关系，但笔者仍认为，这只是根本违约认定中对“违约严重性”标准的具体化。虽然在三项规则中不能信赖未来履行标准与“违约严重性”标准是并列关系，但后者仍然是最重要的判断根本违约的标准。

（二）PECL、DCFR、CESL 对 CISG 根本违约认定标准统一化的影响

从 PECL、DCFR 以及 CESL 的规定来看，其是对 CISG、UPICC 根本违约规则的承袭。然而，作为欧洲统一合同法规则，这三者的出现是否会对 CISG 和 UPICC 的适用产生影响，三者会发挥何种作用，以下进行具体分析。

比较这三者，PECL、DCFR 与 CESL 的性质及适用范围是有所区别的。第一，关于 PECL，有学者认为，PECL 与 UPICC 的性质相同，其由规则、评论以及注释构成，因而属于法律重述性质。① 当然，也有学者认为，PECL 除与 UPICC

---

① See Robert Koch, *CISG, CESL, PICC and PECL*, in CISG vs. Regional Sales Law Unification, edited by Ulrich Magnus, Munich: Sellier European Law Publishers GmbH, 2012, p. 127.

重述性质类似可供选择适用之外，其最终的目的是能够成为《欧洲合同法典》或《欧洲民法典》的一部分，在欧盟的法院具有约束力。① 此外，还有学者认为，PECL 通过重述，又超越了重述，具有若干创新。② 与美国法律重述相比，PECL 要克服不同国家的法律体系之间的差异性，要作出隐含着价值判断和政策选择的决定，有时，甚至要采纳打破常规的解决方案。③ 从其适用范围来看，首先，PECL 适用于欧洲共同体，既可适用于国内交易，也可适用于跨国交易；④ 其次，PECL 也具有国际性，虽然 PECL 是以起草一部欧洲合同法典为初衷，但其适用范围并未局限于欧洲地域范围，营业地可以不在欧盟国家，PECL 也可以作为法的一般原则或商人法适用于全球，或者在当事人未选择或选择无效时适用。⑤ 因此，从这个角度来说，PECL 也可以视为是国际性的统一合同法规则。此外，对于合同的类型，PECL 与 UPICC 类似，适用于各种类型的合同。PECL 与 UPICC 的区别在于，UPICC 适用于国际贸易，PECL 尽管也可以在非欧盟国家适用，但在欧盟内部的影响更大。因此，在世界范围内，当事人可以对二者进行选择适用，而在实践中，有学者认为，在欧盟内部，当事人更倾向于选择 PECL。⑥ 此外，在国际货物买卖合同的领域，CISG 也会存在与 UPICC 和 PECL 适用冲突的问题。若当事人明确选择适用了后两者之一，则 CISG 的适用会被排除。当然，对根本违约的认定问题而言，因后两者皆是对 CISG 根本违约规则的传承，尽管略有差别，但核心标准并未有实质变化。

第二，关于 DCFR，该规则由欧洲法律学者主动编写，它将学者们数十年的独立和合作研究以及私法、比较法和欧共体法的专家意见以规则的形式予以浓

---

① See Ole Lando, *Principles of European Contract Law and UNIDROIT Principles: Moving from Harmonisation to Unification*, Uniform Law Review, Vol. 8: 1 – 2, p. 123 – 134 (2003).

② 参见韩世远：《亚洲合同法原则：合同法的"亚洲声音"》，载《清华法学》2013 年第 3 期。

③ 参见［德］赖因哈德·齐默尔曼：《欧洲私法的现状》，韩世远译，载梁慧星主编：《民商法论丛》第 47 卷，法律出版社 2010 年版，第 433 页。

④ See Robert Koch, *CISG, CESL, PICC and PECL*, in CISG vs. Regional Sales Law Unification, edited by Ulrich Magnus, Munich: Sellier European Law Publishers GmbH, 2012, p. 131.

⑤ 参见隋军：《比较法视野下的〈欧洲合同法原则〉》，载沈四宝、王军主编：《国际商法论丛》第 10 卷，法律出版社 2010 年版，第 230 – 231 页。

⑥ See Michael Joachim Bonell, *The UNIDROIT Principles of International Commercial Contracts and the Principles of European Contract Law: Similar Rules for the Same Purpose?* Uniform Law Review, Vol. 1: 2, p. 244 (1996).

缩。[①] 从性质上来讲，DCFR 属于没有法律约束力的示范法性质，它可以作为“欧洲合同法的可选择文本”[②]，也可以被视为软法成功的另一例证。[③] 就其与 PECL 的关系而言，DCFR 的第二卷和第三卷的许多规则来源于 PECL，[④] 且二者均可作为各国法院、欧盟法院和各国立法者灵感的来源。[⑤] 而且有学者认为，尽管 PECL 是欧洲合同法发展的一个里程碑，其虽然没有正式被 DCFR 取代，但至少在事实上已经被 DCFR 取代。[⑥] 由此可见，从某种程度来讲，DCFR 又是对 PECL 的继承和发展。以根本违约规则为例，DCFR 将根本不履行制度规定于第三卷“债务及相应的债权”之下的第三章“债务不履行的救济措施”中，相较于 PECL，DCFR 将根本违约制度从普通合同法领域扩展至了整个债法领域，这也为我们从更广泛的领域中研究根本违约提供了依据。

第三，关于 CESL，其制定的目标是通过促进企业间跨境贸易和消费者跨境消费来巩固欧盟内部市场。[⑦] 相较于 CISG 的适用范围，CESL 不仅适用于企业间的贸易（B2B），同时为保护消费者权益，也适用于消费者合同（B2C），不过，CESL 仅适用于欧盟内部，而且只有在当事人选择时才会适用。就其性质而言，其可以被视为是成员国国内合同法之外的第二套合同法规则，供合同当事人选择适用，[⑧] 也即 CESL 是欧盟成员国的国内法，尽管它“并不是国内立法通

---

① 参见欧洲民法典研究组、欧盟现行私法研究组编著：《欧洲示范民法典草案：欧洲私法的原则、定义和示范规则》，高圣平译，中国人民大学出版社 2012 年版，第 5 页。

② ［英］西蒙·惠特克、王剑一：《“欧洲共同买卖法”草案：法律框架与当事人约定》，载《北航法律评论》2014 年第 1 期。

③ 参见［荷］马丁·W. 海塞林克：《新的欧洲法律文化》，魏磊杰译，中国法制出版社 2010 年版，第 13 页。

④ 参见欧洲民法典研究组、欧盟现行私法研究组编著：《欧洲示范民法典草案：欧洲私法的原则、定义和示范规则》，高圣平译，中国人民大学出版社 2012 年版，第 23 页。

⑤ 参见［荷］扬·斯密茨、姜海峰：《欧洲私法共同参考框架草案：批评性评估》，载《北航法律评论》2012 年第 1 期。

⑥ See Michael Joachim Bonell & Roberta Peleggi, *UNIDROIT Principles of International Commercial Contracts and Draft Common Frame of Reference*: *A Synoptical Table*, Uniform Law Review, Vol. 14: 3, p. 438 (2009).

⑦ 节选自 Proposal for a Regulation of the European Parliament and of the Council on a Common European Sales Law. Brussels, COM (2011) 635 final, 2011/0284 (COD). 的解释性备忘录。参见戎璐《颁布一部〈欧洲共同买卖法〉条例建议的背景与目的》，载《北航法律评论》2014 年第 1 期。

⑧ 参见［德］赖因哈德·齐默尔曼、刘剑峰：《欧洲私法的法典化：〈欧洲共同买卖法〉视角下的历史反思》，载《经贸法律评论》2020 年第 4 期。

过的，而是由欧盟的立法机构制定”①。与 UPICC 和 PECL 相比，当事人一旦选择适用 CESL，则不得再适用其他欧盟的强行法以及欧盟成员国的国内法，但适用 UPICC 和 PECL 时则应保证其规则不与欧盟或其成员国国内的强行性规则相悖，否则不得适用。② 与 CISG 相比，二者在欧盟跨境 B2B 交易法律适用时存在竞争关系，一旦当事人选择了 CESL，则根据 CESL 前言的规定，会默示排除 CISG 的适用，当然，学者对此规定是有争议的。然而，很显然，相较于全球买卖法的统一化而言，欧盟委员会更倾向于区域的统一化。③ 从 CESL 与 UPICC、PECL、CISG 的关系中可以看出欧盟立法机构欲赋予 CESL 较高的法律地位。但近年来，受政治现实的压制，欧洲立法机构在统一合同法领域的作用在削弱，甚至 CESL 已被欧盟委员会撤回。④ 但作为近年来的最新立法文本，本书仍对此规则进行了简要分析，就 CESL 对根本不履行规则的规定而言，该规定调整的是 B2B 交易中的合同，并未扩展至 B2C 领域。CESL 第 87 条的规定分为了两款，第 1 款规定不履行的情形，第 2 款规定根本不履行的情形，这种立法模式具有一定的创新性，在根据第 2 款进行根本不履行的认定时，可以参照第 1 款列举的不履行的类型加以考察，CESL 体现了目前欧洲私法统一化的最新动向，其关于根本不履行的规定也对我们研究国际商事合同领域根本违约制度提供了新的参考。

二、非洲统一合同法规则对 CISG 根本违约认定标准统一化的影响

前文已述及，OHADA 对非洲地区的合同法统一化起到了巨大的推动作用。OHADA 最初于 1993 年根据条约成立，截至 2024 年 6 月，已有贝宁、布基纳法索、中非共和国、乍得、喀麦隆、科摩罗、刚果、科特迪瓦、赤道几内亚、加蓬、马里、尼日尔、塞内加尔、多哥、几内亚、几内亚比绍、刚果民主共和国等 17 个国家加入。⑤ 成立该组织的目的就是为成员国创设一套统一的现代商法

---

① Jan Smits, *Party Choice and the Common European Sales Law, or: How to Prevent the CESL from Becoming a Lemon on the Law Market*, Common Market Law Review, Vol. 50, p. 51 – 68 (2013).

② See Robert Koch, *CISG, CESL, PICC and PECL*, in CISG vs. Regional Sales Law Unification, edited by Ulrich Magnus, Munich: Sellier European Law Publishers GmbH, 2012, p. 137.

③ See Robert Koch, *CISG, CESL, PICC and PECL*, in CISG vs. Regional Sales Law Unification, edited by Ulrich Magnus, Munich: Sellier European Law Publishers GmbH, 2012, p. 145.

④ 参见［荷］扬·M. 斯密茨、邓辉：《欧洲合同法的未来》，载《法治现代化研究》2018 年第 3 期。

⑤ 数据来源：http://www.ohada.com/etats-membres.html，2024 年 6 月 1 日访问。

制度，以增进商事交易法律制度的可预见性。OHADA 制定的 10 部统一法均已经获得通过并生效，在成员国直接适用，成员国国内法中与之相冲突的规定不得适用。[①] 由此可见，OHADA 制定的统一法的性质应为区域性国际条约，该类规则无须当事人选择而直接适用，效力高于成员国国内法。与欧洲的 CESL 相比，其法律效力也更高。

《一般商法统一法》是 OHADA 统一法中的标志性立法，[②] 具体就根本违约规则而言，《一般商法统一法》2010 年修订版中加入了对根本违约规则的规定，即该法第 281 条："（1）在商事买卖合同的一方当事人完全不履行合同或部分不履行合同时，合同另一方当事人有权请求有管辖权的法院解除合同。（2）一方当事人根本不履行合同时，另一方当事人有权单方解除合同。有管辖权的法院可应最先提出请求的当事人的要求，对解除合同的实质性原因进行评估。（3）无论不履行合同是不是根本性的，遵守合同的一方当事人在解除合同前应给予对方一定的通知期间。如果缺乏充分的通知期间，即使法院认为解除合同是合理的，解除合同的一方当事人也应承担责任。（4）解除合同或被授权解除合同的当事人还可获得因合同不履行所造成的直接损失的赔偿。"[③] 该条对根本违约的判定标准并未做过多提及，但规定了法院可以对解除合同的实质性原因进行评估。从法院的司法解除权制度中不难看出《法国民法典》对该规定的影响，《法国民法典》第 1184 条第 3 款规定了合同解除须向法院提出请求的制度，这与 CISG 合同解除权的行使要件明显不同。[④] 究其原因，因 OHADA 的许多成员国是法国前殖民地，官方语言为法语并曾获得法国的大量资助，故其立法深受法国法的影响，当然，OHADA 意识到此问题后力求改变，因此在制定统一法时更注意借鉴不同法律制度的内容。[⑤] 尽管受法国法影响较大，但总体来看，《一般商法统一法》借鉴了大量 CISG 关于合同解除的立法精神。用根本违约来

---

① 参见［尼日利亚］默罕默德·巴巴·伊德里斯：《非洲商法的协调化：对法律、争议、问题和前景的分析》，载［美］克莱尔·莫尔·迪克森编：《非洲统一商法：普通法视角中的 OHADA》，朱伟东译，中国政法大学出版社 2014 年版，第 41 页。

② 参见洪永红、林涛：《OHADA〈一般商法统一法〉解读》，载《中国投资（中英文）》2023 第 Z5 期。

③［美］克莱尔·莫尔·迪克森编：《非洲统一商法：普通法视角中的 OHADA》，朱伟东译，中国政法大学出版社 2014 年版，第 207 页。

④ 参见［韩］成升铉、崔吉子：《联合国国际货物销售合同公约解除制度模式的比较法史研究》，载《清华法学》2011 年第 5 期。

⑤ 参见朱伟东：《非洲商法协调组织述评》，载《西亚非洲》2009 年第 1 期。

限制合同解除是其基本的规则，这与 CISG 也是一脉相承的，然而，其在根本违约构成要件方面并未做更为详尽的规定。

就 OHADA 的根本违约规则对 CISG 和 UPICC 根本违约规则适用的影响来看，OHADA 成员中有部分也加入了 CISG，如贝宁、刚果、加蓬、几内亚等，这些国家间在国际货物买卖合同纠纷中会存在适用 CISG 和《一般商法统一法》的冲突问题，OHADA 条约的第 10 条仅规定了统一法效力优于其成员的国内法，并未规定与国际公约冲突时何者效力优先。有学者认为，这些同为 CISG 和 OHADA 缔约国的国家在处理国际货物买卖合同纠纷时，可以根据 CISG 第 94 条的规定，声明 CISG 不适用于它们之间的纠纷，以此解决适用冲突。① UPICC 可以在《一般商法统一法》根本违约规则解释存在争议时，用以解释和补充该规则的规定，因《一般商法统一法》并未就根本违约认定标准作详细规定。

本章小结

总结国际商事合同根本违约规则解释和适用的情况，CISG 根本违约规则适用于国际货物买卖合同纠纷，尽管其适用范围不及之后的国际及区域性规则，但其根本违约认定标准是其他规则的基础。虽然 CISG 根本违约认定标准存在模糊性，但各国法院以及仲裁庭对该标准的解释越来越趋于一致。UPICC 和区域性统一合同法规则的适用总体而言并未阻碍这种一致性的形成。

首先，UPICC 在适用范围上扩展至了整个国际商事合同领域，因其与 CISG 根本违约规则的核心标准相一致，故 UPICC 实现了对 CISG 根本违约认定标准在更广泛领域的推广，更多的仲裁庭直接引用 UPICC 根本不履行规则作为准据法，各国法院开始出现用 UPICC 根本不履行规则解释 CISG 和国内法的情形，这对于推动 CISG 根本违约认定标准的统一化无疑起到了更重要的作用。

其次，关于区域性统一合同法规则的发展，无论是在欧洲地区还是非洲地区，包括未来的亚洲地区，有学者认为，CISG 都为区域合同法的统一化留下了

① See Franco Ferrari, *CISG and OHADA Sales Law: or the Relationship between Global and Regional Sales Law*, in CISG vs. Regional Sales Law Unification, edited by Ulrich Magnus, Munich: Sellier European Law Publishers GmbH, 2012, p. 96.

发展的空间。[①] 因 CISG 仅适用于国际货物买卖合同，虽然可以说 CISG 确立了世界通用合同法的地位，[②] 但仍需要 UPICC 以及区域性统一合同法规则对其加以扩展。因 CISG 也并不适用于全世界所有的国家，而 UPICC 并不具有强制性，故区域性统一合同法规则会对 CISG、UPICC 在适用方面的缺陷加以弥补，并且，从目前欧洲统一合同法根本违约规则的内容来看，区域性统一合同法规则基本是以 CISG 或 UPICC 为基础而制定的，核心标准并未产生实质变化，因此，区域性统一合同法中的根本违约规则在非 CISG 缔约国中会发挥更重要的作用，在区域内部也容易形成对根本违约认定更为统一的解释。

---

① See Franco Ferrari, *CISG and OHADA Sales Law: or the Relationship between Global and Regional Sales Law*, in CISG vs. Regional Sales Law Unification, edited by Ulrich Magnus, Munich: Sellier European Law Publishers GmbH, 2012, p. 81.

② 参见［日］曾野裕夫、焦淼淼:《国际货物销售合同公约与 PACL 的相互作用》，载《清华法学》2013 年第 3 期。

第七章　国际商事合同根本违约认定之结论及启示

第一节　国际商事合同根本违约认定问题的结论

国际商事合同根本违约认定问题由来已久，虽争议不断，但始终是国际商事合同法中的一个核心问题。通过对根本违约制度的立法史、学者学说以及众多判例的分析研究，笔者发现，诸多问题正在随着国际及区域性商事合同规则的不断丰富、判例的不断增多而日渐明朗。根本违约的认定标准在判例中正在呈现出一种逐渐统一的趋势，而裁判者对认定规则的解释适用方法也在日渐相互融合，现具体总结如下。

一、关于国际商事合同根本违约认定标准的结论

国际商事合同根本违约制度自 1964 年 ULIS 中正式确立，后经 1980 年 CISG 得以修改，自此国际商事合同根本违约认定的两个标准得以确立："违约严重性"标准和"可预见性"标准。之后的 UPICC 以及区域性统一合同法规则均以此为基础确立了根本违约制度。通过本书对理论发展以及 CISG、UPICC 判例的类型化研究，笔者认为，首先，根本违约的"违约严重性"标准是认定根本违约构成的核心标准，每一个判例中裁判者均将该标准作为认定的依据，虽然在具体类型中会参考不同的因素，但对同类纠纷裁决的一致性在逐渐增强。而且，裁判者在认定过程中均会遇到对同一个问题的判断，即违约方的违约行

为是否实质剥夺了非违约方的合同期待。因此，可以认为，对实质剥夺合同期待的考察是“违约严重性”标准最关键的问题，各种类型的案件都必不可少。而且，裁判者对根本违约构成的认定也在日趋严格。UPICC 在此问题上是对 CISG 的继承与发展，UPICC 澄清了诸多 CISG 中存疑的问题，并将自身适用范围扩展至了各种类型的国际商事合同，然而，对核心的“违约严重性”标准，UPICC 并无实质改变，其判例也进一步印证实质剥夺合同期待是判断“违约严重性”最重要的问题。之后的欧洲统一合同法规则也承袭了 CISG 与 UPICC “违约严重性”标准的精髓，实质剥夺合同期待的规定始终未做变动。由此可见，国际商事合同根本违约制度经历了后续诸多规则的变迁和众多判例的适用后，始终保持了在“违约严重性”标准认定上的一致性，笔者认为，“违约严重性”标准的统一化趋势正在逐渐形成与巩固，具体类型判例中对实质剥夺合同期待的考察，为之后更多法院及仲裁庭的适用提供了更加清晰的判定根本违约的标准。

其次，根本违约的“可预见性”标准是认定根本违约构成的例外，并非在每个判例中裁判者都会依此标准进行判断，该标准是违约方举证证明后可以豁免构成根本违约的标准。立法史的分析表明“可预见性”标准的保留其实更多地只是历史遗留的错误，CISG 判例中裁判者对其的漠视也证明了其在根本违约认定中的次要地位，UPICC 对“合理人”标准的删除以及判例中对“可预见性”的忽略更进一步印证了“可预见性”标准在实践中反映出的不易操作性。总之，“可预见性”标准并非根本违约认定的必要条件，其仅在当事人未明确约定合同重要义务时才有适用的必要。

二、关于 CISG 第 25 条判例之解释方法的差异性问题的结论

根据 CISG 第 7 条第（1）款的规定，对 CISG 根本违约规则的解释需以适用的统一性为其基本原则，保持 CISG 的国际性以及遵守诚信原则是对适用统一性的保障。从 CISG 的判例来看，不同法系的裁判者在适用判例的过程中对适用统一性的原则越发重视，解释方法尽管存在差异，但逐渐呈现相互融合的趋势。

英美法系国家除通过传统的援引本国判例的方法之外，对外国学者学说及判例日益重视，尽管仍以参照英美法系学者学说与判例为主，但也已经开始出现对大陆法系判例的关注。大陆法系国家除使用传统的大陆法系解释方法外，越来越多的国家开始通过参考外国法院的判例、国内外学者的学说以及援引本

国最高法院的判例对认定根本违约形成越发统一的解释。当然，对于援引的外国学者学说以及判例，主要以德意志法系、罗马法系学者学说及判例为主。非判例法国家最高法院判例的影响力也在逐渐扩大，包括我国在内的诸多国家的最高法院均对根本违约认定问题进行过判定，而且诸多判例是通过对外国判例的参考得出的结论，这为下级法院判定根本违约的构成提供了一致的参考。此外，两大法系的裁判者均对 UNCITRAL 的法规判例法、UNILEX 数据库的判例、佩斯大学数据库的判例以及 UNCITRAL 秘书处对公约草案的评注、CISG 咨询委员会的意见等越发重视。

当然，诸多国家受国内法影响的问题仍应予以重视，这是各国裁判者对 CISG 根本违约认定标准进行不同解释的根源。由此可见，在国际商事合同纠纷审理过程中，裁判者的解释方法在统一化的趋势中仍存在差异，对各国经典判例以及著名学者学说的参考，对促进根本违约认定规则统一解释的形成大有裨益。

三、关于 UPICC 及区域性统一合同法规则适用对 CISG 第 25 条统一化适用影响问题的结论

首先，UPICC 在国际商事合同根本违约认定中的作用在日益加强。作为国际法律重述，UPICC 在判例中已经发挥了其诸多方面的作用，如直接对 CISG 第 25 条进行解释；解释和补充各国国内法；被当事人或裁判者直接选定作为合同的准据法；将 UPICC 根本不履行的相关条款作为指导纳入合同条款。由于 UPICC 与 CISG 根本违约规则的一致性，拥有广泛适用范围的 UPICC 在各国影响力的扩大对国际商事合同领域根本违约认定标准的统一适用会起到更大的推动作用。

其次，区域性统一合同法规则的出现及发展对 CISG、UPICC 根本违约规则的统一解释适用并不会构成威胁。相反，由于根本违约规则在内容上的一致性，区域性规则其实是对 CISG、UPICC 根本违约认定规则的传承，对于未加入 CISG 的区域内成员来讲，区域性规则会促进根本违约规则适用的一致性。对于 CISG 的缔约国来说，即使发生 CISG 与区域性规则适用冲突的情形，根本违约认定规则的实质并未发生改变，因此区域性规则反而会促进区域内部根本违约认定形成更加统一的解释。

第二节　国际商事合同根本违约认定问题的启示

根本违约是国际商事合同领域的核心制度，而受其影响最大的无疑是从事国际商事活动的当事人，根本违约导致的合同解除会关系到双方当事人的重大利益。对于解决国际商事合同纠纷的裁判者而言，模糊的规则给根本违约的认定带来了诸多不便。通过本书的分析，尤其是对各国适用 CISG、UPICC 根本违约判例的梳理可以发现，本问题的研究为国际商事合同领域的不同主体带来了诸多启示，以下本书将从国际与国内两个层面加以梳理。

一、国际层面的启示

（一）对国际商事合同纠纷当事人的启示

对于从事国际商事活动的当事人而言，当事人签订合同的目的是获取经济利益，正常情况下，当事人双方都不会希望对方发生根本违约。但有时，根本违约的发生又在所难免，对于合同纠纷的当事人而言，在此种情况下如何正确处理根本违约纠纷显得尤为重要。通过本书的分析，笔者认为，当事人需注意对如下问题的处理。

第一，意思自治原则作为国际商事合同领域的首要原则，体现了法律对当事人意图的尊重。当事人需充分利用意思自治原则将需要约定的重要事项加以明确。

首先，就合同内容而言，可以就当事人违反哪些义务构成根本违约进行明确约定。如在买卖合同中对货物质量、规格、交货时间、地点、交货方式等问题进行约定。需特别注意强调此类约定对合同的重要性，因实践中诸多国家出现过当事人约定了交货时间但未强调其重要性，裁判者认为迟延交货不构成根本违约的判例。因此，明确约定哪些违约构成根本违约，哪些因素对合同具有重要意义，对当事人及裁判者都会带来极大的便利，当事人便于寻求相应的救济，裁判者也不会纠结于根本违约认定标准是否明确。

其次，就合同适用的法律而言，当事人可以明确约定适用何种规则解决纠纷，尤其是在区域性规则与国际性规则同时存在可适用性时，当事人的选择可以令裁判者明确所适用的规则。若担心 CISG 的诸多模糊规定不利于纠纷解决，当事人可以直接将 UPICC 作为合同准据法。

最后，就纠纷的解决方式而言，当事人如果担心在有些国家法院审理纠纷会受到国内法影响，则可以选择仲裁方式加以解决，国际商事仲裁机构在此方面会更加中立，在适用根本违约判定标准方面相较于有些国家的法院会更注重适用规则的国际性。

第二，在履行合同的过程中一旦遇到问题需及时与对方沟通，发生非正常情况需及时通知对方，对于买卖合同而言，在合理时间内验货也是重要的前提条件。因只有尽到了及时验货、通知等义务之后，才有可能根据根本违约解除合同。

第三，当事人在举证方面需注意以下问题。首先，对于非违约方而言，根据举证责任的分配，若认定对方构成根本违约，需证明对方违约的严重性。因此，双方当事人在订立合同以及履行合同的过程中均需注意对各类证据的保存，如合同原件、各类票据、双方谈判过程的记录、履约过程中沟通的记录等。在货物买卖合同中，需注意对样品的封样保存以及保证质量检验证明等文件的权威性等问题，以便在瑕疵履行纠纷中出具能够使双方以及裁判者认可的证据。

其次，对于违约方而言，若认为自己对根本违约不具有可预见性，则在适用 CISG 的情形下需证明自身不可预见，同时需证明合理的人不可预见。因此，违约方需注意保存对己有利的各类证据，尤其是订立合同时的各类证据。

总之，当事人是国际商事合同纠纷中最重要的主体，充分发挥意思自治原则的作用，加上对诚信原则的遵守，即便发生根本违约问题，积极协商及应诉，合理举证，相信纠纷都能够得到圆满解决。

（二）对国际商事合同纠纷裁判者的启示

对于国际商事合同纠纷的裁判者而言，其在国际商事合同根本违约案件的审理过程中发挥着主导作用，无论当事人是否约定明确，裁判者均需对根本违约是否构成做出判断。在国际商事合同领域，裁判者尤其是各国法官需注意规则适用的国际性，避免过多受国内法规定的影响。适用 CISG 的过程中，若存在疑问，可以通过参照 UPICC 的规定、外国法院的判例、学说或者本国已有的判例尤其是最高法院的判例对根本违约的构成标准进行考量。当然，各国的最高法院在遇到国际商事合同根本违约问题时，可以先适用上述解释方法对根本违约进行解释，进而将案件纳入典型指导案例，形成对下级法院处理类似问题的参照。我国最高人民法院已经发布了对瑕疵履行根本违约认定的典型案例，今后可以就前文提及的完全不履行、迟延履行、部分履行、分批交货、预期违约以及违反附随义务时的根本违约认定问题发布指导性案例，以便我国法院法官对国际商事合同根本违约认定案件的审理。此外，裁判者也可以在不适用 CISG 且当事人没有选择准据法的案例中，直接适用 UPICC 对根本违约加以判断。总之，在国际商事合同领域保持对根本违约认定的一致性，对于裁判者而言，会有利于对今后案件审理的统一性，对当事人而言，也增加了适用国际规则的稳定性与可预测性。

（三）对区域性规则制定者的启示

目前，商事规则在国际商法统一化的进程中，又呈现出区域一体化的特点。各区域的统一合同法规则在如火如荼地制定与完善，如前文所述，欧洲出现了诸多版本、不同性质的统一合同法规则，非洲也已取得了长足发展，而目前，亚洲合同法统一化的立法也在学者的推动下酝酿。区域的统一化会弥补 CISG 非缔约国国际商事合同规则适用不统一以及 UPICC 法律效力不强的缺陷。在根本违约规则方面，欧洲呈现了与 CISG、UPICC 同向的发展趋势，而非洲在根本违约认定方面显然仍需细化和完善，因此，亚洲的规则制定者在研究制定本区域统一合同法规则时，对根本违约认定问题，需参照 CISG、UPICC 的规则与判例的发展趋势，与之相互协调，因其经过了几十年的适用，已经形成了较为普遍的根本违约认定规则。若与之背道而驰，非但不能促成本区域根本违约认定标准的统一化，会造成本区域 CISG 缔约国与非缔约国适用上的差异，也会为国际商事合同规则的统一化制造障碍。

二、国内层面的启示

（一）我国关于根本违约的规则构建及存在问题

首先，从立法层面来看，根本违约规则在我国国内立法中早有体现，规定在合同解除规则之下。在 1982 年实施的《经济合同法》第 27 条即规定了根本违约规则。该条第 1 款是对经济合同变更与解除的规定，其列举了五种情形，其中第 5 项是“由于一方违约，使经济合同履行成为不必要”。1993 年《经济合同法》修改后，该法第 26 条第 1 款第 3 项表述为“由于另一方在合同约定的期限内没有履行合同”而变更或解除合同。有学者认为，该项规定的情形即为根本违约的法定解除权，但根本违约的理论尚在进化之中。[①] 笔者认为，若将该项规定视为根本违约的雏形，则其所涉根本违约的情形尚不全面。

1985 年施行的原《涉外经济合同法》第 29 条对原 1982 年《经济合同法》第 27 条进行了改进。该条将原 1982 年《经济合同法》第 27 条第 1 款第 5 项进一步拆分和扩充，规定了合同解除的四种情形，其中根据第 1 款，一方违反合同以致严重影响了订立合同所期望的经济利益时，另一方可以通知违约方解除合同。该规定虽未使用“根本违约”的表述，但部分借鉴了 CISG 第 25 条根本违约的客观标准即“违约严重性”标准，提及了“严重影响”“所期望的……利益”，不过未引入其主观标准即“可预见性”标准。有学者认为，其实质即为根本违约模式的体现。[②] 相较于原《经济合同法》，其对根本违约的界定更加凸显，已经出现了“严重影响”“期望的经济利益”字样，具有一定的进步性。同时，原《涉外经济合同法》第 29 条第 2 款规定，一方若在合同约定的期限内没有履行合同，在被允许推迟履行的合理期限内仍未履行的，另一方可以通知违约方解除合同。该款规定了迟延履行时赋予违约方宽限期的规则。此外，原《涉外经济合同法》第 29 条第 3 款规定了不可抗力导致合同解除的情形，第 4 款谈及的是约定解除问题。从整条的体例来看，前三款为法定解除事由，最后一款为约定解除，四款并列，在体例上存有不妥之处，且并未囊括所有的合同解除情形，并无兜底性条款，因而后续的《合同法》立法中对此进行了调整。总体而言，我国 20 世纪 80 年代立法对根本违约规则的引入采用了与迟延履行宽限期、不可抗力、约定解除等情形并列规定的形式，该模式也影响了后续我国合同法法定解除的模式选择。

为尽可能与世界接轨，我国 1999 年《合同法》的制定继续借鉴 CISG、UPICC 等相关国际规则，[③] 在合同违约法定解除制度上，依然保留了根本违约模式。2021 年生效的《民法典》第 563 条第 1 款对 1999 年《合同法》第 94 条予以继受，仅在语句表达上有轻微变动。该条款专门列举了法定解除的条件，但

---

① 参见刘承韪：《论民法典合同编的法定解除权规则》，载《山东科技大学学报（社会科学版）》2020 年第 4 期。

② 参见杜景林：《合同解除的体系建构》，载《法商研究》2020 年第 3 期。

③ 参见张普：《商事条约的约定适用：契约自由与意思自治的二元路径》，载《中国海商法研究》2021 年第 4 期。

与此前的原《涉外经济合同法》在排序上有所不同，第1项为不可抗力；第2项为债务未到期的预期违约；[①] 第3项规定的是迟延履行的宽限期制度，被置于根本违约规则之前，表述上也发生了变化，具体规定为“当事人一方迟延履行主要债务，经催告后在合理期限内仍未履行”时，对方当事人可解除合同。第3项对迟延履行规定了宽限期，而且针对的是对“主要债务”的迟延履行，有学者认为迟延履行主要债务，即便不构成根本违约，也已到即将构成根本违约的边缘，在已有根本违约规则的前提下，似乎不存在单独设置宽限期制度的必要。[②] 第4项引入了根本违约规则，具体规定为“当事人一方迟延履行债务或者有其他违约行为致使不能实现合同目的”，当事人可解除合同。其针对迟延履行和其他违约行为进行了规定，但仍未对“根本违约”进行界定，[③] 该项仍然仅保留了CISG中的“违约严重性”标准，并将其用语修改为“不能实现合同目的”，CISG根本违约的“可预见性”标准也仍未被引入。有学者认为，“合同目的”较之前守约方的合同“利益”，用语更为模糊。[④] 关于第3项与第4项的关系，有学者认为，该条混合继受了抽象的根本违约模式与具体的宽限期模式，但逻辑结构不清晰，《民法典》第563条第1款（1999年《合同法》第94条）并未列举履行不能、瑕疵履行等重要情形，该条的列举并不周延，[⑤] 因而只能通过第4项“其他违约行为”加以概括。《民法典》第563条第1款（1999年《合同法》第94条）虽融合了CISG等国际规则的规定，但该条仍保持了大陆法系的分析框架。[⑥] 总体而言，《民法典》第563条第1款（1999年《合同法》第94条）关于根本违约制度的规定相较于CISG及UPICC显得过于简单，对于根本违约，须借助司法实践的分析加以认定。

其次，从司法实践来看，我国法院对根本违约进行认定的案件数量庞大，且最高人民法院已发布相关指导性案例。根据“北大法宝”提供的数据，从1999年《合同法》出台至2021年1月1日《民法典》施行之前，有超过34万

---

① 参见谢鸿飞：《〈民法典〉法定解除权的配置机理与统一基础》，载《浙江工商大学学报》2020年第6期。

② 参见杜景林：《合同解除的体系建构》，载《法商研究》2020年第3期。

③ 参见赵文杰：《〈合同法〉第94条（法定解除）评注》，载《法学家》2019年第4期。

④ 参见赵文杰：《论法定解除权的内外体系——以〈民法典〉第563条第1款中“合同目的不能实现”为切入点》，载《华东政法大学学报》2020年第3期。

⑤ 参见赵文杰：《论法定解除权的内外体系——以〈民法典〉第563条第1款中“合同目的不能实现”为切入点》，载《华东政法大学学报》2020年第3期。

⑥ 参见韩世远：《合同法总论》（第4版），法律出版社2018年版，第664页。

件的民商事纠纷在判决书中出现“根本违约”字样，由此也足见这一制度在司法实践中的重要性。其中在最高人民法院的指导性案例中，有两则案例涉及根本违约的认定问题，一例为国内股权转让纠纷，即指导案例第 67 号“汤某龙诉周某海股权转让纠纷案”。该案中，合同约定周某海转让股权给汤某龙，汤某龙分四期支付转让款给周某海。汤某龙迟延交付第二期转让款，周某海此时提出解除合同，汤某龙于次日支付了第二期股权转让款，并按照约定履行了后续两期股权转让款的支付义务。法院并未支持周某海要求解除合同的主张，不认可汤某龙的行为构成根本违约。法院认为，股权转让的合同目的能够实现，且股权登记已经变更。“如果不是汤某龙有根本违约行为，动辄撤销合同可能对公司经营管理的稳定产生不利影响。”① 另一则最高人民法院指导性案例为适用 CISG 根本违约规则的涉外合同纠纷案件，即前文提及的指导案例第 107 号“中化国际（新加坡）有限公司诉蒂森克虏伯冶金产品有限公司国际货物买卖合同纠纷案”。该案中法院认为“卖方交付的货物虽然存在缺陷，但只要买方经过合理努力就能使用货物或转售货物，不应视为构成 CISG 规定的根本违约的情形”②。从该两则案例可见，我国最高人民法院无论是依据国内法审理国内纠纷还是依据公约审理涉外纠纷，在根本违约的认定上皆持较为谨慎的态度，不会轻易认定当事人构成根本违约，因合同签订的目的是能够顺利交易，动辄解除合同对交易双方皆非最佳选择。两则案例分别明确了分批履行和瑕疵履行下的根本违约认定问题，对该两类案件具有指导意义。

此后，在 2019 年最高人民法院印发的《全国法院民商事审判工作会议纪要》（以下简称《九民纪要》）中，第 47 条在谈及合同的约定解除条件时，也表达了类似观点，即在合同约定的解除条件成就时，法院也应当审查违约方的违约程度，如果违约行为显著轻微、未影响守约方合同目的的实现，则不应解除合同。《九民纪要》虽未谈及法定解除情形下根本违约的认定问题，但“审慎适用合同解除制度”是审理合同纠纷案件需整体把握的方向。

2023 年 12 月 4 日，最高人民法院发布了《关于适用〈中华人民共和国民法典〉合同编通则若干问题的解释》（以下简称《合同编通则解释》）。与《九民纪要》类似，《合同编通则解释》未进一步细化解释合同法定解除问题，未直接

① 最高人民法院民事裁定书，（2015）民申字第 2532 号。
② 最高人民法院民事判决书，（2013）民四终字第 35 号。

就《民法典》第563条合同法定解除及根本违约问题作出细化解释。

司法实践中对于根本违约的认定在逐渐明确，但由于具体案情的限制，最高人民法院指导案例目前难以囊括各类典型的根本违约情形。《民法典》第563条第1款第4项完全继受1999年《合同法》根本违约的界定标准，[①] 对具体规则仍未细化，CISG固有的模糊性未得到缓解。因此，在适用《民法典》时，法官仍然可能对根本违约的认定存在争议。在《民法典》制定阶段，有学者曾提出应当进一步归纳典型的根本违约形态，[②] 但正式立法并未予以完善。

（二）国际商事合同根本违约认定问题对我国之启示

1. 立法层面之启示

前文已述及，我国《民法典》关于根本违约的规定仅作为合同法定解除的条件之一，被概括性规定在法定解除的列举性条款中，只提出了“不能实现合同目的”的客观判断标准，舍弃了作为例外的“可预见性”标准。“可预见性”标准被直接舍弃，虽然符合CISG、UPICC判例的做法，但从立法严谨性上来说，删除“可预见性”标准剥夺了违约方可以自证其不构成根本违约的机会。相较于UPICC，我国立法更加忽视对违约方主观因素的考察，且条文本身也并未直接出现“根本违约”字样，更不像UPICC那样再对根本违约具体形态加以列举，因此在司法实践中适用《民法典》时，法官对根本违约的认定更难以把握。此外，《民法典》中的宽限期模式与UPICC相比，也存在立法逻辑不清晰，与根本违约、合同解除关系不甚明了的问题。鉴于《民法典》立法的稳定性，短期内对其修改并不现实，因此可以借助司法解释对此加以细化。[③] 然而，《合同编通则解释》对于根本违约认定问题并未进行细化解释，笔者认为，可以借鉴UPICC总括加列举的立法模式对该规则加以明确。但鉴于UPICC本身的不完备性，我国的司法解释可作如下调整：

第一，作为总括性规定，“实质剥夺合同期待导致不能实现合同目的”仍为基本标准，“可预见性”标准为例外，可明确由违约方证明其在订立合同时是否

---

① 参见韩世远：《法典化的合同法：新进展、新问题及新对策》，载《法治研究》2021年第6期。

② 参见王利明：《合同编解除制度的完善》，载《法学杂志》2018年第3期。

③ 参见王利明：《具有国际化视野的〈民法典〉合同编立法》，载《经贸法律评论》2021年第4期。

可以预见违约结果，若不可预见则不构成根本违约。该款可置于列举性条款之前或最后，作为总括及兜底性条款，但不与列举性条款并列。

第二，设置若干列举性条款，因 UPICC 的具体标准排列并不具有逻辑性，故可通过梳理涉外及国内根本违约判例，将瑕疵履行、迟延履行、部分履行、分批履行、预期违约、违反附随义务等典型类型中违约方达到何种程度构成根本违约分别规定。可结合立法者在《民法典》合同编第二分编典型合同中对有名合同根本违约行为的具体认定，充实对《民法典》第 563 条第 1 款第 4 项根本违约规则的理解，将其加以总结概括，归纳至根本违约列举性条款的司法解释中。例如，针对瑕疵履行，《民法典》第 610 条规定，在买卖合同中，因标的物不符合质量要求导致不能实现合同目的的，买受人可以解除合同。再如，《民法典》第 772 条第 2 款规定，在承揽合同中，承揽人未经定作人同意将主要工作交由第三人完成的，定作人可以解除合同。由此可见，瑕疵履行情形下的根本违约主要考察对“合同目的”的实现程度。针对部分履行，《民法典》第 632 条规定在买卖合同中当标的物为数物，一物不符合同约定，且该物与他物分离会使标的物的价值明显受损时，买受人可以就数物解除合同；针对分批履行，《民法典》第 633 条第 3 款规定若一批标的物解除，且该批标的物与其他各批相互依存，则可解除已交付和未交付的各批标的物。通过上述条款可见，立法者对部分履行、分批履行根本违约认定的理念，主要是强调部分与整体的关系。

第三，关于宽限期条款的改进，可借鉴 UPICC 第 7.1.5 条的规定，对宽限期、根本违约及合同解除的关系加以明确，使宽限期规则成为根本违约的辅助。首先，宽限期不影响对根本违约构成的认定，违约方若构成根本违约，则当事人可以直接解除合同，也可以选择赋予违约方宽限期使其继续履行。但若违约方在宽限期仍未履行，则当事人当然可恢复合同解除的权利。其次，若迟延履行不构成根本违约，且受损害方赋予了违约方一段合理的额外履行期间，则在该期间终了而违约方仍未履行时，受损害方可以解除合同。但如果未履行的义务仅为一项轻微的义务，则不适用上述的规则。①

---

① 这一点与目前《民法典》第 563 条第 1 款第 3 项迟延履行“主要债务”的规定有所冲突，司法解释中可针对违反轻微义务的情形单独列出加以说明，扩充第 563 条第 1 款第 3 项迟延履行的合同义务的范围。

2. 对司法实践之启示

立法的完善需要时间，现阶段司法实践中如何认定根本违约还需借助现有规则进行判定。

首先，我国是 CISG 的缔约国，故在审理涉外根本违约纠纷时，若符合 CISG 适用条件，则 CISG 第 25 条会得以适用，若存在认定困难则可以通过援引 UPICC 对根本违约的构成标准加以解释。在不适用 CISG 且当事人没有选择准据法或选择适用一般法律原则、商人法等的案件中，裁判者可以直接将 UPICC 作为准据法对根本违约加以判断。具体可以参照前文 UPICC 判例总结中对各项的适用情形展开对根本违约的判定。即使是适用 CISG 的判例，当案例明显存在 UPICC 第 7.3.1 条第（2）款（b）（c）（d）项所列情形时，可通过援引 UPICC 对 CISG 加以解释补充。我国最高人民法院可以通过运用 UPICC 解释补充 CISG 的功能，或者在符合条件时直接以 UPICC 作为准据法对涉外根本违约认定案件进行裁判，进而将案件纳入典型指导案例，形成对下级法院处理类似问题的参照。前文已述及，目前，最高人民法院已经发布了对国际商事合同瑕疵履行根本违约认定的“一带一路”典型指导案例，[①] 最高人民法院也已在深圳、西安等城市专门设立了化解“一带一路”商贸和投资纠纷的国际商事法庭，今后可就其他违约类型中根本违约认定问题继续发布指导性、典型案例，便于我国法院对国际商事合同根本违约认定案件的统一法律适用与解释，进而推动国际合同法统一化进程，增加涉外纠纷当事人适用国际规则的稳定性与可预测性。

其次，对审理国内根本违约认定纠纷之启示。在审理国内根本违约认定纠纷时，可适用《民法典》第 563 条加以判定。前文已述及，《民法典》根本违约规则可通过司法解释加以完善，此外，在司法实践中，也可以通过同案同判、类案检索方式确定可参照的案例，保证该规则在我国国内的统一适用。在缺乏具体明确的立法及司法解释时，裁判者可在具体案例中援引 UPICC 的规定解释补充《民法典》根本违约规则，进而形成指导性案例，通过类案检索实现根本违约认定标准的明确统一，在总体上形成静态的司法解释与动态的指导性案例相结合的模式。我国此前适用 1999 年《合同法》判断根本违约的案例已出现了该做法的雏形。根据前文的分析可知，虽然 1999 年《合同法》的规定中并未出现“根本违约”字样，但实践中已有 34 万余件案例的判决书中出现“根本违

---

① 参见最高人民法院民事判决书，（2013）民四终字第 35 号。

约”的表述，有些是当事人提及，有些甚至是法院在审理纯国内纠纷时直接援引 CISG 根本违约来解释 1999 年《合同法》第 94 条第 4 项。[①] 该类案例中的合同类型除涉及传统的货物买卖合同之外，还包括供热合同、承包合同以及房地产纠纷合同，违约类型涉及瑕疵履行、迟延履行、部分履行以及对附随义务的违反等，其对根本违约构成的判断与 CISG 的标准尤其是“违约严重性”标准的判断极其相似，具体情况如下。

第一，瑕疵履行的判例。如在 2006 年 7 月 31 日最高人民法院审理的棉花买卖合同纠纷案[②]中，法院认为卖方少交货以及与合同约定质量不符部分货物的价值占总价的 8%，不仅违约价值不高，并且并未因此实质剥夺买方再次转售从而获取利润的机会，并不影响买方合同目的的实现，因此卖方不构成根本违约，不满足 1999 年《合同法》第 94 条关于解除合同的法定条件。这与 CISG 对货物可用性的判断是一致的。在 2015 年 4 月 2 日湖南省怀化市鹤城区人民法院审理的两起商品房买卖合同纠纷案[③]中，卖方未经买方同意擅自变更了商场布局以及 122 号和 123 号商铺的位置，导致两个买方购买案涉商铺的目的不能实现，法院判定卖方构成根本违约。此与 CISG 对瑕疵履行中卖方未交付约定的特定货物的判例是一致的判断。

第二，迟延履行的判例。在 2009 年 4 月陕西省西安市中级人民法院审理的汽车买卖合同纠纷案[④]中，合同约定了明确的交货日期，最迟于 10 月 8 日交货，买方多次催促卖方交货，但卖方 11 月才发函要求买方接车，买方由于工地气候原因，工程在 10 月底已基本结束，法院审理认为，卖方迟延交货导致买方合同目的落空，构成根本违约。该案中买方通过多份证据证明了时间的重要性，虽法院未对卖方可预见性进行审查，因我国 1999 年《合同法》并无此项要求，但与 CISG 迟延履行的判断相比，此案与 CISG 判例中关于“违约严重性”的判断并无实质区别。该案也成为学者分析 CISG 根本违约制度与我国合同解除制度的

---

① 参见宁波光耀热电有限公司与宁波太平洋印染有限公司供热合同纠纷案，浙江省宁波市中级人民法院商事判决书，(2010) 浙甬商终字第 628 号。

② 参见最高人民法院 2006 年 7 月 31 日裁决，载北大法宝数据库官网，http：//www. pkulaw. cn/Case/pfnl_1970324837304956. html？ match = Exact。

③ 参见湖南省怀化市鹤城区人民法院民事判决书，(2014) 怀鹤民一初字第 1367 号；湖南省怀化市鹤城区人民法院民事判决书，(2014) 怀鹤民一初字第 1368 号。

④ 参见陕西省西安市中级人民法院 2009 年 4 月裁决，载“北大法宝”数据库官网，http：//www. pkulaw. cn/Case/pfnl_1970324838736795. html？ match = Exact。

经典案例。

第三，部分履行的判例。在2010年10月14日浙江省宁波市中级人民法院审理的供热合同纠纷案①中，用热方拖欠了供热方部分用热款，供热方曾通知用热方要停止供热，但在用热方反对的情形下并未停止供热，法院对用热方拖欠用热款的行为进行了分析，援引了CISG根本违约的概念，通过分析认为，用热方仅部分不履行，且供热方并未中止履行，用热方部分不付款未达到剥夺供热方合同期待的程度，因此不构成根本违约。该案中，法院直接援引CISG根本违约的规定对我国1999年《合同法》进行了解释，足见法官对CISG根本违约概念的关注。

第四，违反附随义务的判例。在2014年11月19日吉林省伊通满族自治县人民法院审理的承包合同纠纷案②中，被告在水库内种玉米违反了承包合同第4条，但该条属于附随义务，非主要的合同义务，法院认为违背该条义务不属于根本违约，没有导致原告签订合同的目的不能实现。该案因原告提及根本违约概念，故法院援引CISG第25条对根本违约概念加以分析并将其与我国1999年《合同法》加以比较。

从上述判例可见，根本违约概念已经通过国际条约的普遍适用得到了我国法院以及国内合同纠纷当事人的关注。而且法院在认定根本违约的过程中，与CISG判例中对“违约严重性”的判断并无多大差异。因我国1999年《合同法》是参照CISG制定的，尽管在根本违约问题上我国1999年《合同法》未直接采纳CISG的规定，但实践中我国有法官认为CISG第25条就是我国1999年《合同法》第94条第4项规定的情形，即“当事人一方迟延履行债务或者有其他违约行为致使不能实现合同目的”的情形。③ 笔者认为，我国1999年《合同法》与CISG第25条尽管制度设计有别，但法律功能相同，且《民法典》对1999年《合同法》第94条第4项的规定并未作改变，因此今后在我国国内合同法纠纷审理过程中，若裁判者根据国内法对根本违约进行认定时存在疑问，借鉴CISG、UPICC等国际权威规则的规定对国内法进行解释并无不妥。西班牙裁判

① 参见浙江省宁波市中级人民法院2010年10月14日裁决，载“北大法宝”数据库官网，http://www. pkulaw. cn/Case/pfnl_1970324837335242. html? match = Exact。

② 参见吉林省伊通满族自治县人民法院2014年11月19日裁决，载“北大法宝”数据库官网，http: //www. pkulaw. cn/Case/pfnl_1970324860449644. html? match = Exact。

③ 参见浙江省宁波市中级人民法院2010年10月14日裁决，载“北大法宝”数据库官网，http://www. pkulaw. cn/Case/pfnl_1970324837335242. html? match = Exact。

者审理国内纠纷时借助 CISG、UPICC、PECL 对国内法规则进行解释和补充的做法值得我国法官参考，此外，西班牙最高法院在国内法根本违约规则统一解释方面发挥的巨大推动作用也值得我国最高人民法院借鉴。未来我国也可以通过类似制度，在《民法典》根本违约认定存在争议时，直接援引 UPICC 的规定来解释补充国内法，同涉外案例类似，最高人民法院也可将此类案件继续列为适用国内法的指导性案例，以实现对国内法根本违约规则的统一解释。

3. 对我国研究者之启示

在国际商事合同根本违约认定问题上，学者的研究为裁判者的审判提供了重要的依据，尤其是德意志法系国家学者的学说影响深广。此外，很多重要的国际组织和研究机构为国际商事合同法统一化的发展也作出了巨大贡献。UNCITRAL 提供的 CISG 判例法摘要，UNILEX 数据库对 CISG 和 UPICC 判例的搜集整理，美国佩斯大学 CISG 数据库对 CISG 学说以及判例的整理，为各国学者研究国际商事合同法律问题提供了丰富的英文资料来源。此外，欧洲国家还建立了庞大的德语、法语、西班牙语等各类语言的 CISG 判例数据库。

对于我国而言，笔者认为，我国在对国际商事合同法律问题进行研究的过程中，仍缺乏对 CISG、UPICC 判例、学说的搜集和整理。除近年来我国法院的判例逐渐实现网上公开之外，至今尚未有专门的对各国适用 CISG、UPICC 的判例加以搜集整理的中文数据库，甚至 CIETAC 早期的判例绝大部分在互联网上也都已找不到中文来源。虽然 UNCITRAL 的判例摘要提供中文文本，但有时摘要过于简略，难以展开对问题的全面分析。且 UNCITRAL 的数据库中共收录中国适用 CISG 的判例 107 例，中国法院的判例 21 例，CIETAC 的判例也仅更新到 2014 年,[①] 这也从一个方面说明我国在 UNCITRAL 法规判例法的提供方面还与其缺乏及时的沟通。总之，在国际商事合同法领域，我国是加入 CISG 最早的一批国家，是仲裁机构即 CIETAC 适用根本违约判例最多的国家，但显然在判例搜集、整理、研究上还与其他国家存在差距。作为贸易大国，各国判例尤其是有我国当事人参与的判例对我国涉外合同当事人处理合同纠纷有着重要的指导意义，对裁判者的审判也有着重要的参考价值。因此，作为研究者，笔者认为，

---

① 数据来源：https：//www. uncitral. org/clout/search. jspx？ f = zh% 23cloutDocument. textTypes. textType_s1% 3A% E9% 94% 80% E5% 94% AE% E5% 85% AC% E7% BA% A6% 5C + % 5C% 281980% 5C% 29&f = zh% 23cloutDocument. country% 5C – ref0_s1% 3A% E4% B8% AD% E5% 9B% BD&sortFacet = &sortDir =，2024 年 5 月 23 日访问。

对于国际商事合同法的研究，我们仍需要加倍努力，可以参考美国佩斯大学的模式，建立专门的中文数据库资源，对各国学者学说、判例予以搜集、整理和研究，争取在国际商事合同领域能够促进各类纠纷的统一处理，同时做到让国人了解世界，也让世界更了解中国！

结　语

尽管本书对国际商事合同根本违约认定问题的研究已告一段落，但笔者限于能力，无法对非中英文的判例展开分析，而且限于篇幅和精力，笔者未对主要国家包括我国国内立法中的根本违约规则或类似规则展开深入的分析，因此在对诸多问题的论证上必然存在疏漏，很多观点仅是笔者依据现有判例、学说提出的一家之言，有待各位专家学者的批判指正。

综观国际商事合同根本违约认定规则的发展可以发现，国际商事合同规则的制定者所追求的国际商事合同统一化正在逐渐形成。就根本违约认定问题而言，CISG 立法者严格限制合同解除，维护合同履行的目标一直被之后的国际性、区域性合同法规则所遵循，也一直被各国裁判者所重视。CISG 设立根本违约制度的初衷正在逐渐得以实现，虽然根本违约认定规则具有模糊性，但其仍然是一个成功的制度设计。当然，在 CISG 的解释方法上，各国仍存在诸多差异，很多国家在解释 CISG 根本违约规则时仍会受到国内法的影响，但相信未来会有更多的国家通过参考外国判例以及学者学说逐渐形成更加一致的解释，不少国家在这方面已经起到了很好的表率作用。此外，更多国际性以及区域性规则的出现也让当事人与裁判者有了更多法律适用上的选择，但由于这些规则是以 CISG 为基础而制定的，因此，在根本违约认定问题上，后续的规则形成了对 CISG 的继承和发展，从功能上来看，后续规则一直保持了与 CISG 的统一和协调。

总之，国际商事合同根本违约认定问题有着逐渐趋向统一的趋势，统一趋势中的差异性是实现统一的必经阶段。国际商事合同根本违约认定问题的统一化发展是国际商事合同法统一化的一个缩影，作为一个各国制度设计迥异但法律功能相同的制度，根本违约制度在统一合同法方面的努力对于其他商事合同制度的发展而言是极具参考价值的。根本违约认定标准统一解释适用的发展趋势证明，商事合同法的统一化发展在未来是切实可行的。在经济全球化、数字化的当下，商事合同规则正在像施米托夫教授预言的那样由不同的国内法规则再次走向统一。

主要参考文献

一、中文著作

［1］范健、王建文：《商法学》（第 5 版），法律出版社 2021 年版。

［2］冯大同主编：《国际商法》，对外经济贸易大学出版社 1991 年版。

［3］傅静坤：《二十世纪契约法》，法律出版社 1997 年版。

［4］高鸿钧等主编：《英美法原论》（上），北京大学出版社 2013 年版。

［5］高旭军：《〈联合国国际货物销售合同公约〉适用评释》，中国人民大学出版社 2017 年版。

［6］韩世远：《合同法总论》（第 4 版），法律出版社 2018 年版。

［7］何勤华、马贺等：《法律文明史：大陆法系》（上卷）（第 9 卷），商务印书馆 2015 年版。

［8］侯怀霞：《商法学》（第 2 版），中国政法大学出版社 2016 年版。

［9］季卫东：《关系契约论的启示（代译序）》，载［美］麦克尼尔：《新社会契约论》，雷喜宁、潘勤译，中国政法大学出版社 2004 年版。

［10］金健：《国际商事合同履行法律问题比较研究》，武汉出版社 2001 年版。

［11］李仁玉、刘凯湘：《契约观念与秩序创新——市场运

行的法律、文化思考》，北京大学出版社 1993 年版。

［12］李巍：《联合国国际货物销售合同公约评释》（第 3 版），法律出版社 2023 年版。

［13］李响：《美国合同法要义》，中国政法大学出版社 2008 年版。

［14］李政辉：《合同法定解除原因研究》，中国检察出版社 2006 年版。

［15］梁慧星：《民法解释学》（第 4 版），法律出版社 2015 年版，第 196 页。

［16］梁茜琪：《〈联合国国际货物销售合同公约〉解释及实施问题之研究》，中国政法大学出版社 2012 年版。

［17］刘承韪：《英美契约法的变迁与发展》，北京大学出版社 2014 年版。

［18］刘瑛：《〈联合国国际货物销售合同公约〉解释问题研究》，法律出版社 2009 年版。

［19］吕来明：《商事权利论》，法律出版社 2016 年版。

［20］上海社会科学院法学研究所编译室：《各国宪政制度和民商法要览：欧洲分册（下）》，法律出版社 1986 年版。

［21］深圳国际仲裁院、中国国际仲裁研究院编著：《〈联合国国际货物销售合同公约〉典型仲裁案例选编》，北京大学出版社 2020 年版。

［22］沈四宝、王军、焦津洪编著：《国际商法》，对外经济贸易大学出版社 2002 年版。

［23］隋军：《比较法视野下的〈欧洲合同法原则〉》，载沈四宝、王军主编：《国际商法论丛》第 10 卷，法律出版社 2010 年版。

［24］孙鹏：《合同法热点问题研究》，群众出版社 2001 年版。

［25］王利明、崔建远：《合同法新论 · 总则》，中国政法大学出版社 1996 年版。

［26］王利明、崔建远：《合同法新论 · 总则》（修订版），中国政法大学出版社 2000 年版。

［27］文竹：《商事合同法的国际统一——基于 CISG 1980 的规则与实践》，法律出版社 2022 年版。

［28］吴思颖：《国际商事合同法统一化：原理、目标和路径》，法律出版社 2011 年版。

［29］徐金海：《商法源流论：以商法结构变迁为视角》，中国经济出版社

2011 年版。

［30］薛波主编，潘汉典总审订：《元照英美法词典（缩印版）》，北京大学出版社 2013 年版。

［31］尹田：《法国现代合同法：契约自由与社会公正的冲突与平衡》（第 2 版），法律出版社 2009 年版。

［32］余劲松、吴志攀主编：《国际经济法》（第 4 版），北京大学出版社、高等教育出版社 2014 年版。

［33］张文显主编：《法理学》（第 2 版），高等教育出版社 2003 年版。

［34］张玉卿：《国际货物买卖统一法：联合国国际货物销售合同公约释义》（第 3 版），中国商务出版社 2009 年版。

［35］张玉卿主编/审校：《国际统一私法协会国际商事合同通则 2010》，中国商务出版社 2012 年版。

［36］张玉卿主编/审校：《国际统一私法协会国际商事合同通则 2016》，中国商务出版社 2019 年版。

［37］赵旭东：《商法学》（第 4 版），高等教育出版社 2019 年版。

［38］中国国际经济贸易仲裁委员会编：《〈联合国国际货物销售合同公约〉在中国仲裁的适用》，法律出版社 2021 年版。

［39］左海聪：《国际商法》（第 3 版），法律出版社 2023 年版。

二、中文译著

［1］［英］阿狄亚：《合同法概论》，程正康译，法律出版社 1982 年版。

［2］［英］P. S. 阿狄亚：《合同法导论》（第 5 版），赵旭东、何帅领、邓晓霞译，法律出版社 2002 年版。

［3］［英］P. S. 阿狄亚、R. S. 萨默斯：《英美法中的形式与实质——法律推理、法律理论和法律制度的比较研究》金敏、陈林林、王笑红译，中国政法大学出版社 2003 年版。

［4］［德］彼得·施莱希特里姆：《〈联合国国际货物销售合同公约〉评释》（第 3 版），李慧妮编译，北京大学出版社 2006 年版。

［5］［美］E. 博登海默：《法理学：法律哲学与法律方法》，邓正来译，中国政法大学出版社 2004 年版。

［6］［日］潮见佳男：《最近欧洲合同责任、履行障碍法的发展》，载梁慧

星主编：《民商法论丛》第 8 卷，法律出版社 1997 年版。

［7］［日］潮见佳男、中田邦博、松冈久和主编：《〈联合国国际货物销售合同公约〉精解》，［日］小林正弘、韩世远译，人民法院出版社 2021 年版。

［8］［德］K. 茨威格特、［德］H. 克茨：《比较法总论》，潘汉典、米健等译，法律出版社 2003 年版。

［9］［美］克莱尔·莫尔·迪克森编：《非洲统一商法：普通法视角中的 OHADA》，朱伟东译，中国政法大学出版社 2014 年版。

［10］［荷］马丁·W. 海塞林克：《新的欧洲法律文化》，魏磊杰译，中国法制出版社 2010 年版。

［11］［美］麦克尼尔：《新社会契约论》，雷喜宁、潘勤译，中国政法大学出版社 2004 年版。

［12］欧洲民法典研究组、欧盟现行私法研究组编著：《欧洲示范民法典草案：欧洲私法的原则、定义和示范规则》，高圣平译，中国人民大学出版社 2012 年版。

［13］［英］施米托夫：《国际贸易法文选》，赵秀文选译，中国大百科全书出版社 1993 年版。

［14］Michael Joachim Bonell：《UNIDROIT 通则 2010——〈国际统一私法协会国际商事合同通则〉新版评介》，张玉卿译，载张玉卿主编/审校：《国际统一私法协会国际商事合同通则 2010》，中国商务出版社 2012 年版。

三、中文论文

［1］［意］阿尔多·贝杜奇、罗智敏：《制定一个欧洲民法典？——〈共同参考框架草案〉（DCFR）及其历史根源》，载《比较法研究》2010 年第 6 期。

［2］蔡高强、唐熳婷：《国际货物买卖合同根本违约的认定——蒂森克虏伯冶金产品有限责任公司与中化国际（新加坡）公司国际货物买卖合同纠纷案评述》，载《法律适用》2019 年第 14 期。

［3］蔡建敏：《对 CISG 根本违约构成要件标准的再认识——兼议发达国家的司法实践》，载《国际贸易法论丛》第 2 卷，北京大学出版社 2007 年版。

［4］陈西西：《论关系契约理论的合理性与潜力》，载《清华法治论衡》2018 年第 1 期。

［5］［韩］成升铉、崔吉子：《联合国国际货物销售合同公约解除制度模式

的比较法史研究》，载《清华法学》2011 年第 5 期。

［6］崔建远：《完善合同解除制度的立法建议》，载《武汉大学学报（哲学社会科学版）》2018 年第 2 期。

［7］杜景林：《合同解除的体系建构》，载《法商研究》2020 年第 3 期。

［8］范健：《〈民法典〉之后中国商法理论与实践面临的问题与思考》，载《法学杂志》2023 年第 3 期。

［9］韩世远：《根本违约论》，载《吉林大学社会科学学报》1999 年第 4 期。

［10］韩世远：《亚洲合同法原则：合同法的“亚洲声音”》，载《清华法学》2013 年第 3 期。

［11］韩世远：《法典化的合同法：新进展、新问题及新对策》，载《法治研究》2021 年第 6 期。

［12］洪永红、林涛：《OHADA〈一般商法统一法〉解读》，载《中国投资（中英文）》2023 年第 Z5 期。

［13］洪永红：《非洲商法协调组织（OHADA）：六十年的追求与三十年的成就》，载《中国投资（中英文）》2023 年第 Z5 期。

［14］［德］霍斯特・艾登穆勒、尼尔斯・扬森等：《评〈欧洲共同买卖法条例草案〉——欧洲合同法最新文本的不足》，载《北航法律评论》2014 年第 1 期。

［15］焦津洪：《论根本违约》，载《中外法学》1993 年第 1 期。

［16］［德］赖因哈德・齐默尔曼：《欧洲私法的现状》，韩世远译，载梁慧星主编：《民商法论丛》第 47 卷，法律出版社 2010 年版。

［17］［德］赖因哈德・齐默尔曼、刘剑峰：《欧洲私法的法典化：〈欧洲共同买卖法〉视角下的历史反思》，载《经贸法律评论》2020 年第 4 期。

［18］雷玉魁：《论根本违约》，载《汕头大学学报》1997 年第 6 期。

［19］李巍：《〈联合国国际货物销售合同公约〉对于国际商事法统一适用的贡献——纪念〈联合国国际货物销售合同公约〉实施 20 周年》，载《国际经济法学刊》2008 年第 4 期。

［20］李先波、陈杨：《根本违约构成要件探析》，载《湖南社会科学》2005 年第 5 期。

［21］刘承韪：《契约法理论的历史嬗迭与现代发展——以英美契约法为核

心的考察》，载《中外法学》2011 年第 4 期。

［22］刘承韪：《论民法典合同编的法定解除权规则》，载《山东科技大学学报（社会科学版）》2020 年第 4 期。

［23］刘承韪：《论英美法引入与中国合同法的发展——从清末修律到 2020 年民法典》，载《学术月刊》2022 年第 4 期。

［24］刘洁：《再谈根本违约》，载《法制与经济（上半月）》2008 年第 1 期。

［25］刘金根：《国际货物贸易中的根本违约探讨》，载《对外经贸实务》2000 年第 6 期。

［26］刘凯湘：《民法典合同解除制度评析与完善建议》，载《清华法学》2020 年第 3 期。

［27］卢谌、杜景林：《论合同解除的学理及现代规制——以国际统一法和民族国家为视角》，载《法学》2006 年第 4 期。

［28］［尼日利亚］默罕默德·巴巴·伊德里斯：《非洲商法的协调化：对法律、争议、问题和前景的分析》，载［美］克莱尔·莫尔·迪克森编：《非洲统一商法：普通法视角中的 OHADA》，朱伟东译，中国政法大学出版社 2014 年版。

［29］卜元石：《根本违约与合同责任及其解除》，载《社会科学》1999 年第 9 期。

［30］沈禹钧：《国际货物买卖中对“根本违约”的认定》，载《对外经贸实务》2000 年第 8 期。

［31］沈禹钧：《对国际货物销售合同履行“根本违约”的探讨》，载《上海海运学院学报》2001 年第 1 期。

［32］史学瀛、袁其志：《论根本违约》，载《国际商务研究》1988 年第 3 期。

［33］宋杰、张志彦：《论〈国际商事合同通则〉在 CISG 解释中的运用——以根本违约的解释为例》，载《黑龙江对外经贸》2008 年第 6 期。

［34］宋阳：《〈国际商事合同通则〉法律续造适用论》，载《青岛科技大学学报（社会科学版）》2023 年第 4 期。

［35］孙玉松：《论根本违约制度在中国合同法中的继受》，载《扬州教育学院学报》2001 年第 4 期。

[36] 王承志：《国际商事合同法律统一的新发展》，载《国际经贸探索》2000 年第 5 期。

[37] 王洪亮：《民法典中解除规则的变革及其解释》，载《法学论坛》2020 年第 4 期。

[38] 王利明：《论根本违约与合同解除的关系》，载《中国法学》1995 年第 3 期。

[39] 王利明：《民法分则合同编立法研究》，载《中国法学》2017 年第 2 期。

[40] 王利明：《合同编解除制度的完善》，载《法学杂志》2018 年第 3 期。

[41] 王利明：《具有国际化视野的〈民法典〉合同编立法》，载《经贸法律评论》2021 年第 4 期。

[42] 王树平：《论根本违约之判定标准》，载《南京理工大学学报（社会科学版）》2005 年第 5 期。

[43] 王艳慧：《关系契约之非契约效力说明理论本质》，载《学术交流》2016 年第 8 期。

[44] 王艳慧：《关系契约的理论功能与实定法表现》，载《江西社会科学》2016 年第 7 期。

[45] 吴兴光：《合同法统一化进程的第二个里程碑——〈国际商事合同通则〉探讨（一）》，载《国际经贸探索》1997 年第 1 期。

[46] 吴兴光：《合同法统一化进程的第二个里程碑——〈国际商事合同通则〉探讨（连载之三）》，载《国际经贸探索》1997 年第 3 期。

[47] 吴兴光：《21 世纪国际贸易统一法展望》，载《国际经贸探索》2001 年第 3 期。

[48] 伍治良：《根本违约判定标准功能之回归研究——兼评我国合同法相关规定之不足》，载《法律科学（西北政法学院学报）》2002 年第 3 期。

[49] [英] 西蒙·惠特克、王剑一：《“欧洲共同买卖法”草案：法律框架与当事人约定》，载《北航法律评论》2014 年第 1 期。

[50] 解冲：《根本违约问题研究》，载《西北第二民族学院学报（哲学社会科学版）》2003 年第 2 期。

[51] 徐国栋：《论中国〈合同法〉的罗马法基础——兼论以罗马法作为未来亚洲模范合同法基础的可能性》，载《北方法学》2015 年第 6 期。

［52］徐国建：《现代商人法论》，载《中国社会科学》1993 年第 3 期。

［53］徐璟航：《商法国际化的非洲实践：非洲统一商法体系评析》，载《非洲研究》2023 年第 1 期。

［54］阎晓辉、阎秋平：《根本违约制度研究》，载《法学》1998 年第 9 期。

［55］［荷］扬·斯密茨、姜海峰：《欧洲私法共同参考框架草案：批评性评估》，载《北航法律评论》2012 年第 1 期。

［56］［荷］扬·M. 斯密茨、邓辉：《欧洲合同法的未来》，载《法治现代化研究》2018 年第 3 期。

［57］杨洲：《国际货物买卖中的根本违约构成探讨》，载《晟典律师评论》2004 年。

［58］［日］曾野裕夫、焦淼淼：《国际货物销售合同公约与 PACL 的相互作用》，载《清华法学》2013 年第 3 期。

［59］张普：《商事条约的约定适用：契约自由与意思自治的二元路径》，载《中国海商法研究》2021 年第 4 期。

［60］张彤、戎璐译：《欧洲共同买卖法》，载梁慧星主编：《民商法论丛》第 58 卷，法律出版社 2015 年版。

［61］张艳：《关系契约理论对意思自治的价值超越》，载《现代法学》2014 年第 2 期。

［62］赵慧琳：《正确理解和适用合同目的及根本违约规则》，载《政治与法律》2003 年第 5 期。

［63］赵珂、马蓓蓓：《〈中化国际（新加坡）有限公司诉蒂森克虏伯冶金产品有限责任公司国际货物买卖合同纠纷案〉的理解与参照——〈联合国国际货物销售合同公约〉与约定准据法的适用及根本违约的认定》，载《人民司法》2021 年第 32 期。

［64］赵旭东：《商法的困惑与思考》，载《政法论坛》2002 年第 1 期。

［65］赵文杰：《〈合同法〉第 94 条（法定解除）评注》，载《法学家》2019 年第 4 期。

［66］赵文杰：《论法定解除权的内外体系——以〈民法典〉第 563 条第 1 款中“合同目的不能实现”为切入点》，载《华东政法大学学报》2020 年第 3 期。

［67］郑远民、李俊平：《国际商事法律统一化的新发展——〈国际商事合

同通则〉2004 修订版述评》，载《时代法学》2005 年第 6 期。

[68] 周新军：《关于根本违约及其与大陆法系相关违约形态的比较研究和思考》，载《河北法学》2004 年第 7 期。

[69] 周雪：《〈联合国国际货物销售合同公约〉根本违约制度研究——以最高法院第 107 号指导案例为例》，载《兰州文理学院学报（社会科学版）》2021 年第 5 期。

[70] 周英立、张振宇：《从一起买卖合同纠纷案谈根本违约》，载《中国质量技术监督》2005 年第 10 期。

[71] 朱伟东：《非洲商法协调组织述评》，载《西亚非洲》2009 年第 1 期。

[72] 邹国勇、陈曼莉：《论 CISG 的根本违约制度》，载《理论月刊》2012 年第 7 期。

[73] 左海聪：《试析〈国际统一私法协会国际商事合同通则〉的性质和功能》，载《现代法学》2005 年第 5 期。

四、学位论文

刘吉明：《国际商事合同统一路径研究》，中国政法大学 2015 年博士学位论文。

五、中文报告

[1] 联合国：《贸易法委员会关于〈联合国国际货物销售合同公约〉判例法摘要汇编（2016 年版）》，联合国维也纳办事处出版和图书馆科 2016 年版。

[2] Proposal for a Regulation of the European Parliament and of the Council on a Common European Sales Law. Brussels，COM（2011）635 final，2011/0284（COD）. 戎璐译，张彤校：《颁布一部〈欧洲共同买卖法〉条例建议的背景与目的》，载《北航法律评论》2014 年第 1 期。

[3] 联合国：《贸易法委员会国际商事仲裁示范法 1985 年——附 2006 年通过的修正案》，载联合国国际贸易法委员会官网，https：//uncitral. un. org/zh/texts/arbitration/modellaw/commercial_ arbitration。

[4] 联合国：《贸易法委员会国际商事调解示范法及其颁布和使用指南 2002 年》，载联合国国际贸易法委员会官网，https：//uncitral. un. org/sites/uncitral. un. org/files/media – documents/uncitral/zh/04 – 90952_ ebook. pdf。

六、英文著作

[1] Alastair Mullis, *Avoidance for Breach under the Vienna Convention: A Critical Analysis of Some of the Early Cases*, in Andreas & Jarborg, eds., Anglo - Swedish Studies in Law, Lustus Forlag, 1998.

[2] Barry Nicholas, *The French Law of Contract*, 2nd edition, Clarendon Press, 1992.

[3] E. Allen Farnsworth, *Contracts*, 4th edition, ASPEN Publishers, 2004.

[4] Enderlein, Maskow, *United Nations Convention on Contracts for the International Sale of Goods - Convention on the Limitation Period in the International Sale of Goods*, in International Sales Law. New York/London/Rome, 1992.

[5] Franco Ferrari, *CISG and OHADA Sales Law: or the Relationship between Global and Regional Sales Law*, in CISG vs. Regional Sales Law Unification, edited by Ulrich Magnus, Munich: Sellier European Law Publishers GmbH, 2012.

[6] Fridman, *Sale of Goods in Canada*, 4th ed., Toronto: Carswell, 1995.

[7] Fritz Enderlein & Dietrich Maskow, *International Sales Law*, Oceana Publications, 1992.

[8] Herbert Bernstein & Joseph Lookofsky, *Understanding the CISG in Europe: a Compact Guide to the* 1980 *United Nation Convention on Contracts for the International Sale of Goods*, Kluwer Law International, 1991.

[9] Ingeborg Schwenzer. *Commentary on The UN Convention on The International Sale of Goods (CISG)*, 4th edition, Oxford University Press, 2016.

[10] Ingeborg Schwenzer. *Commentary on The UN Convention on The International Sale of Goods* (CISG) 5th edition, Oxford University Press, 2022.

[11] James Gordley, *The Philosophical Origins of Modern Contract Doctrine*, Clarendon Law Series, Oxford University Press, 1991.

[12] John O. Honnold, *Uniform Law for International Sales under the* 1980 *United Nations Convention*, 3rd ed., Hague: Kluwer Law International, 1999.

[13] Michael Will, *Comments on Article* 25 *CISG*, in Cesare Massimo Bianca and Michael Joachim Bonell, eds., Commentary on the International Sales Law: the 1980 Vienna Sales Convention, Giuffre, 1987.

[14] Ole Lando & Hugh Beale, *Principles of European Contract Law: Parts I and II*, Kluwer Law International, 2000.

[15] Peng Guo, Haicong Zuo & Shu Zhang Editors, *Selected Chinese Cases on the UN Sales Convention (CISG)* Vol. 1, Springer, 2022.

[16] Peter Schlechtriem, *Commentary on the UN Convention on the International Sale of Goods (CISG)*, Munich, 1998.

[17] Pilar Perales Viscasillas & Javier Solana Alvarez, *Spain*, in International Sales Law: a Global Challenge, edited by Larry A. DiMatteo, New York: Cambridge University Press, 2014.

[18] Robert Koch, *The Concept of Fundamental Breach of Contract under the United Nations Convention on Contracts for the International Sale of Goods (CISG)*, in Review of the Convention on Contracts for the International Sale of Goods (CISG) 1998, Kluwer Law International, 1999.

[19] Robert Koch, *CISG, CESL, PICC and PECL*, in CISG vs. Regional Sales Law Unification, edited by Ulrich Magnus, Munich: Sellier European Law Publishers GmbH, 2012.

[20] Schnyder & Straub, *Art.* 48, *Comment* 29, in Honsell, ed., Kommentar zum UN - Kaufrecht [CISG commentary], Springer International Publishing, 1997.

[21] Sylyaine Poillot - Peruzzetto, *French Perspective of the CISG*, in International Sales Law: a Global Challenge, edited by Larry A. DiMatteo, New York: Cambridge University Press, 2014.

[22] Werner Junger & Peter Schlechtriem, *Commentary on the UN Convention on the International Sale of Goods*, Oxford: Clarendon Press, 1998.

[23] Williams, *Forecasting the Potential Impact of the Vienna Sales Convention on International Sales Law in the United Kingdom*, in Pace Review of the Convention on Contracts for the International Sale of Goods (CISG), Kluwer Law International, 2000 - 2001, at IV. C. 3.

[24] Wolfgang Faber, *The CISG in Austria*, in International Sales Law: a Global Challenge, edited by Larry A. DiMatteo, New York: Cambridge University Press, 2014.

［25］ Ziegel, *The Remedial Provisions in the Vienna Sales Convention: Some Common Law Prespectives*, in Galston and Smit, eds. , International Sales, New York: Matthew Bender 1984.

七、英文论文

［1］ Aldo Mascareño & Elina Mereminskaya, *The Making of World Society through Private Commercial Law: The Case of The UNIDROIT Principles*, Uniform Law Review, Vol. 18: 3 -4, p. 447 -472 (2013).

［2］ Alexander Lorenz, *Fundamental Breach under the CISG*, Pace Law School Institute of International Commercial Law (Sept. 21, 1998), https://iicl. law. pace. edu/cisg/scholarly - writings/fundamental - breach - under - cisg.

［3］ Andrew Babiak. *Defining "Fundamental Breach" under the United Nations Convention on Contracts for the International Sale of Goods*, Temple International and Comparative Law Journal, Vol. 6: 1, p. 113 -144 (1992).

［4］ Bashar H. Malkawi, *CISG: The Relation among Cure, Fundamental Breach, and Avoidance*, Journal of Law, Policy and Globalization, Vol. 93, p. 24 -44 (2020).

［5］ Bruno Zeller, *Fundamental Breach and the CISG – a Unique Treatment or Failed Experiment?* Vindobona Journal of International Commercial Law & Arbitration, No. 8, p. 81 -94 (2004).

［6］ Bruno Zeller, *The Remedy of Fundamental Breach and the United Nations Convention on the International Sale of Goods (CISG) —A Principle Lacking Certainty?* Vindobona Journal of International Commercial Law & Arbitration, Vol. 11: 2, p. 219 -236 (2007).

［7］ Djakhongir Saidov, *Cases on CISG Decided in the Russian Federation*, Vindobona Journal of International Commercial Law and Arbitration, Vol. 7, p. 1 - 62 (2003).

［8］ Dmytro A. Usik, *Institute of Fundamental Breach of Contract under the United Nations Convention on Contracts for the International Sale of Goods of April 11, 1980*, Journal of Eastern European Law, Vol. 2019: 66, p. 63 -69 (2019).

［9］ Francis A. Miniter, *Buyer's Right of Rejection: A Quarter Century under the Uniform Commercial Code and Recent International Developments*, Georgia Law Review, No. 13, p. 805 – 846 (1979).

[10] Franco Ferarri, *Uniform Interpretation of the* 1980 *Uniform Sales Law*, Georgia Journal of International and Comparative Law, Vol. 24: 2, p. 183 – 228 (1994).

[11] Franco Ferrari, *Specific Topics of the CISG in the Light of Judicial Application and Scholarly Writing*, Journal of Law and Commerce, Vol. 15, p. 1 – 126 (1995).

[12] Frank Vischer, *The Relevance of the UNIDROIT Principles for Judges and Arbitrators in Disputes Arising out of International Contracts*, European Journal of Law Reform, Vol. 1: 3, p. 203 (1999).

[13] Hossam El – Saghir, *Guide to Article* 25 *Comparison with Principles of European Contract Law (PECL)*, Pace Law School Institute of International Commercial Law. (July, 2000), https: //iicl. law. pace. edu/cisg/page/guide – article-25 – comparison – principles – european – contract – law – pecl#er.

[14] Jan Smits, Party Choice and the Common European Sales Law, or: How to Prevent the CESL from Becoming a Lemon on the Law Market, Common Market Law Review, Vol. 50, p. 51 – 68 (2013).

[15] Jay M. Feinman, *The Significance of Contract Theory*, University of Cincinnati Law Review, Vol. 58: 4, p. 1283 – 1318 (1990).

[16] Jay M. Feinman, *Relational Contract Theory in Context*, Northwestern University Law Review, Vol. 94: 3, p. 737 – 748 (2000).

[17] Leonardo Graffi, *Case Law on the Concept of "Fundamental Breach" in the Vienna Sales Convention*, International Business Law Journal, No. 3, p. 338 – 349 (2003).

[18] Lisa Spagnolo, *Analysis of Australian Case Law on the CISG*, Melbourne Journal of International Law, Vol. 10, p. 176 – 184 (2009).

[19] Liu Chengwei, *The Concept of Fundamental Breach: Perspectives from the CISG, UNIDROIT Principles and PECL and case law*, Pace Law School Institute of International Commercial Law (May 23, 2005), https: //iicl. law. pace. edu/cisg/bibliography/liu – chengwei – china – 15.

［20］ Maartje Bijl, *Fundamental Breach in Documentary Sales Contracts The Doctrine of Strict Compliance with the Underlying Sales Contract*, European Journal of Commercial Contract Law, No. 1, p. 19 – 28 (2009).

［21］ Mahmoud Fayyad, *Fundamental Breach of Contract in Terms of the UN Sales Convention and Emirates Law: A Comparative Legal Study*, Arab Law Quarterly, Vol. 33: 2, p. 109 – 151 (2019).

［22］ Michael Bridge, *The CISG and the UNIDROIT Principles of International Commercial Contracts*, Uniform Law Review, Vol. 19: 4, p. 623 – 642 (2014).

［23］ Michael Joachim Bonell, *The UNIDROIT Principles of International Commercial Contracts and the Principles of European Contract Law: Similar Rules for the Same Purpose?* Uniform Law Review, Vol. 1: 2, p. 244 (1996).

［24］ Michael Joachim Bonell & Roberta Peleggi, *UNIDROIT Principles of International Commercial Contracts and Draft Common Frame of Reference: A Synoptical Table*, Uniform Law Review, Vol. 14: 3, p. 438 fn. 4 (2009).

［25］ Michael Van Alstine. Consensus, Dissensus, *and Contractual Obligation through the Prism of Uniform Internation Sales Law*, Virginia Journal of International Law, Vol. 37: 1, Fall 1996, p. 1 – 106.

［26］ Ole Lando, *Principles of European Contract Law and UNIDROIT Principles: Moving from Harmonisation to Unification*, Uniform Law Review, Vol. 8: 1 – 2, p. 123 – 134 (2003).

［27］ Paul J. Powers, *Defining the Undefinable: Good Faith and the United Nations Convention on the Cotracts for the International Sale of Goods*, Journal of Law and Commerce, Vol. 18: 2, p. 333 – 354 (1999).

［28］ Peter Schlechtriem, *Uniform Sales Law – The Experience with Uniform Sales Laws in the Federal Republic of Germany*, Juridisk Tidskrift, p. 1 – 28 (1991/92).

［29］ Rajeev Sharma, *The United Nations Convention on Contracts for the International Sale of Goods: The Canadian Experience*, Victoria University of Wellington Law Review, Vol. 4, p. 854 – 856 (2005).

［30］ Robert Koch, *Commentary on Whether the UNIDROIT Principles of International Commercial Contracts May Be Used to Interpret or Supplement Aticle* 25

CISG, Pace Law School Institute of International Commercial Law (Nov., 2004), https://iicl.law.pace.edu/sites/default/files/cisg_files/koch1.html.

[31] Stewart Macaulay, *Non – Contractual Relations in Business: A Preliminary Study*, American Sociological Review, Vol. 28, p. 55 (1963).

[32] Yasutoshi Ishida, *Identifying Fundamental Breach of Articles 25and 49 of the CISG: The Good Faith Duty of Collaborative Efforts to Cure Defects – Make the Parties Draw a Line in the Sand of Substantiality*, Michigan Journal of International Law, Vol. 41: 1, p. 63 – 108 (2020).

[33] Yunus Emre Ay, *The Fundamental Breach of Contract of Sale under the CISG*, Law and Politics, Vol. 20: 1, p. 25 – 32 (2022).

八、英文会议论文

[1] Peter Huber, *CISG – The Structure of Remedies*, CISG Database of Pace University (June 19, 2007), https://iicl.law.pace.edu/sites/default/files/bibliography/peter_huber.pdf.

[2] Wu Dong, *CIETAC's Practice on the CISG*, in UNCITRAL – SIAC Seminar on Celebrating Success: 25 Years United Nations Convention on Contracts for the International Sale of Goods, Singapore, 22 September 2005.

九、英文报告

[1] The International Sales Convention Advisory Council (CISG – AC), *The Buyer's Right to Avoid the Contract in case of Non – Conforming Goods or Documents*, CISG Advisory Council Opinion No. 5.

[2] UNCITRAL, *Text of Draft Convention on Contracts for the International Sale of Goods Approved by the United Nations Commission on International Trade Law*, Document A/CONF. 97/5, 14 March 1979.

[3] UNCITRAL Secretariat, *Commentary on the Draft convention on Contracts for the International Sale of Goods*, Document A/CONF. 97/5, 14 March 1979.

[4] UNCITRAL Secretary – General, *Analysis of Comments and Proposals by Government and International Organizations on the Draft Convention on Contracts for*

the International Sale of Goods, *and on Draft Provisions Concerning Implementation*, *Reservations and Other Final Clauses*, Document A/CONF. 97/9, 21 February 1980.

[5] United Nations, *United Nations Conference on Contracts for the International Sale of Goods Official Records*, Part Two, Summary Records – First Committee, 12th meeting, 19 March 1980. A/CONF. 97/C. 1/SR. 12.

[6] United Nations, *United Nations Conference on Contracts for the International Sale of Goods Official Records*, Part Two, Summary Records – First Committee, 13th meeting, 19 March 1980. A/CONF. 97/C. 1/SR. 13.

[7] United Nations, *United Nations Conference on Contracts for the International Sale of Goods Official Records*, Part Two, Summary Records – First Committee, 18th meeting, 21 March 1980. A/CONF. 97/C. 1/SR. 18.

[8] United Nations, *United Nations Conference on Contracts for the International Sale of Goods Official Records*, Part Two, Summary Records – First Committee, 36th meeting, 4 April 1980. A/CONF. 97/C. 1/SR. 36.

[9] United Nations, *United Nations Conference on Contracts for the International Sale of Goods Official Records*, Part Two, Summary Records – Plenary meetings, 7th plenary meeting, 8 April 1980. A/CONF. 97/SR. 7.

[10] Working Group, *Report on its Seventh Session*, UNCITRAL Yearbook, Ⅶ (1976).

十、电子资源

[1] 北大法宝数据库

[2] 联合国国际贸易法委员会 CLOUT 数据库

[3] 罗马比较法和外国法研究中心 UNILEX 数据库

[4] 美国佩斯大学 CISG 数据库

后　记

本书是在本人博士学位论文的基础上多番修改而成的。然而距离我博士毕业已7年有余，仍记得毕业答辩时恩师左海聪教授对我的叮嘱：“小安，你对国际商法的研究才刚刚开始，要时刻关注这一领域的发展。”多年来，我始终不敢懈怠。随着我国《民法典》的出台，我国法院对CISG适用案例的持续增加，我对国际商事合同根本违约认定问题进行了持续性研究。因此，本书在博士论文的基础上，更新了近年来各国学者的理论观点及各国司法实践案例数据，同时加入了对我国《民法典》相关规则及我国涉外民商事司法实践问题的进一步思考。本书是河北省省级新型智库的研究成果，受华北电力大学中央高校基本科研业务费专项资金资助（项目名称：我国统一解释适用CISG之司法实证研究，项目号：2022MS113）。

本书的写作及出版历经数年，回首走过的岁月，内心感慨良多。在本书付梓之际，特向多年来帮助我的老师、同事和亲人朋友表达我深深的谢意。

感谢我的导师左海聪教授！而立之年，能够被敬仰多年的恩师收入门下，是何其之幸！还记得初入师门时的忐忑与惶恐，是恩师以渊博的学识、深邃的思维、严谨的治学、宽厚的胸怀以及对待学生可亲的态度，为我树立了一生学习的典范。博士学习期间，我不仅领略到了恩师对学术的执着与热爱，更感受到了恩师身为师者对学生的鞭策与期望。而这样的鞭策与支持，即使在博士毕业后也在一直延续。每每在我工作与科研中遇到困难无所适从时，恩师的指点如醍醐灌顶，总能让我茅塞顿开。

对恩师的感激无以言表，唯有在今后的工作学习中加倍努力，才不负恩师的栽培！

感谢华北电力大学法政系的各位老师！感谢梁平教授对本书出版的大力支持，没有梁老师的督促与帮助，也不会使我鼓起勇气，尝试对本书内容进行多番修改与完善。没有梁老师的沟通与支持，也不会有本书的顺利出版。感谢甄增水教授对本书内容修改提出的诸多宝贵意见，甄老师的指点与肯定让我有了继续进行学术研究的动力与信心。感谢法政系的老师们，无论是在我本科、硕士、博士求学期间，还是留校任教后，老师们对我学习、工作、生活上的关心与支持，时常让我倍感温暖！

感谢我的家人为我无怨无悔的付出！感谢我的母亲，读博时，父亲刚刚离世，我的异地求学加上我那时刻需要看护的年幼的孩子，难以想象母亲是以怎样的毅力将此一力承担。母亲付出了多于我数倍的艰辛为我守护着我们的家庭。感谢父亲的教诲，于我而言，父亲一直是个外表严厉又内心温柔的人，很遗憾父亲没能见证我的成果出版，父亲离开十年了，我一直在努力，希望能不负你的期许。谁言寸草心，报得三春晖！父母的恩情无以为报，唯有不断进步，勇往直前！

感谢我的爱人，虽专业不同，但爱人在我学术研究以及写作过程中提供的意见和思路让我拓宽了视野，在我资料搜集过程中更是鼎力相助，帮我搜集到了诸多图书文献。只有在爱人面前，我的焦虑、困惑与无助才会展露无遗，爱人的宽慰与鼓励让我重拾信心，爱人对家人的陪伴与照顾让我能够心无旁骛地学习与钻研。感谢我的孩子，多年求学，我们少了多少你所期待的亲子时光。转眼间，你已长成了那可以独当一面、熠熠闪光的少年，未来，让我们共同进步、共同成长！

感谢法律出版社的慕雪丹老师，慕老师一次次耐心细致的沟通，一次次不厌其烦地提出中肯的修改意见，让我及时修正了诸多瑕疵。没有慕老师及法律出版社各位老师的辛勤工作，本书也不会在第一时间得以出版，在此表示衷心的感谢！

再次感谢每一位助我进步成长的老师、同事、亲朋好友们！祝愿你们幸福、安康！于我而言，虽已踏上学术之路，但能力水平颇为有限，书中的瑕疵与偏颇之处，还请各位读者批评指正，不吝赐教。未来，我将不忘初心，继续求索！

安文靖

2024 年 10 月于河北保定